U0134887

All Voices from the Island

島嶼湧現的聲音

真相製造

從聖戰士媽媽、極權政府、網軍教練、境外勢力
打假部隊、內容農場主人到政府小編

劉致昕——著

Reality is Business

the Portraits Covering Across Belgium, France, Indonesia, Germany, China and Taiwan

目次

推薦序　假訊息跨國產業鏈及生態圈的完整呈現　⊙卞中佩　6
推薦序　一位青年記者的追索　⊙李雪莉　16
推薦序　注意力經濟二十年，我們失去了什麼？　⊙張潔平　21
作者序　關於記者，也關於我們　30

1
2016@比利時
實體與線上的Ghetto
1．1　班艾里——聖戰士的媽媽如何一步步救回孩子？　41
1．2　「恐怖分子溫床」裡的喜劇演員與傳奇創業家　53
1．3　莫倫比克現象：歐洲最大威脅　63

2
2017@法國
拿回我們的國家與媒體吧！
2．1　兩個法國　83

2・2 「愛國同溫層」的境外好夥伴 99
2・3 境外勢力的成功與失敗 115
2・4 迎接境外勢力的人——極右派思想大老和他的網路戰略 125

3
2019@印尼
當民主成為online game

3・1 網軍小隊長與寄生總統的網紅 137
3・2 假新聞小姐、想要封鎖臉書的部長與網紅學校 149
3・3 與假新聞捉對廝殺的「記者」群 163
3・4 最真的假總統候選人 175

4
2019@德國
統一三十年，德國能否再次讓高牆倒下

4・1 德國另類選擇黨黨主席默爾騰和他的「好政治」 193
4・2 來自德東的極右派青年軍馬倫基 211

4・3 不懂好政治的代價——被十萬比特幣懸賞人頭的模範市長霍爾斯坦 223
4・4 成為穿牆人 237

5
2020@中國
官民一體，網路牆國向全球灑下宣傳天網
5・1 網路長城內：疫情、平民英雄和中國「天網」 257
5・2 建牆擋水——中國與港府如何在香港進行網路監控 273
5・3 全世界的必修課——當中國宣傳機器與小粉紅到我家 285

6
Now@臺灣
平行世界間的資訊攻防戰
6・1 LINE群組裡的內容農場和生意人 309
6・2 政治狂熱者，或政治狂熱套利者？——與一位真相製造產業打工者的訪談 331
6・3 政府小編的進化與側翼的進擊 343

6・4 聲量競賽中的＃1124PTSD＃側翼＃中國
——與一名參與選務及黨務人士的訪談 363
6・5 在我們和真實之間 375

特別附錄——那些真相製造商人們

時代金礦：祖克柏與臉書的使用者互動率 397
北馬其頓的網軍教練：賽爾科斯基 407
販售聲量魔戒：劍橋分析與布蘭特妮・凱瑟 415
出口臺灣民主戰法：杜元甫 421

後記 我們該怎麼辦 427

推薦序

假訊息跨國產業鏈及生態圈的完整呈現

卞中佩

二〇一六年英國脫歐公投、美國總統大選結果跌破眾人眼鏡，在英美兩國都發生選前反對脫歐、支持希拉蕊的民調大幅度領先，選舉結果卻截然相反的爆炸性結果，俄羅斯網軍成功以假訊息改變選民意志及選舉結果，成為各路專家在滿地碎玻璃上找到的主要答案之一，「假訊息」、「資訊操作」、「認知戰」，一躍成為全球各個民主國家的大敵。臺灣也因為二〇一八年底縣市長選舉及公投藍營擊敗民進黨，尤其韓國瑜在民進黨已經執政二十年、綠油油的高雄大勝，將中國假訊息視為影響選舉結果的主因之一，於是如何將假訊息、認知戰等資訊操作阻擋於境外、被民眾唾棄於境內，被視為是捍衛臺灣民主制度的關鍵。

但這種假訊息猶如幽靈般忽然出現，妖風一吹就讓選民如同喪屍般聽從命令投下選票的說法並不完全正確。假訊息、造謠等指控，經常是爭議兩造受到攻擊時的本能回應，並不是真的假訊息。而就算是真的假訊息及資訊操作，也是一直存在於人類社會中，它們之所以發揮強大的作用，是社會給予一段時間的培育及醞釀，慢慢形成完整的假訊息生產與消費的產業鏈。

劉致昕的這本《真相製造》，帶給我們目前假訊息分析與揭露中，最欠缺的跨國產業鏈及生態圈分析。

當代社群網路的破壞式傳播革命所帶來的訊息戰爭，是人類社會中的常態，並不是首例。十六世紀馬丁·路德發起的宗教改革，可以說是第一個因為傳播技術革新帶來衝擊性的政治傳播，在古騰堡發明活字印刷術後不到七十年，馬丁·路德不滿於天主教廷的腐敗及壟斷性詮釋教義，撰寫宣言、文章及小冊子，由於活字印刷的普及，馬丁·路德的文章被大量印刷及傳播。藝術歷史學者拉塞福（Paul Rutherford）就比喻，對於馬丁·路德及其支持者來說，羅馬教廷就是訊息的守門員，像當代新聞媒體的編輯室一樣控制著新聞的內容及產製，宗教改革的理念，透過新型、不受管制的傳播模式挑戰保守腐敗的天主教會。

而當時影響最大的不是馬丁·路德翻譯的德文版聖經，而是小而輕量的小冊子，宗教改革支持者與羅馬教廷間透過簡單、常民能看懂的文字、插畫傳播自己的想法也攻擊對方，內容和現在政黨互相攻訐的哏圖、迷因圖沒有多大差別，要是認真深究，許多內容誇大加料到也能被歸類為廣義的假訊息。

宗教改革讓世人認識到新的傳播技術能帶來強大的社會衝擊力，並改造了基督教。宗教改革產生的許多新宗派，持續使用類似方式彼此攻訐，累積太多仇怨，也爆發宗教衝突甚至戰爭，而既得利益者看到印刷術對權力的威脅，也開始加強文字印刷品審查。

歐陸的印刷品審查制度，其實也隨著歐洲勢力的擴張，帶到各個殖民地，獨立革命前的美國也不例外。許多在獨立革命時發揮重要宣傳作用的報紙，其實都是各州殖民地嚴格言論管制下的官方機關報，或是由殖民地總督指派官員兼任編輯的傳聲筒，當社會形勢改變，許多殖民政府機關報、傳聲筒的編輯或主事者，轉而支持獨立革命。例如富蘭克林（Benjamin Franklin）的《賓夕法尼亞報》就是拿殖民政府補貼，根據統計，在獨立革命前，報紙內容僅有二一%提到北美殖民地，並且極度保持不得罪政府的「中立」。在革命後，與富蘭克林有關的《賓夕法尼亞報》及《賓夕法尼亞紀事報》都成為支持革命的重要報紙。

美國的開國先賢在革命成功後，認識到出版自由極其關鍵，在憲法第一修正案中載明言論自由、出版自由，要注意的是，雖然美國的各黨派政治人物都強調政治言論不受管制，但這時候他們捍衛的是自己掌握媒體的言論自由、出版自由，各黨派及政治人物都養了對自己絕對服從的報紙，並且除了從政府預算中撥款補貼自己的媒體運作，也任命親信在擔任公職的同時兼任報社編輯，這時的美國報紙是政治人物及黨派的傳聲筒、看門狗，不僅做業配，還直接國庫通報社金庫，內容固然有至今仍在傳頌的政論文章，但也有極其烏煙瘴氣的部分，自己做假訊息攻擊政敵，也指責政敵報紙散播謠言。

例如支持美國開國總統華盛頓的《美國公報》，編輯芬諾（John Fenno）身兼財政部官員，除了拿國家薪水幫總統做宣傳，還確保國家的補貼能穩定供給《美國公報》。之後美國在聯邦政府權力的設計上爆發政爭，漢米爾頓（Alexander Hamilton）的聯邦黨人掌握了《美國公報》，民主共和黨的傑佛遜（Thomas Jefferson）成立《國家公報》與之對抗，相互罵對方是寄生蟲、瘋狗，兩邊領導人擔任公職時不斷拿國家資源擴張報紙的發行及影響力，報紙成為黨派惡鬥的側翼。

同一時間，美國經濟持續成長，並且吸納愈來愈多的歐陸移民，都市化程度不斷提高，商業報紙在印刷機效率大增下開始興起，黨派媒體是要宣傳理念、攻擊政敵，商業報紙則是為了發行量譁眾取寵，所謂黃色小報指的就是這個時候興起的商業媒體，最著名的就是普立茲的世界報集團及赫茲的紐約日報集團。歷史學家麥杰爾（Michael McGerr）就指出，十九世紀的美國，主要是黨派媒體、商業媒體及獨立媒體三種，黨派媒體在十九世紀前期是主流，十九世紀中葉後，商業媒體興起並且急速成長占據報業市場。

商業媒體鎖定社會新聞、娛樂、八卦醜聞等消息，為了銷量編故事、製造假新聞層出不窮，雖然報紙內容降低黨派政治色彩，但卻是為了衝高發行量，與各種政治人物建立關係且報導聳動式正負面政治新聞，最顯著的案例就是以極其聳動的方式報導美國軍艦在古巴爆炸沉沒的消息，在美國軍艦受攻擊的原因仍不明的情況下，當時的《世界報》及《紐約日報》用灑狗血的方式報導美國大兵的犧牲，《紐約日報》甚至直接要求美國出兵，許多美國學者都認為，黃色小報可以說是美西戰爭的重要推手。

也就是說，十九世紀末的美國媒體環境，政治與商業的結合，媒體為了要權要利可以不要臉不說，還舉著維護美國利益的大旗戕害社會，整個媒體亂象，比起現在可以說是有過之而無不及。

美國十九世紀末媒體亂象走到最高峰，但卻沒有搞成宗教改革後釀成天下大亂由政府甚或獨裁者出面進行媒體管制及國家審查，反而透過建立媒體專業產生媒體產業自律，研究美國媒體發展的學者萊德（Jonathan Ladd）指出，從二十世紀初到一九七〇年左右是新聞傳播歷史上非常特殊的時期，人類歷史上充斥著造謠、假訊息的傳播模式，在這段時間因為建立起媒體自律的規範，有了大幅改善，雖然黃色小報仍存在、並且也保有極大的發行量，但許多媒體在兼顧專業及商業利益的情況下存活並有極大影響力，媒體及記者的社會地位不斷提高，甚至被譽為第四權。

但媒體專業及媒體自律能興起也不是憑空而來，十九世紀末的進步派運動強調專業主義及厭惡兩黨惡鬥，是主要的推力之一，而二十世紀前半葉開始，也剛好是美國歷史上黨派鬥爭最緩和、兩黨意識形態差距最小的時期，此外，美國國力在第一次世界大戰後成為世界第一，雖然後來有經濟大恐慌的衝擊，但在第二次世界大戰後政經軍都是世界獨強，使得人均收入高並且兼顧社會平等，此外，美國報業在經過激烈的競爭後，許多城市都只剩下一間報社。在政黨惡鬥和緩使得政治人物介入媒體意願降低、社會平等使得社會矛盾緩和、報社沒有競爭壓力下，新聞媒體工作者開始能打造自己的專業尊嚴，並且在證明仍有市場的情況下，效應開始擴散，就連普立茲都「從良」，除了公開支持新聞專業，並捐款成立哥倫比亞大學新聞學院，還設立了著名的普立茲獎，至今仍是優秀新聞工作者戮力追求的桂冠。

所以，現在社群媒體興起造成的假訊息亂象，並不是單單是社群媒體的問題，而是前一代主流傳播管道影響力走下坡、無力應對尖銳的社會矛盾造成。美國媒體在一九七〇年代後就開始走下坡，除了收入銳減，也成為體制的一部分，政治人物固然不直接掌控媒體，卻透過私交、餵新聞的方式讓媒體成為體制的一部分。當一九六〇年代開始民權運動、保守派運動不斷衝撞美國社會，黨派鬥爭也開始激化，加上一九七〇年代後社會不平等惡化，媒體仍是整個體制的維護者，常出現維護與自己立場接近或私交良好政治人物的報導，看不見愈來愈深化的社會矛盾，專業與自律反而是自己不作為、無視社會改變、反省編採問題的擋箭牌。自由派與保守派都開始批評媒體的建制化，找空間與縫隙吸引不滿的群眾，並且期望透過媒體傳播像滾雪球般擴大，網際網路及社群媒體的出現剛好提供了工具，一開始是對體制不滿的理想主義者使用網際網路突破主流媒體，並且將其視為媒體改造乃至於社會改造的希望，但網際網路及社群網路擴大規模後，反而讓沒有底線的政治人物、網紅能與憤怒的網路鄉民結合，不斷製造出真假參半又製造社會衝突的各種傳播利器。

臺灣在這個部分更是先天不足、後天失調，國民黨威權統治時期存活的媒體是程度有別的傳聲筒，並且在有限的市場下進行商業競爭，在絕大部分新聞工作者不具備新聞專業及堅持下，雖然進入民主化時期，卻面臨更激烈的商業惡性競爭，不僅造成劣幣逐良幣，主流媒體本身更是假訊息產業鏈的一部分，除了有商業利益的考量，不用查證散播訊息既省成本又賺流量，也有與特定黨派合謀進行訊息戰的政治謀略。而臺灣相對更少量的專業新聞工作者，難以撼動整個大局。

其實對於政治人物及投資者來說，現在的假訊息及資訊操弄工廠的商業模式，才是它們追求的目標。拿出真金白銀，本來就要得到最大的政治經濟利益，體制化的媒體沒有影響力不說，還太多條條框框，同樣一筆預算，投放在假訊息及資訊操弄上，才能獲取直接的政治及經濟效益。

由新聞專業及自律建立起來的假訊息防火牆時代已經不復存在了，但從二十世紀初這個傳統之所以能成功建立的基礎，我們卻能看到更重要的東西，假訊息、資訊操弄、傳播亂象是一套鑲嵌在社會運作裡的產業鏈及生態圈，它們是從社會矛盾找到縫隙及養分才能生根茁壯，要先從深入理解、分析這個生態圈出發，才能對症下藥。

《真相製造》以深入調查採訪及分析的方式，完整呈現假訊息的跨國產業鏈及生態圈。印尼的宗教、族群衝突醞釀出假訊息的溫床，社群媒體的分眾特質及同溫層效應帶來網紅圈粉經濟，政治動員及經濟利益同時驅動各路人馬的極端化。德國則是移民社群的大增激化極右派興起，而極右派成功透過網路動員、集結，加上德國本身種族屠殺的歷史，更使得移民對於德國社會不信任。這些國家，我們都看到每個行動者，如何受到社會變化的影響，又如何因為新的傳播模式，將自己的理念與看法擴展到極致，而社會敵對情勢愈尖銳，就愈口不擇言甚至不擇手段，文鬥升級為武鬥，釀成暴力行為及恐怖主義攻擊。

更重要的，書中也具體描繪出民眾為何從一般的受眾，成為訊息產製的戰士。比起過去民眾只是單純的閱聽人及消費者，現在民眾除了透過社群網路的特性成為意見發表者，還因為網路金流機制的日趨完整，擔任訊息產製的兼職或專業受雇者，透過內容農場賺取積少成多的流量費，訊息操作已經完整架構出委託者、大盤商、中盤商、受雇者完整的產業鏈，在社會矛盾愈尖銳、愈要資訊操作的情況下，則能因為政黨、政治人物乃至於政府下大筆預算而賺取暴利。

這樣的生態圈，用理念建立、業務發包、政治利益、商業暴利的複合多重機制中圈人滾錢，高尚的理念與世俗的銅臭能完美結合，共同打造訊息產製的驅動力，每個人都有任務，有機會爬升，也有可能摔得屍骨無存，政府、政黨、商業利益、公司、一般人都在社群網路乃至於實體世界的修羅場中相互聲援、撕咬。

總而言之，訊息操弄的生態圈，並不是一群陰謀破壞者，在陰暗的角落所進行的祕密顛覆活動，它距離你我僅一步之遙，自己的工作所在機構或許都曾購買相關服務、自己或自己的朋友也因為情緒被調動而分享相關訊息，這是一個鑲嵌在社會基本運作裡的產業鏈，與其他產業或多或少都有關聯。

這個訊息產製的叢林時代，最後是會往混亂到極致後由政府管制甚至於獨裁者接手收拾的局面，還是再度成功架構出新的專業及自律體制？劉致昕也花了極大力氣及篇幅，呈現各國公民社會如何對抗假訊息及訊息操作。美國十九世紀末由下而上推動的進步主義，在改造訊息大亂戰的媒體產業有正面的效果，從這本書中，我們看到的全面性訊息操作產業鏈分析再到可能的對抗性力量，對於對抗訊息操作的下一步該怎麼走提供了重要資訊及方向，畢竟從人類歷史來看，當代由社群媒體為基礎造就的假訊息及資訊操弄亂戰，並不是最壞的時代，我們仍有許多的過去經驗與當下資源，往一個新的、具有專業及問責精神的資訊傳播體制邁進。

（本文作者為政治大學創新國際學院助理教授）

推薦序

一位青年記者的追索

李雪莉

謊言與假話是人類史的常態，但如今它們堂而皇之侵入公共領域的速度與廣度，仍舊令人咋舌。我難忘二〇一七年一月美國NBC電視新聞上，《會見媒體》（*Meet the Press*）的主持人陶德（Chuck Todd）追問白宮顧問凱莉安・康威（Kellyanne Conway），為什麼川普團隊會宣稱「這是歷史上最多群眾參與的總統就職典禮」，康威不帶愧色地說，這是「另類事實」（alternative facts）。

只見陶德回應得很直接，「另類事實不是事實，而是謊言。」

公眾人物公然說假話，製造假訊息，被讀者和觀眾接收並誤以為真，這樣悖反社會倫理與信任基礎的「另類事實」，近年大行其道，假象變為真相，以假亂真的內容透過媒體與社交網站擴散，影響你我的公眾生活，甚至改變了我們對世界的認知。

記者的本職是求真。如今各國記者的嚴肅工作更遭逢前所未有的挑戰，荒謬不已的謠言假話進入言論市場，不但讓記者必須花更多力氣核實，還不確保能敵過假訊息的威力。例如，讓長輩們奉為圭臬的錯誤養生資訊、由中國官方製作並訴說新疆生活非常美好的洗腦影片，甚至邪教般的極端政治意見，透過各種網路管道如天羅地網般襲來。這些可以輕易找到證據推翻的謬見或偽科學，在短短數年間，出現在我們每天登入的社群網站與社交軟體，以及不少號稱為媒體的平臺裡，對民主社會造成的災情實在不小於天災與病毒。

我想，這是致昕撰寫此書《真相製造》的用意──既然我們都被壟罩在這個災情裡，又無法快速發明緩解的疫苗，不如好好鍛鍊自體免疫的能力。

免疫的方法是先瞭解我們所認知的世界被如何改變了。致昕把這些年他遠赴各國採訪與調查的足跡，完整地告訴讀者，原來我們每天所見所聞的內容有不少是毫無根據被惡意製造，並且被人們無防備地照單接收，而謊言與假象又如何讓不同的國家、社會、家庭與個人付出代價。

致昕記者生涯的養成過程很獨特，政大外交系畢業，曾待過創投、新創公司，在英國《金融時報》臺北辦公室做過駐臺助理記者，也在《商業周刊》擔任記者。他有個關注公共事物的心靈，曾參與g0v等行動組織，並在兩年半前從一位自由記者的身分，加入了我們，擔任非營利媒體《報導者》的副總編輯。

我前後擔任致昕的編輯約有六年的時間（在他還是freelance時就經常合作），其中的兩年半更是密切共事，而有機會理解這位年輕優秀記者長期的問題意識。他一直走在很前面，當多數人對新創與科技的聯想是商機，致昕更關注的是科技怎麼重塑人們的世界觀。於是，他很早就把假訊息、資訊戰、網軍等議題納入自己的選題視角，關照的範圍涵蓋歐洲、美國與東亞。

這個新興領域的採訪相當不容易：造假者使用的科技與手法嶄新複雜、訊息跨國跨界不易追蹤、證據的取得經常要耗費人力並且要跟時間賽跑（製造者通常會轉換網域或掩蓋網路足跡），而受害者和加害者面貌多元，在追蹤過程中也時常要注意來自駭客的資安攻擊。

除了克服技術和採訪的困難，我覺得致昕在處理這類議題時最為可貴的是，他並非冰冷描述這些造假方法，也不用泛道德的姿態書寫，他試圖理解，究竟是哪些人容易跳入愛麗絲夢遊仙境裡的兔子洞（rabbit holes）？這些數位兔子洞是怎麼出現的？兔子洞裡的力場如何被創造和扭曲？

《真相製造》一書的開場，致昕帶著讀者看見十九歲聖戰士加入ＩＳＩＳ的過程。他的方式是直面地訪談聖戰士的母親，讓讀者跟著這位母親的疑問和思路，瞭解到原來多數聖戰士是被生活、娛樂、財富、認同等訊息（占九七％）所吸引，之後才被極端的仇恨資訊（三％）所籠罩，訊息一步步切斷年輕人與外界的連結，讓他們走入恐怖組織召喚聖戰的洞穴裡。

他也帶著讀者到北馬其頓共和國。我記得兩年前《報導者》在處理「跨國網軍與他們的產地」專題時，致昕找到一位來自北馬其頓共和國的「網軍教練」賽爾科斯基，他的名片上大剌剌地說自己是幫助川普意外贏得選舉的那個人（二〇一六年的美國選舉被不少來自俄羅斯與北馬其頓的假訊息所影響，即便被證實影響了選情，也覆水難收）。

致昕沒有直接批評他們，而是保留其原話，讓讀者試著理解「操弄真相」在世界各國如何成為一門巨大的生意。因為他採訪的開放態度，讀者可以在其中更立體和深刻地瞭解在高失業率的國家中成為一位網軍，並不總是被陰謀論驅策，網軍說：「我知道這可能不是最道德的職業，但這真的改變了我的人生。」而網軍教練賽爾科斯基甚至在他的採訪下，提醒臺灣讀者：「你必須對一切保持懷疑，對一切小心。」

因為足夠的同理和好奇，讀者可以跟著一位記者的視角，目睹「真相製造」生態鏈的複雜和多元。

在這生態鏈裡，有政黨、政客、側翼組織，有利用數據操弄的資訊戰商人、有自媒體與內容農場等協力者。而生態鏈最下方的是容易受極端意見影響的脆弱者。而「真相製造」的光譜，從揶揄模仿、無心轉發的錯誤訊息、混雜真與假的偽裝新聞、一直到刻意傳遞偏見與仇恨而創造的假新聞（fake news）。

《真相製造》是一位記者多年的認真追索與積累，讀此書時，我感受得到致昕努力勾勒和拆解製造者的邏輯和手法，他希望讀者們知道，那些社團、粉絲頁、貼圖、以及生產者慣用的說法是怎麼按部就班生產出虛假資訊，形塑大家的世界觀，癱瘓民主。

在假訊息、帶風向的手法不斷進化和升級的黑暗時代裡，希望這本書能幫助更多讀者擁有判斷力和警覺心，同時也期待讀者能找到自己信任的媒體、記者、意見領袖，並鍛練自己批判思考和辨識的能力，提升對「假」的免疫力。

（本文作者為《報導者》總編輯）

推薦序

注意力經濟二十年，我們失去了什麼？

張潔平

「這一行是『病毒』，在測試民主的抗毒能力，逼民主社會長出『抗體』。」

在新冠疫情蔓延的日子，讀到致昕書稿的這句話，在空調十足的隔離房間，竟冒出冷汗。這本書並不是關於瘟疫，但若論及對社會與心靈的影響，它書寫的主題，可能比瘟疫更加對人類影響深遠。

用時下最流行的詞來描述，這本書的主題是關於「認知作戰」。開頭這句話，是引述自作者採訪商人杜元甫，描述自己提供的以數據分析為基礎的選戰服務。他先後創辦的公司 QSearch（臺灣）與 AutoPolitic（新加坡），重點為亞洲各國的政治客戶，提供社交數據監測分析、資訊投放策略等服務，幫助客戶提高自己在選民的聲量，打贏選戰。

數據、監測、分析、投放、聲量、選戰……這些描述業務的語彙，聽起來中性而且專業。但仔細深究，每一個詞背後，都是在注意力經濟的時代，由淺及深地榨取注意力做為交換——撩撥人心、牽引欲望、煽動情感，進而——塑造認同，改變選擇。動作本身，合理合法，但這過程中被偷渡的資訊可能不真實，理念可能暗藏仇恨，灰色地帶無處不在但我們卻無能為力，因為我們恰恰是進入了一個工業時代的「理」與「法」尚不能完全理解、更遑論回應的資訊時代全新戰場。

如今，一邊是資訊科技普及，平臺巨頭壟斷並制定規則，注意力經濟主宰並帶來極大利益；另一邊傳統政府與法治體系應對緩慢，也踩入自由與管制、隱私與安全界線的政治倫理深水區。早在人們覺察到、有能力擺脫之前，這個「戰場」已經遍及全球，深入我們生活的每一個角落。

「認知作戰」在全世界的形狀

記者劉致昕自二〇一六年起在全球採訪，在比利時、法國、德國、印尼、北馬其頓、中國、北馬來西亞、臺灣捕捉不同陣營依靠社群網路發動「認知作戰」的形狀，採訪在其中的不同角色者：

委託數據服務與行銷公司、成立網軍部門的甲方，他們通常先是傳統政治世界裡的另類、少數、極端派力量，也有捍衛既有權力的主流執政力量；

瞄準巨大商機，提供數據監測、分析、策略乃至執行服務的中間商，他們也是「認知作戰」的最奮力鼓吹者，無論是以自我反省或是自吹自擂的方式，無不將之描述的神乎其技；

帶頭組織網軍、建立無數真假ＩＤ，隱身在世界各地靠鍵盤生涯與角色扮演賺錢的一線執行者；

在現實中感到壓抑或被邊緣化，真心投入支持某個另類、突圍的政治論述提倡者，卻又或多或少地踩入由大量引導性訊息、強化敵意訊息構成的同溫層陷阱，不自覺走向封閉與極化的選民。

每一個真實故事讀過去，最大感受是那種驚人的熟悉，無論主人公是什麼膚色、講什麼語言、在哪個國家、什麼政治光譜，你幾乎都能在自己身邊、甚至自己身上，找到相似的例子。

比如，看看這段：

隨便輸入一個關鍵字，畫面立刻就從隨時監控的一億五千萬筆社交內容中，找到相關貼文，根據發言者的背景、地點、使用語言等，再加上排序，點幾下滑鼠就能找到最活躍的帳號、最熱門的貼文，抓出當下最多人討論的話題。根據這些資料，候選人除了能知道人們在討論什麼，還能看見不同年齡層、不同區域的選民當下的關注焦點，也能找到其中最有影響力的線上意見領袖，據此，候選人得以隨時調整策略及網路廣告的投放。每個陣營都按社交網站的反應，決定下一步。

你覺得這是在說哪裡？美國？印尼？還是我們熟悉的臺灣？這是二〇一七年、勒龐崛起的法國大選。記者採訪的是在選戰中與至少兩方陣營合作的法國社交網站輿情分析公司翎峰（Linkfluence）創辦人佛迪洛。他以「軍備競賽」形容這次大選的網路交火，在每個候選人陣營裡，網軍皆是千人規模。

這樣的軍備競賽無處不在，上世紀知識分子曾構想的、在民主社會扮演最重要角色的「公共場域」，正在從增進溝通、建立信任、形成共識的理性辯論場，快速裂解，變成傳播陰謀論與不實資訊、催生仇恨、並捕捉社會原本的裂痕與不平等、加速撕裂的認知作戰場。

為什麼極右翼力量在法國、德國、美國都能夠快速攻城掠地，從邊緣躋身主流？

為什麼俄羅斯的「境外勢力」可以輕而易舉影響他國的民主選舉？

為什麼開放民主機制在假新聞面前看起來都不堪一擊？

為什麼科技巨頭不會更改他們對個人資訊的全方位攫取、也不會停止上癮機制？

在本書中透過親歷者的故事展開的上述諸多問題中，最極端的例子是恐怖主義。

為什麼，ＩＳＩＳ也能透過網路吸引超過一百個國家的三萬多人加入他們？

這是居住在比利時的突尼西亞二代移民班艾里的問題。她十九歲的兒子在二〇一三年離家，不告而別。幾個月後，家人接到來自敘利亞的陌生電話，才知道兒子加入了ＩＳＩＳ成為聖戰士，並已經死去！

媽媽在巨大的悲痛中，開始仔細追蹤兒子如何在社交網路與ＩＳＩＳ連結，被什麼樣的訊息吸引，一步步的軌跡，最終做決定的動機和深層原因。她在接受本書作者的採訪中說：「我必須找到答案。這是我的『聖戰』，這才是真正的聖戰。」

如果送信的貓頭鷹也懂讀心術

以語言蠱惑人心，以傳播技術達致擴散，以謠言、懷疑、仇恨做為火種，這些從來不是新鮮事。今天變化的究竟是什麼？資訊科技普及、平臺公司壟斷、注意力經濟主導，它們意味著什麼？

想像一下你有一隻送信的貓頭鷹好了。對，就是《哈利波特》裡那一隻。

你靠牠獲得外界世界的資訊。有人會透過牠給你送報紙，也可能會發傳單。以前，只有少數人有能力發信，僱用貓頭鷹。而貓頭鷹是中立的，只管點對點送信完成任務，不管發信者是誰，也不管收信者是誰。現在，情況不同了。首先，人人都可以發信了，貓頭鷹隨傳隨到。其次，牠學會了讀心術！而且會與其他貓頭鷹共享讀心得來的祕密，串成一個巨大的收信者祕密網路，牠還懂得了祕密可以賣錢的道理，會把你的祕密賣給送信者，讓他們根據你的內心祕密，隨時調整送信的內容。最要命的是，你不知道這一切，你有時會忘記你收到的信早就沒有什麼「權威保證」，而更以為貓頭鷹依然是十多年前，純情、中立、什麼也不知道只是行使工具使命的那個樣子。

這大概就是當社群平臺取代了報紙和傳單，成為我們資訊第一來源的樣子。社群平臺就是新時代的貓頭鷹群。以前沒人知道誰拿了傳單，沒人知道拿到傳單的人，是把它墊了飯盒，還是撕毀，還是認真讀完，甚至精心掛在牆上。現在貓頭鷹都知道了。你的每一個行為都會被記錄下來，從這些長期行為參數可以推斷你的喜好，比任何一種讀心術都更厲害。

在這種情況下，如果你是寫傳單的人，你還會專心寫自己想說的話，交給貓頭鷹就不管了嗎？恐怕不會。你會仔細詢問貓頭鷹，收信人想看什麼，你會投其所好，讓他愈來愈想看到你，依賴上你的傳單。更不要說，如果你想橫空出世、打一場選戰，那貓頭鷹會是你最好的合作夥伴。

貓頭鷹突然具備的讀心術，並且可以把送信服務民主化地提供給每一個人，正是我們這個時代資訊科技發展的結果。而你讀傳單時間愈長，會洩漏自己的愈多祕密，這些祕密可以賣錢，這一核心的商業模式，正是注意力經濟的本質。也是貓頭鷹群形成壟斷集團的核心動力——如此，它們可以降低內部溝通成本，最高效地獲取最大規模的人類祕密，並投入市場交易，收割利益。

貓頭鷹學會讀心術超過二十年了，這一整套注意力經濟的模型也俘獲了所有人。在這一整套模型的催生下，傳遞資訊變成了「競賽」而不是「溝通」。競賽的下一步就是戰爭，就如本書作者所說，收信人「一旦按了讚，就走進運算法打造的舒適圈，進一步啟動極端化的過程」。

不實資訊也是在這樣的機制中，被空前製造和傳播。如大西洋委員會數位鑑識實驗室研究總監尼莫（Ben Nimmo）在接受作者採訪時分析：數位出版科技的普及，讓「建立」不實內容變得更簡單；網路，則讓「發布」不實內容變得更簡單；社群媒體讓「散布」不實內容變得更簡單。

我們該怎麼辦

面對這樣的貓頭鷹，我們該怎麼辦？最本能的答案，似乎是關閉心靈，不再被它讀取。或者從此拒收信件，以避免狂轟亂炸。但前者不現實，想想你有多難關閉臉書就知道了；後者也只是逃避，並不能阻擋你的父母兄弟同學老師兒子孫子，每天都暴露在這樣的資訊流中。

本書也對「怎麼辦」的答案有諸多探究，採訪了世界各地的公民組織、事實查核中心、研究者、監察者。但有趣的是，書中所提及的最有洞察力的答案，往往來自貓頭鷹本人。

來自北馬其頓的網軍教練給讀者的三條建議是：

1. 真相不是非黑即白，你需要對一切保持懷疑。
2. 確保資訊來源的多元化，不要過度沉溺在新聞。
3. 多讀書，聚焦在真正喜愛的事務，讓自己變成這個領域最優秀的人。

而來自俄羅斯的記者與反對派領袖，則這樣奉勸民主世界看待「境外勢力」的破壞：「極權政府突然發現，只要開發一些工具，就可以用自由世界的產物（網路、社交網站）來操控世界，它沒辦法在其他地方進行資訊審查（censorship），但可以創造偏見，去限制人們的知識、塑造人們的認知。」但，「民主國家最有力的反擊，是從根本上重建公眾討論的能力，是徹底檢視民主失靈的原因，透過反省並自我修正而不斷進步。」

「外來勢力的影響要有效，前提是一國的民主失靈。失去抵抗力，病毒才可能入侵。」

（本文作者為Matters.news 創辦人）

作者序

關於記者，也關於我們

二〇二一年六月，此書出版前兩週，一位加拿大智庫的副總監和一位紀錄片導演，為他們正在籌備、關於臺灣假新聞的專案與我連線。訪談最後，他們問：「為什麼五年多來你要不斷地追假新聞的議題？」

這五年時間，不論是臺灣政府、多國代表處內的會面，在倫敦、新加坡的國際工作坊，或是到各鄉鎮的各級學校跟社區裡的演講，這題都會出現。有的提問者把假新聞與過去的「非常光碟」事件相連，懷疑是否需要如此深究選舉中的髒水；有的提問者，聽到假新聞三個字，則聯想到各種謬論與陰謀論，滿臉不屑表情；有的是想確認我是不是「自己人」，要追的是不是「敵人」發的假新聞。

要回答這題，我以不同的身分、在不同的場合，有不同的答案。

做為曾在國際媒體學習、試著耕耘國際報導的記者，放眼全球後，必須繼續追蹤假新聞議題發展的理由不勝枚舉。在美國，不斷以假新聞（或稱另類事實）壯大自己的陰謀論團體QAnon，有自己的分眾媒體、隱密的網路空間，在網路不可見的角落讚頌並實踐獨立於其他人的世界觀，包括「國家權力握於一小群祕密崇敬撒旦的戀童癖之手」，並認為愛國者必須以暴力來救國。他們的動員力不僅強大到發起攻占國會山莊的行動，他們的主張，根據一份民調[1]指出，已獲得美國約一五％人民認同，等同一個主流宗教規模。在法國，此書出版前，總統馬克宏剛被民眾掌摑，警方隨後在該民眾家中搜出陰謀論書籍以及希特勒的《我的奮鬥》。為因應假新聞對國家安全的影響，法國宣布將成立國家級機構[2]，以打擊來自境外的資訊操弄。在德國，同樣的謠言、陰謀論持續透過社群網路擴大，並影響德國安全部門，在本書出版前的最新消息，是法蘭克福市特警隊不得不解散重組，因為發現有二十名現任及卸任警員參與右翼極端分子的聊天群組，涉嫌散播煽動仇恨文字及前納粹組織的符號。全球COVID-19疫情的惡化也與假新聞有關，受疫情重創的國家如印度、巴西、英國，都是假新聞肆虐之處，與疫苗相關的假訊息，更是許多國家民眾不願施打疫苗的原因。

做為一個十年前以「網路線記者」入行的媒體工作者，我還有另一些理由，持續關注假新聞議題。

1 https://www.cna.com.tw/news/aopl/202105280168.aspx

2 https://www.cna.com.tw/news/firstnews/202106030434.aspx

入行當時，臉書在臺灣才剛開始流行，LINE甚至還沒創立，我記得在臺北喜來登飯店與LINE團隊做的第一個訪談，正是他們在臺灣媒體的第一次曝光。當時，他們告訴我，三一一地震後，他們思考如何透過網路讓人與人之間的聯繫更方便。他們特別強調，亞洲文化講究人情，於是他們選擇從通訊軟體開始進入當時剛興起的行動網路應用領域，他們信心十足地說，相信亞洲社會為了經營關係與人情，會花最多的時間使用如LINE這類的通訊軟體。現在回頭來看，LINE的策略的確成功了，它不但占據了臺灣大部分網路使用者的眼球，臺灣使用LINE轉傳功能的次數甚至是全球最高的。只是，人與人的連結是否因此而更緊密，答案對許多人來說恐怕不樂觀。

我開始跑網路線時，阿拉伯之春開始，社群網站除了商業價值，也成為對政治的不滿和期待所聚集之地，其觸發的行動，在世界各地創造了不同的新政治風景，這也是我持續記錄的主題。我採訪了臺灣東海岸開發案中，公民運動如何透過網路串聯發聲，將臺東的開發案帶進臺北人的眼裡；我也越洋採訪占領華爾街的核心發起人們，觀察他們在世界各地（包括臺灣）的聚會，對現況不滿的人們透過社群網路聚集街頭，面對面討論、交換想法。同年，我越洋採訪德國海盜黨，當時剛在柏林議會取得大勝的他們，黨主席告訴我，民主政治有機會透過網路走進一個理想年代，他們要運用網路科技，實踐透明政治、階級流動、公平參與的民主。在臺灣，g0v社群興起、太陽花運動等，已不需多言。

但後來，臉書公開發行股票後全力追逐商業利益，演算法造成的副作用開始出現，當人們談論社群網路、通訊軟體，不再只是連結與發起行動之地，也出現極端主義在平臺上滋長、不實資訊流竄蔓延的現象。矽谷內部開始反思，吹哨者嘆息自己寫出的程式碼，如何以演算法、廣告機制、紅色提醒符號等方式，逐漸讓人們對社群應用上癮，全球頂尖菁英分食注意力經濟下的金礦，卻讓公眾討論在程式碼搭起的迷宮中迷航。二〇一六年、一七年之後，我在國際會議中，遇見愈來愈多科技平臺派出來的專員，試著與學者、非營利組織、政治工作者、記者們解釋，他們正在努力；但會議上，也有另一群人力倡改革、促使科技平臺當責，他們的口號是「Make Technology Great Again!」

以商業運作的角度理解假新聞，讓我有更多與真相製造產業的全球商人們對話的可能，不能否認的是，商業利益仍是主導世界運行的主舵，而當主要網路科技企業大都以廣告模式盈利，它們真的可能放棄最能搶食注意力的假新聞、爭議訊息嗎？在這些平臺建造起的金流之中，世界各地擁有網路的青年們，如何靠著部落格、假影片淘金？身處其中的新聞工作者如我，使用者如你，如何能夠抵擋逐利的真相製造者？而又是誰捧著金錢僱用逐漸成熟的真相製造業，在無法可管的網路上，往世界各地放火？

在我與這些真相製造者的訪談中，我問他們如何看待自身的盈利之道，更問他們該如何避開假新聞的傷害。過去五年，我在不同國家尋找這個答案，本書收錄其中八國的訪談，特別是最後一章，收錄這些商人們的故事與建議。

最後，做為一個臺灣解嚴那年出生的新聞工作者，報禁在我出生的隔年解除。我們這一代中的許多人，一方面受到媒體前輩擘劃出來的新聞夢召喚，投入媒體工作試著在前輩們的帶領下齊力開路；一方面，卻又在進入社會的時刻，看著新聞媒體環境如何在市場、政治力量下，承受衝擊，然後在社群平臺、網路巨擘的強攻下變得孱弱，它們幾乎帶走所有觀眾的眼球。儘管媒體前輩、同輩、後輩，仍不斷提升臺灣報導的品質，以更好的作品喚醒社會對於媒體的珍視，但我想，用「掙扎求生」形容媒體工作者此刻的感受，大部分人是同意的。因此，每次受邀講假新聞的議題，我總先往自己的頭上敲一棒。我的開場白是：「我們今天要談假新聞，但我想先問問大家，你們認定的新聞是什麼？你們每天接收資訊的管道是傳統定義的『媒體』，請舉手？」比起這一題，更殘忍的問題是，「每天有看一份報紙的、拜訪一個媒體網站的請舉手？」

追蹤假新聞議題，帶給我許多對新聞工作的省思。我一直記得，在印尼採訪時，當地主要媒體集團TEMPO.co網路總編輯濵米卡（Wahyu Dhyatmika）對著我說，你們這一代的記者必須真正理解假新聞議題的意義，「這就是媒體轉型的考驗！」他要我好好記得，資訊亂流襲來，媒體在其中必須堅守價值，讓人們不至迷失，但也必須靈活變化，證明此時媒體跟記者的存在還有價值。這本書特別記錄不同媒體人的奮戰，以及更多事實查核者、公民運動者的協力，他們在新聞產製與接收兩端持續努力，反思自己的工作，也試圖在資訊亂流中重新建立媒體與閱聽人的連結，視閱聽人為打假辨真、認同媒體價值的「夥伴」。採訪過程中，記錄下來的他們的身影跟找到的對策，是我繼續新聞工作的動力跟參考路徑。

可能是因為身邊沒有其他人，在那場我與加拿大的越洋連線會議裡，我最後對著視訊鏡頭說出的答案連我自己都感到意外，我說：「是因為人。」這可能是一個太過私人的答案，但也是每個臺灣人都能理解的答案。

我永遠記得二〇一八年十一月二十四日，臺灣街頭上的肅殺氣氛，以及投開票所外，那個塞給我小卡、拜託我一起守護家庭價值的徬徨面孔。我更記得當天開完票後，社群網站上的撕裂以及家庭的破碎。書出版前夕，疫情裡的我們每天承受來自群組、匿名粉專、政治人物的不實資訊夾擊，加上媒體與政黨的煽動，我們的情緒、認知幾乎失去自由。是這些人們日常的痛苦，促使我五年來一直想理解更多，也讓這本書有幾乎三分之一的篇幅，留給臺灣的內容農場經營者、公務員小編、側翼群組觀察者以及事實查核組織，記錄他們在真假之間的操作和抗衡。

社群網站在過去十年間擴張全世界，登入社交帳號的那一刻起，我們就成了真相製造鏈接收／發布的一分子，本書採訪的人們因為不同的選擇而有了不同位置：有人甘之如飴地走進陰謀論，有人靠著控制認知、放大聲量而有了可以傳承兒女的家族事業，也有人還在乎真實，試著從謠言裡學習讓真相傳出去的祕訣……認識他們的選擇跟能耐，不僅能幫我們看清自己的選擇跟位置，也或許能幫助我們拿回情緒與認知的自由。

這本書的出版，得力於春山出版、《報導者》、《商業周刊》三個單位的支持，特別感謝君佩、小瑞兩年多來付出的心力及陪伴。感謝雪莉姐、佩修姐、育立哥的鼓勵，讓這個寫作計畫誕生。感謝書中每一位受訪者，特別是在第一線仍為「真實」努力的實踐者們，你們的堅持不懈以及對民主價值的堅持，鼓勵了包括我在內的許多人。

PART 1

2016 @比利時

實體與線上的Ghetto

二〇一六年九月，在我落地布魯塞爾的那一天，ISIS（伊斯蘭國）在Twitter上發了張圖片，那是一則警告貼文，配上一張歐盟議會建築爆炸的照片。在前往Airbnb的路上已被處處可見的持槍軍人嚇壞的我，進行第一個採訪時，就把圖片拿給當地受訪者看，「所以現在該怎麼辦？」他們笑了一下說：「我們已經習慣了。」

我當然不是城市裡唯一緊張的人。那一年，柏林、巴黎、布魯塞爾接連被ISIS的聖戰士成功襲擊，尤其是巴黎，大規模的恐怖攻擊讓花都進入戒嚴。當時，我們在巴黎街頭見到的軍人比街頭藝人多上好幾倍，軍警有權隨時檢查任何人的背包，到聖母院拍照的當天，警方在一旁的車子裡發現爆裂物。那一年的恐攻事件，有大規模的無差別殺人，也有到教堂殺害神職人員、到家裡殺掉警察等各種攻擊，網路上#wekillyouin-yourownhouse（我們在你家把你殺死）、#notsafeathome（家裡也不安全）的hashtag，讓恐懼、憤怒，沿著網路狂燒。

幾樁恐怖攻擊後，世界的目光隨著調查結果，投向莫倫比克。如歐洲的新景點一般，這裡被許多媒體標上了聳動的名字：出產恐怖分子的溫床。

我花了不少時間，在莫倫比克里尋找媒體報導裡的危險地帶，但映入眼簾的，是市場、椰棗、甜食、水果和對我說「你好」的攤販。

莫倫比克，其實是布魯塞爾重建過程中重要的一環。二戰後，比利時政府從摩洛哥、突尼西亞引進大量勞工，協助城市重建，國家從復興走向繁榮，這些被引進的勞工，也從中心一路往外移，莫倫比克的位置，正是當時這些移工從中心被迫向外擴散後的據點。戰後至今，莫倫比克與市中心，地鐵車程不過相隔十五分鐘，其中卻有一道牆慢慢築起，把布魯塞爾分隔成兩個世界。

這道牆，也意外讓突尼西亞移民二代，擁有四個孩子的班艾里，改變一生。她的次子，在二〇一三年成為第一波投奔敘利亞的聖戰士。兒子離開後她開始尋找原因，兒子是如何在網路上受到「感召」、與ＩＳＩＳ接觸而後投奔？兒子的極端化過程，與實體世界的生活和社交網站上的同溫層效應有何關聯？ＩＳＩＳ如何靠社交網站「釣魚」、他們製造假新聞的目的、莫倫比克如何被打造成恐怖分子的溫床……這些縈繞著班艾里無法散去的疑問，以及她因為尋子看見的答案，部分解釋了至今影響全球的網路極端化現象，也解開了謎團：為什麼ＩＳＩＳ能透過網路吸引超過一百個國家的三萬多人加入他們。

1 班艾里——聖戰士的媽媽如何一步步救回孩子？

二〇一六年時，要與班艾里（Saliha Ben Ali）見面並不容易，她不願意講英文，不願意輕易與媒體聯絡，連辦公室的地址，都到最後一刻才告訴我。在透過翻譯多次解釋來由、交出法文訪綱後，她終於點頭見面。地點，在一座幼稚園裡。

我和翻譯、攝影師，穿過幼稚園，在裡面的一間放著三張桌子的辦公室，見到班艾里。她用塑膠免洗杯替我們倒了水，坐下之後，整理了脖子上的方巾，雙眼盯著我看，「來吧，你們想知道什麼？」口氣裡是面對媒體的熟練，這是二〇一三年兒子死去後帶給她的改變之一。

我們先從她來到比利時的原因聊起。是爸爸來比利時打工時全家搬進布魯塞爾的，班艾里跟許多移工家庭的孩子一樣，期待穩定的家庭生活，父母可以不用這麼辛苦幹苦力、孩子可以有父母陪，家可以像家。半個世紀過後，班艾里成為四個孩子的媽，她聽從爸爸的話，在成長的過程中努力念書，爸爸付出的勞力也替家裡打下穩固的根基，移工家庭好像可以在布魯塞爾落地生根了。有時候，他們還能把錢寄回突尼西亞，支持家鄉的親戚。上學、讀書、歐洲的高等教育給了她機會，班艾里長大後，想順著爸爸的路，在一個世代的累積之下，繼續改善家裡的生活和社經地位。她想著，她的孩子已是移民的第三代，是真正在比利時出生、拿歐盟護照的一代，她期待自己成為母親後，能完成家族移民之後打造生活的第三階段。落葉、生根、茁壯、繁榮，就像二戰後的歐洲一樣。

二〇一三年十二月，一通自稱來自敘利亞的電話，讓班艾里措手不及。「妳的兒子死了，」對方說，班艾里來不及反應，但對方的口氣帶著喜氣，他強調：「妳兒子是光榮地死去！」道賀聲後，電話那頭只剩「嘟、嘟、嘟」的聲音。

在這通電話之前，班艾里其實做了許多努力，她回憶十九歲次子失蹤那天的情景，「我早上醒來就覺得哪裡怪怪的，我衝去他的房間，果然，他已經不在了。」在同一個屋簷下生活的孩子突然消失，沒多久，她收到兒子的訊息，說自己到了敘利亞，加入ISIS。

「回來！你說你愛我，可是你做的正是相反的事！」班艾里給我看當時她跟兒子的對話紀錄，「不用再叫我回去，我是不可能回去的。以後妳不用再聯絡我，我們這裡是有紀律的。」「你有東西吃嗎？你有缺什麼嗎？」「阿拉已經給予我所需的一切。」班艾里的兒子說。他對母親聲稱，自己有食物、有住處，還找到希望。

「你如果死了，就什麼希望都沒有了！」「那些人跟你談希望，他們在戰場上面跟你談希望?!」文字寫著：「你正在摧毀我！」

無效的溝通讓班艾里心痛，但隨後的死訊是真正的絕望，那通電話除了帶來心碎，也讓班艾里迅速成為社會公敵，夫妻倆被指控教育失敗、造成國家安全威脅。比利時政府修法，將投奔ＩＳＩＳ列為罪犯，班艾里因為沒有兒子的屍體，無法證明他已死亡，當法庭宣判五年監禁，因為「當事人」無法服刑，她還必須繳交一萬八千歐元罰金（約六十五萬臺幣）。

「那時候，沒有任何人能夠幫我。」她回憶。最終，是班艾里二十

以自身社工經驗，班艾里（右）讓自己重新站起來。圖為她跟另一位聖戰士媽媽薩米拉（Samira）於2014年在布魯塞爾，為死於敘利亞的比利時青年們陳情抗議，左邊的布條寫著：「父母不要閉上眼睛。」（Reuters／達志影像）

年的社工經驗讓自己找到站起來的動力。「我必須找到答案」，同住的兒子，如何決定、如何一步步走向聖戰士之途？「這是我的『聖戰』，這才是真正的聖戰。」她從兒子死後開始回溯事情發生的過程與可能原因，她想知道，兒子是怎麼被一路帶去敘利亞的？

在社交網站上「釣魚」

班艾里告訴我，起點是社交網站。「就像是釣魚一樣……他們（ＩＳＩＳ）有自己的程式，根據你的興趣、按讚的貼文、追蹤的粉絲頁，找到他們的『人選』。」包括十七億使用者的臉書（二〇一六年數據）、三億用戶的推特（二〇一六年數據）等，都是他們的「魚池」，他們每個月向魚池發動上千波宣傳活動，全球三十五個製作團隊，透過臉書、推特、YouTube等不同社交工具，每個月接觸數百萬人。《外交政策》（*Foreign Policy*）用史上第一個擁有實體與數位領土的恐怖組織來形容ＩＳＩＳ在線上、線下的開疆闢土，並認為若要打擊ＩＳＩＳ，網路上的作戰是關鍵。

班艾里解釋兒子被釣竿勾住的過程。一開始，是臉書上的接觸、加入私密社團，接著從在網路上對相關貼文的反應，進一步判斷怎麼開始建立關係，確定好後，便透過加好友、一對一私訊，取得完全的信任。一旦建立信任，便能提出成為聖戰士的選項，甚

ISIS如何在社交網站上找到聖戰士

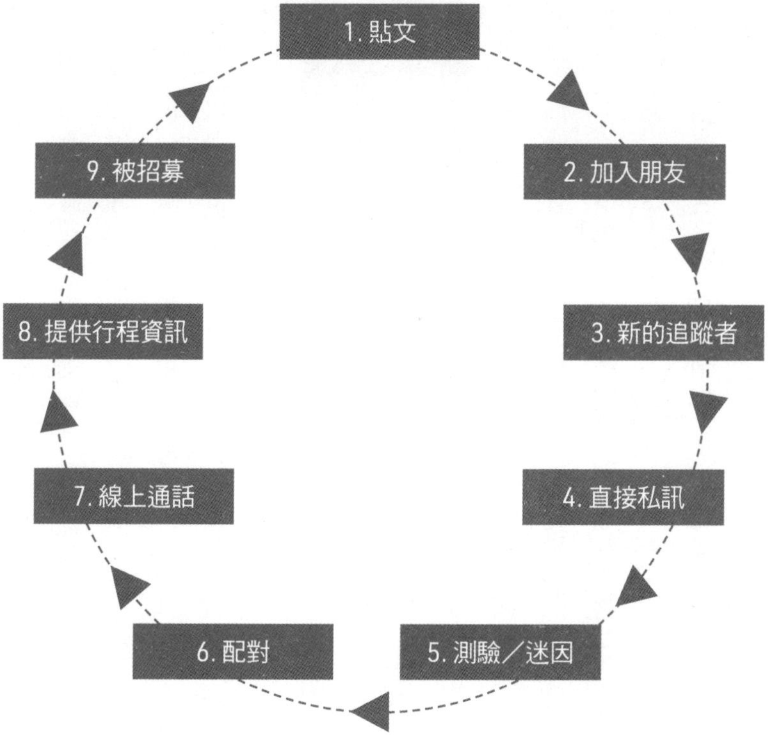

以社交網站為鉤，「釣餌」是ISIS所製作煽動人心的內容。
（資料來源：*Bombshell: Women and Terrorism*，Brides of ISIS: The Internet Seduction of Western Females into ISIS）

至透過網路安排與人在敘利亞的聖戰士對話、從Instagram上看他們的生活。像是買房子、註冊學校一樣，確認完所有的細節後，接著便是啟程，透過WhatsApp提供指引，搭配由ＩＳＩＳ提供的電子機票，班艾里十九歲的兒子，就能不靠母親協助，隻身前往敘利亞，投入他決心奉獻的聖戰戰場。

「你們都以為，他們加入ＩＳＩＳ是去殺人的，」班艾里說，「你們沒看見的是，ＩＳＩＳ的宣傳物裡面，有九七％是跑車、老婆、工作、錢，以及一群跟你稱兄道弟的人，我的小孩看著那些東西，他覺得即使去那裡會死，也至少證明自己活過了。」班艾里強調，ＩＳＩＳ抓準這些穆斯林青年的心態，以網路上的內容，給他們兄弟情誼、尊嚴、認同的生活想像，只有三％，是呼籲聖戰的血腥內容，ＩＳＩＳ知道，暴力是會嚇跑人的。

一切發生得很快，她十九歲的兒子從網路上看見了ＩＳＩＳ關於伊斯蘭教義、召喚聖戰的影片，這些經過剪接、誇大、誤用的資訊，變成煽動仇恨的引信，加深他對西方世界的憎恨。他開始有了不一樣的舉動，密集前往之前從沒去過的清真寺、不再聽西方音樂，變得易怒、憤世嫉俗，「他開始問我關於伊斯蘭傳統教義的事情，然後對比利時的一切感到不滿。」班艾里回憶。

除了釣餌餵得不著痕跡，另個關鍵，是身為穆斯林在比利時成長過程中累積的恨，讓班艾里的兒子願意上鉤。

移民的後代看不見父母曾看見的未來

身為移民第二代，班艾里從小對未來抱持著希望，小時候的她志願是當飛行員，爸爸跟她說，「這世界沒什麼不可能，天空有多高妳的夢就能多大。」爸爸做為移工靠著雙手掙來了全家穩定的生活，「但我的小孩，他們成長在恐攻、經濟停滯的時代，又遇上了難民潮，」整個社會對穆斯林的敵意不斷攀升，「他們覺得當穆斯林跟殘障一樣，做自己是『不對』（指不被社會認可）的。」班艾里說，當《查理週刊》事件後，人們以「我也是查理」為反恐發聲，聽在穆斯林青年耳裡的，卻是：「你不是查理、你是恐怖分子！」這些青年即使拿的是歐洲國家的國籍，卻以自己的身分為恥。同時，比利時的國內政治紛亂，長期受法語、荷語區政黨政爭影響而停滯不前，對於弱勢的移民社群資源投入有限。班艾里曾在比利時看見的未來，她的兒子看不到。

班艾里回憶某次家庭出遊，小孩子們因為肚子餓哭了，她急忙帶著孩子到附近的餐館吃飯，但老闆看見一身穆斯林婦女裝扮的她，第一句話便是「我們沒有位置給你們坐」，但當時餐廳內空無一人。「我兒子那時就說，『媽媽，妳必須做些什麼！』但我什麼都沒做，我不想惹麻煩。」

生活中的不滿、無奈，變成了ISIS宣傳可用的素材，每個月上千波宣傳灑向螢幕另一端的數億群眾，尋找共鳴。正值自我認同發展階段的青年，一旦按了讚，可能就走進了運算法打造出的「舒適圈」，進一步啟動極端化的過程。

德國極端與去極端化研究中心（GIRDS：the German Institute on Radicalization and De-Radicalization Studies）主任科勒（Daniel Koehler）告訴我，人要走上極端化，主要有兩大關鍵。首先是對於身處的社會感到失望，或認為自己不被認同，這可能包括種族歧視的經驗、被霸凌、家庭裡的爭執、缺乏教育或工作機會等。極端化的另一關鍵，便是人格特質中的積極性，包括對正義、榮譽感、自由、卓越的尋求，或想幫助貧窮、弱勢等，試圖讓社會變得更好的意念。每個走上極端化的人，其背後成因，都是由以上不同因素以不同比重組合而成。班艾里的兒子就是個例子。

在宗教與文化的限制中尋求教育的新定義

社工背景的班艾里，以自己的專業摸索解方，「我們做父母的必須知道，關於教育，必須有新的定義。他們（指青少年）是第二、第三代了，但我們在穆斯林家庭裡，還是傳統的教育方式。」班艾里解釋，因為宗教與文化的關係，在家裡、長輩面前，小孩不能講男朋友的事、有不同意見時只能聽從，但小孩沒地方說，就會去外面找願意聽的人，

「而他們不知道外面有什麼風險。」在家裡，班艾里認為必須展開言論自由的運動，讓親子間的對話變得開放。而在學校，政府必須投入資源，但政治人物傾向看選票做事。做為社會裡的弱勢，穆斯林群體沒有聲音，於是在教育中往往會出現階級落差。以穆斯林為主的社區，他們的學校資源、成績表現，與天主教、私立學校愈差愈遠，即使一般學校，一名布魯塞爾的高中老師告訴我，一些學校裡仍按照種族、宗教分班。教育在班艾里成長時期是讓弱勢向上、創造階級流動的階梯，到她的下一代，卻變成與其他族群拉大差距、感受歧視的場域。

在家裡無法自由對話，在學校得到差一階的教育並感受到自我所屬族群的弱勢，正處於自我探索、發展自我認同，需要陪伴與領導的青少年，很容易轉往積極向他們伸手的極端主義團體尋求溫暖。

以組織的力量回應極端化問題

班艾里成立非營利組織「反暴力極端主義」（SAVE Belgium，Society Against Violent Extremism），試圖回應這些問題。她與學校、父母、政府合作，幫助那些與她兒子同樣的青年，以及與自己一樣痛苦的父母。開始走訪學校後，她發現問題比她所想的更嚴重，課堂上老師們不敢談極端化、不方便解釋ＩＳＩＳ，許多學校主動邀請班艾里，就是要避免由自己來談這些問題。於是她先是出版教材，共有十章內容的教科書，用十堂課程訓練教師、父母，內容包括與青少年溝通、伊斯蘭教義、獨立思考、認識極端主義、瞭解ＩＳＩＳ、認識網路工具等。接著，她每個月與其他聖戰士的父母碰面，支持、輔導、提供法律服務，特別是那些與她境遇相同——沒有死亡證據卻得面對國家控訴的聖戰士父母。

二〇一五年，成立的第一年，已有三十三間學校邀請SAVE Belgium入校上課、提供教師訓練。當ＩＳＩＳ的釣餌跟著社交網站伸向全球，她的足跡也走過阿富汗、孟加拉、加拿大、黎巴嫩、美國。一次又一次的恐攻，讓社交網站上對穆斯林背景人口有更多的歧視與標籤，也產生出更多絕望的青年，二〇一五年，一個月最多有來自八十個國家、上千人加入ＩＳＩＳ，持續成為聖戰士，SAVE Belgium收到的邀請和求助也跟著攀升。

從當時的罪人，到逐漸受到主流認可的援手，班艾里的日子並非從此平順，負責招募聖戰士、經營極端伊斯蘭社群的恐怖分子同夥，幾次向她提出威脅。我問班艾里，在傷痛與威脅之中，是什麼讓她堅持，在這個歐洲人口比例中最多聖戰士、街上就曾被發現炸彈的比利時社區繼續工作？

「是希望，當然是因為看見希望啊。」她淡然地說，當人們稱她堅強，她說她只是提醒每一個人，把每一個孩子當作自己的孩子。

每個人都是解方的一部分，她說，「我們都必須有同理心，要想，你的孩子就是我的孩子，反之亦然，他們吃的都是同樣的食物啊。而發生在我孩子身上的事，也可能發生在你的孩子身上。我們必須共同誠實地面對這些問題，是這個社會改變了這些孩子，包括警察、社會機制、學校裡的歧視等等，你如果把這些問題全都藏起來避而不談，不給弱勢任何支持，就等於把這個社會的弱點暴露在那裡，留給像ＩＳＩＳ這樣的極端團體趁隙而入了。」

她試著幫助每個人，包括就在同一條街上，曾對她提出生命威脅的恐怖分子同夥。「即使只是一個人，我每救回一個年輕人，就像是救回我兒子的一部分。」她說她會向眼中看見的希望一路前進，她會一步一步把兒子救回來。

2 「恐怖分子溫床」裡的喜劇演員與傳奇創業家

真正帶領我「走進」莫倫比克的，是一位喜劇演員。頂著一頭捲髮，小巧靈活的沃亨（Mohamed Ouachen），一副圓形黑框眼鏡和總是上翹的嘴角，好像無時無刻都在宣告他的身分。他替我們安排了一趟在地小旅行。

「我想帶你先見一個人，」我們從約好的地鐵站，一路走向社區深處，路上偶遇幾個年輕人。在全國電視上表演、在地長大的沃亨，十足大哥風範地問候他們，我也如小弟一般跟著他在社區裡穿梭。「來，我想要你見見我的朋友，我把他們都找來了。」往沃亨手指方向看去，一位梳了油頭、穿著西裝的阿拉伯裔男子，和一位穿著幹練套裝的棕髮女子，站在廣場中心等我。我不知道沃亨要我看的是什麼故事，總之，與訪綱上的提問，看來是兩件事。

創業中心開啟結界內青年與外界連結的機會

莫倫比克原來有座創業中心，名為MolenGeek。梳著油頭的歐薩里（Ibrahim Ouassari），是創立創業中心的大哥，也是當地的傳奇人物，十三歲開始接觸電腦，十六歲決定休學，開始工作，他買電腦自學，三個月後開始架網站，十八歲時創業，二十一歲開始開資訊顧問公司，至今已經創立四家公司。在這個以開貨車、賣毒品、恐怖主義聞名的社區，歐薩里不是一般人會預期見到的人物。他熟練地帶我參觀二〇一六年三月開張的創業育成中心和裡頭的青年們，他們的身分從高中生到社會人士都有，他們學寫code、擬創業企劃書。每個週末創業中心都辦活動，包括YouTube舉辦的工作坊、黑客松，甚至有給十歲小孩上的數位課程。

「你們臺灣人剛來過，他說：『其實我們很像』。」歐薩里說出了一句令人意外的話，原來，臺灣的社會企業家剛剛來訪，發現這個社區與都市間的差別：貧富差距、教育品質低落、失業率高、毒品，其實跟臺灣某些聚落、都市邊緣的社區、山區地帶相似。

二〇一五年八月，歐薩里在自己的家鄉莫倫比克辦了一場活動，想知道有多少人對創業有興趣，那一次反應不錯，隔年一月他又辦了一場，介紹創業是什麼，網路給了什麼機會。他看著年輕人臉上的表情，他想，自己好像找到了家鄉需要的東西。「這裡的年輕人心裡都有一座牢籠（ghetto），上學之後會明顯地感受到這個社會對自己的歧視，那種環境之下，是很難叫人對未來有信心的。」他說，「每個人都說你辦不到，最後連你自己都這麼相信了。」他屬於「讀書無用」派，因為他看著同樣出身1080（莫倫比克郵遞區號）的其他人，讀到了碩士、博士，還是因為出生地找不到工作。「創業的話，我就不用接受你們的遊戲規則了吧？」他尤其為女性打抱不平，兼具穆斯林、莫倫比克、女生三種身分，是就業市場裡弱勢中的弱勢。

在恐怖攻擊密集發生前，他就開始在莫倫比克推廣創業，後來遇上恐攻，莫倫比克一夕之間成為世界焦點：一方

歐薩里（中）在家鄉莫倫比克開辦創業育成中心，幫助出身1080的孩子們培養技能，找到與社會接軌的可能。圖為比利時國王菲利普於2017年造訪MolenGeek時與歐薩里對談。（Reuters／達志影像）

面是社區集體翻黑，另一方面，企業、政府為了搶目光，紛紛贊助二手傢俱、電腦、資金。我們到訪時，Google、Samsung已表明支持意願。歐薩里想把握機會，讓莫倫比克青年擁有不一樣的成長典範。兩層樓的建築物，像是活動中心一樣地佇立在莫倫比克街區裡的小廣場上，我們到訪時，有十名左右的年輕人坐在不同的房間裡，有的在開發App，有的在電腦螢幕上學寫程式，有的拿著VR設備，不知道在開發什麼樣的新遊戲。沃亨可能看不下去我這亞洲人的內向，幫我大聲問大家，要不要下來跟這個臺灣來的記者聊聊。於是，我的筆記本上出現了其他記者在這裡沒記下的故事：一個一個年輕人的夢想。

- 輟學的塔卡都理，今年二十二歲，這是他學寫程式的第四個月，「coding讓我自己覺得有力量了，好像可以創造一些新的事情，好像可以大膽地去想像。」他說自己是男生，應該負起責任，帶著家人走出這個社區，找尋不一樣的生活。他的創業計畫，是做一個老人與殘障專用的生活App。
- 二十七歲的路易，三週前才註冊公司，他的App要提供給每個人個性化的在地旅行建議。按照每個人臉書上不同的喜好，對照當地同樣背景的人，由他們的打卡次數來告訴你十個與你最對味的景點。他說，靈感是莫倫比克給他的。「來莫倫比克很好，因為這裡讓我記得每個人都是不同的，用同一套標準去衡量全世界的文化，那太過時了。」

- 非裔的泰瑞，二十六歲，想打破就業網站的規則，做出一個專門給半工半讀者、不具高等學歷者的人力網，「很多人願意學，準備好不顧一切的努力了，但如果你生錯地方，難道這輩子只能被救濟，或不顧一切地去找尋別的辦法嗎？」
- 諾克才十五歲，這是他學 coding 的第一週。他不喜歡上學，卻熱愛 coding，老師只好打電話來育成中心查勤。「這裡很好，跟學校不一樣。」早上八點他第一個到，直到六點關門才離開。他也曾經逃學去外面想學寫程式，但去了電腦中心，對方卻只要他處理硬體。「這裡不用看我是誰，都是自己人，而且看到別人在這愈變愈好，我也想要。做一件事、找一個新的可能。」他說，「我來這裡，是為了要成為一號人物的。」

神祕的沃亨，從頭到尾都在旁邊笑，偶爾指導一下這些年輕創業家拍照的姿勢，眼神裡彷彿說著：「你看，我帶你來對地方了吧！」歐薩里則在所有年輕人介紹完自己之後，告訴我，他的壓力其實很大，因為恐怖攻擊後，太多人盯著莫倫比克，他知道政治人物、企業此時把手伸進來，無非是為了求得關注、建立關心弱勢的形象，他沒有選擇，也只能把握機會利用資源，重新說一個新的「莫倫比克故事」。他的努力在二〇一八年二月讓MolenGeek登上《華爾街日報》，新的莫倫比克故事出現在西方媒體之上，超過六百人參與MolenGeek課程、黑客松等活動，二〇一七年完成第一屆程式開發教育的十六人，只有兩人尚未就業。

比起創業顧問，歐薩里其實更像當地年輕人的教練。「我想讓他們在進入社會前準備好自己，我問他們要做什麼、想學什麼、目標是什麼，最終是要讓他們去想，他們到底相不相信自己做得到？到底認為自己是誰？願意為什麼樣的未來努力？」「到後來我發現，整個莫倫比克該問的問題是，我們為什麼不真的認同自己？」歐薩里說。

歐薩里趕著回去處理公司其他的事情，該由沃亨回答問題了。「所以，你也有參與這個創業中心嗎？」我問。「我負責教他們怎麼簡報，教他們怎麼在臺上說故事，怎麼把自己的計畫，說給世界聽。」沃亨解釋。歐薩里在社區裡教青年們有什麼選擇，沃亨則負責帶領他們發想，自己想要什麼選擇。

以劇場做為自我認同、向外連結的場域

沃亨帶我走向一個兩百多個椅子的劇場，說是劇場，在我採訪那天，其實還只是個堆了兩百多把木椅的倉庫，藏在莫倫比克的巷弄之間。「椅子是捐的，在第一場演出之

前，這邊會弄好。」沃亨帶我走過混亂的「準劇場」，向倉庫的二樓走去，演員跟導演們正在裡頭排練。他們都是沃亨的學生，演員演出的故事，都是自己遇上歧視的生活細節，例如非裔青年在街上賣DVD，最後卻被警察偷走光碟，例如包著頭巾的伊斯蘭女性去面試，考官卻把她當作清潔女工，告訴她走錯路了，他們把這些故事都改編成喜劇。其中一個演員，還在之前的演出請來真實生活裡對她說出歧視言論的男性，表演後，做為觀眾的他，向演員道歉，透過舞臺的情境、透過戲劇的同理，他理解了女性的感受。

這是沃亨的點子，他認為劇場是青年最需要的地方，不分種族、不分文化，青年們總是需要個地方述說他們的生命故事。在劇場裡開設工作坊，沃亨要他們用自己的「語言」把內心話說出來，接著把這些改編成劇場的素材，成為共創的一部分，而後透過展演，讓他們建立自信、建立認同。

從二〇〇二年開始，沃亨就為社會中的弱勢青年開設建立自信的肢體課，但他愈做愈發現光是肢體課遠遠不夠，愈覺得自己應該做更多，於是從協助學生成立劇團開始，一路到在莫倫比克建立社區劇場。「整個社區都失去自信了，不敢表現自己的自我認同，不敢講自己的想法。在不同的環節上，他們都失去了自己，在社會、學校、運動場、家庭中總覺得怪。」「就像一隻腳太短的人，連好好地走路都非常辛苦。」青年在生活中不斷地「被拒絕」，「他們就這樣一步一步被推向失敗者的角落；在失效的系統裡，他們得自己找到機會。」

四十一歲的他，稱自己是幸運的，出生於大家庭、文盲的父親屬勞工階級，但沃亨從小數學特別好、在校成績優異，從十六、七歲就開始在莫倫比克的社福機構當數學小老師，「小時候覺得嘻哈很帥，那時就被吸引了，在街上交了很多好朋友，」他回憶，其中一個朋友後來去劇場發展，開啟沃亨與劇場的連結，沒想到，後來他成為第一個出現在電視上的莫倫比克人。

跟自己的童年相比，沃亨認為，現在的莫倫比克需要在不同世代、社區內外、不同社會階級間，創造更多人與人間多元、開放的連結，而劇場就是能向內建立自我認同、向外建立連結的場域。

沃亨強調，對弱勢社群的青年來說，改變自我認知的過程必須從內向外，「對他們來說，改變對自己的認知最難但也最重要。」他要青年們從想像開始，重新看見自己真正的想望。「你也知道青少年是什麼樣子（笑），他們很多都無所事事，要他們寫下自己的想法、對未來的想像，有時候很難啦。我會鼓勵他們用畫的，眼睛閉起來，在街上走，他們看見什麼？街上可能有什麼？我們慢慢從這裡打開他們的想像力。」他辦寫作比賽，讓青少年開始懂得表達、思考，琢磨腦中平常不會注意到的念頭，看到彼此的生活經驗後，讓他們知道自己不孤單，知道情緒與感覺是正常、被允許的。

有時，青少年有機會把自己的故事慢慢發展成劇本，或是成為上臺展演的小作品，在寫臺詞、設計場景的過程裡，青少年必須繼續追問自己真正想表達的是什麼，要怎麼說。在思考如何讓臺下的民眾聽懂自己想傳遞的訊息的同時，等於也練習了換位思考。而這樣的練習，不只幫助青年們撰寫臺詞、設計場景，回到真實生活中，青年們也在練習瞭解自己、接受自己之後，學會表達自己的進階目標。

在莫倫比克成立劇場，是為讓人走進來、把心打開，理解青年的故事。因為是在劇場之中，與在現實生活中的相遇相比，觀眾的偏見、戒心較少，以觀眾而非當事人的位置看戲，更有機會理解弱勢族群的處境，臺上的演員以及他們那些生活經驗，也在參與劇場的過程中，得到認同，或至少被其他人看見了。

「你說的那些聖戰士，我在這個社區工作二十年，沒有認識任何人到敘利亞加入他們（指ＩＳＩＳ），我無法理解他們的真實想法到底是什麼，他們的父母也沒辦法，對我來說解方很簡單，他們需要一個地方，能好好把自己的想法說出來。」沃亨的想法，在現實社會中恐怕需要很長的一段時間才能實現，在那之前，他的表演課、他開設的舞臺，會為這些聲音留一個訴說的空間，也為嘗試同理的他者在莫倫比克裡保留一席位置。被同溫層隔開的人們，包括把莫倫比克當作恐怖分子溫床的人們，以及活在自我否定牢籠中的穆斯林青年們，也因此有機會在社交網站之外相見。

3 莫倫比克現象：歐洲最大威脅

從八〇年代開始，布魯塞爾區族群融合中心（Regional Integration Centre）的執行長雷蒙（Johan Lemen），就對比利時政府提出警告，因為歧視、族群融合的失敗、經濟和教育條件等差異，牆，正在把移民群體關進另一個結界裡。從八〇年代提出建言，九〇年代末，他以魯汶大學社會與文化人類學系教授身分，成為比利時史上第一次推出族群融合政策的推手之一。專研移民融合政策、人口販賣的雷蒙，至今仍守在莫倫比克裡。

要找到雷蒙的辦公室並不難，跟著小孩的吵鬧聲就到了。打開大門，一道古色古香的木頭樓梯向上，連接一座古典風格的會客室，和執行長辦公室相對。除此之外，空間裡滿是青少年的讀物、活動海報，和小孩奔跑、朗讀的聲音。

這座中心的名稱叫青年之家（Foyer：home for youth），從一九六九年開始，為非歐洲移民提供社會融入的服務，包括婦女、就業、青少年等議題，主要目標是要降低新移民之間、新移民與當地社群間的緊張。隨著移民開始留下、生育，教育逐漸變成Foyer的重點業務，尤其是失學學生的銜接教育。在我拜訪時，青年之家有三十名背景多元的員工，包括伊朗、俄羅斯、吉普賽等。

穿著西裝的雷蒙走進辦公室，拿出鋼筆和筆記本，他說，很開心有記者來找他，人們雖然常寫莫倫比克的故事，卻沒有太多人願意到Foyer來看看、聽聽他們的看法。他說，要理解現在的莫倫比克，青年之家可以是個起點。

一開始，青年之家靠著發送肥皂、雞蛋，以及建立自己的小型動物園、放映影片，讓移民家庭中的孩子，能在父母上工、為戰後布魯塞爾的重建忙碌時，有個安身之地。青年之家的規模慢慢擴大，附設的動物園甚至還養了獅子。愈來愈多不同族群的人在青年之家碰頭、相處、相互瞭解，而青年之家也對移工們提供教育上的協助，試圖讓不同文化的族群在布魯賽爾和平相處。同時，也幫移民家庭建立在這個社會裡生活所需要的共識，理解歐洲城市的生活規範、當地法律等等。「很可惜的是，七〇年代末，販毒等快速賺錢的方法，在社區裡漸漸普遍。」雷蒙解釋，與青年有關的新社會問題挑戰了Foyer的角色，他在八〇年代加入後，決定青年之家必須做更多、更系統化地處理移民社群融入社會所碰上的困難，於是他們推出女性之家，以應對穆斯林十二歲後不習慣與異性接觸的文化，同時把預防犯罪、針對輟學生的補救計畫等獨立出來，把各項服務專業化。相對於Foyer在社區裡反應的快速與彈性，比利時政府直到八〇年代末，才決定研擬全國性的社會融合政策。雷蒙是當時撰寫政策建議的顧問之一，直接對總理負責。

比利時融合政策的失敗之處

在解釋政策的失敗前，他先帶著苦笑提醒我：「我只能給（總理）建議，但沒有執行的權力。」當時，他認為要協助移民真正融入當地社會，最大的關鍵，是讓移民在五年居留、通過語言檢定後，能擁有比利時國籍，「因為政治人物只在乎可以投票的人，要讓他們能參政、能表達意見。」給予權力、讓他們在民主體制中得以發聲，這是雷蒙心中移民政策的必要第一步。但既然從八〇年代就開始談社會融合，九〇年代政策上路，如今，人們卻以「恐怖分子溫床」看待莫倫比克，這是不是代表二十年來的努力，是一場失敗？

做為當初的政策顧問、比利時重要學者，及社區裡第一線與群眾互動的工作者，雷蒙誠實地回答，在他眼中比利時的融合至少有兩個地方失敗了。首先，是關於這些新居民的認同問題。「當他們談論土耳其總統的時候，很多都用『我的總統說……』開頭，因為伊斯蘭的關係，他們很多人的認同、對國家的忠誠，都不是對比利時。」雷蒙解釋，穆斯林的忠誠來自信仰，這些來自他國的傳教者、宗教社群進到歐洲後，未能或不願在地化，成為許多歐洲國家社會和諧的共同挑戰。第二個社會融合的失敗，來自於教育。在莫倫比克，大部分移民的第一代以勞工身分來到布魯塞爾，但如今城市經濟的樣貌已從一級產業轉向以知識產業為主，移民下一代和他們接受的教育、學校的教程，沒辦法跟上新的產業需求，這導致整個社區的社會階級因為經濟因素無法上升，也讓移民的二代、三代只能靠著低階工作，甚至販毒、偷車等方式為生。長期來說，整個社區與上一代相比，看不見希望。

「我不會說莫倫比克是一座ghetto（族裔聚集區），不是的，它是一座『心理上的ghetto』。」雷蒙說。因為在外界找不到自信，於是社區的人從傳統信仰中尋找社會成就，「外面」的世界再現實、再殘酷、再看不起我，至少，我還是個「好穆斯林」。這導致傳統伊斯蘭的認同愈來愈強，排他性愈來愈高，雷蒙以莫倫比克南邊的四個社區為例，當地大多是摩洛哥裔穆斯林的組成，有強烈的自我認同，但也因此要求每個人都要「一樣」，穿得一樣、信仰一樣、作息一樣、政治看法一樣，長期下來扼殺了族群、社會階級的多元性。

「莫倫比克傷透了我的心」

曾住在莫倫比克十年的荷蘭攝影師、紀錄片導演沃頓（Teun Voeten），對此感受深刻，他在二〇一五年十一月發表〈莫倫比克傷透了我的心〉[1]一文，我因此採訪了他。

「我十年前搬進去的時候，當時沒有極端主義，也沒有人去敘利亞（加入ISIS），只有保守的伊斯蘭，很純真無害的那種。但這十年間，他們慢慢地把自己跟社會分離、孤立了，他們只活在自己的世界裡，有自己的電視節目、看自己的書、有自己的一套穿著打扮。」在搬進莫倫比克之前，沃頓期待的是貧窮卻有多元文化，非白人至上的社區，但十年來的發展，卻讓他選擇離開。「十年來極端主義在這裡快速發展，氣氛變化很大，我慢慢變成社區裡的極少數，住在這裡的人心態也愈來愈封閉，」沃頓認為，與善於經商的土耳其人不同，許多摩洛哥家庭不注重教育，當全球化影響產業轉型、經濟發展時，他們很容易落到社會底層，但他們不選擇面對問題，反而以邊緣化的受害者自居，以此迴避問題，保守的伊斯蘭教派，成為他們取得社會成就的出口。

「加上比利時政府基本上完全失能，」沃頓說，曾創下世界上民主國家中最長無政府狀態紀錄（五百四十一天）的比利時政府，長期以來，因為法語區、荷語區的競爭與不合，讓政爭影響國家政策的研擬。光在一百萬人口的布魯塞爾，就因行政區劃分而有六個警察總部，沃頓認為，政治人物對於移民無法融入的問題視而不見，是讓「恐怖分

1 https://www.politico.eu/article/molenbeek-broke-my-heart-radicalization-suburb-brussels-gentrification/

子溫床」漸漸成形的原因之一，這也讓他搬離莫倫比克。還有一個原因，他開始看見極右派也進入社區，無人聞問、貧窮、失去自信、迷失的社會底層分子集中於此，極端團體像是狩獵般在此招收成員，白人主義至上者、極端伊斯蘭教派、伊斯蘭國等不同組織在此耕耘，揮舞著認同大旗，結合雲端上的社群操作和實體活動，沃頓以「一場社會底層的內戰」形容。

當他試圖以投書〈莫倫比克傷透了我的心〉帶起討論，人們稱他為種族主義者、歧視、白人至上者，直到後來發生恐攻，人們才承認莫倫比克的問題。先是巴黎的恐攻發現與莫倫比克有關，社區居民雖然驚訝，但大部分仍否認社區需要改變。後來，布魯塞爾機場的恐攻發生了，其中一名受害者就來自莫倫比克，人們認識凶手也認識受害者，傷痛中人們終於開始行動，約六百個穆斯林聚集，由恐攻受害者的丈夫帶領，譴責極端主義鼓吹的「聖戰」，要包括莫倫比克在內的世人向暴力說不。

「如果一開始我們就有公開的討論，很多事情說不定都有解決的辦法。」沃頓嘆道。

「這是ISIS不想看見的，人們開誠布公地面對問題，公開地討論想法，」雷蒙認為，真誠的對話是打破心理結界的關鍵。但當時的社會氛圍，卻又讓對話難以進行。媒體可說是最大元凶。有媒體在莫倫比克架起直播，要讓大家找找ISIS在哪裡，有媒體在社區裡待了兩個月，最後卻只剪成十五分鐘的影片，其中，兩個月兩起警民衝突成為重點畫面，好像整個社區無時無刻都在跟警察對抗，記者甚至跑進學校拍攝小孩，「莫倫比克」在歐洲的恐攻年變成收視率的保證，群眾的情緒需要出口，任何來自「恐怖分子溫床」的畫面，都變得很好賣。

於是，在莫倫比克最需要與社會對話的時候，所有人都戴上了有色眼鏡，看不到莫倫比克的原色。Foyer連續辦了二十二年的馬拉松，用意是鼓勵人們走進莫倫比克，但在當年，明明是大晴天，卻有一半的人缺席，許多人打電話說，「那裡太危險了！不能去！」

還有逆轉的可能嗎？

還有機會逆轉嗎？在莫倫比克看著一切下沉的雷蒙，點出一切的根本，比利時政府必須要有政治意志解決這個問題，意指在各項政治利益的算計中，把族群融合視為優先。法語區、荷語區各自的政黨，必須走出政爭、搶奪資源的格局，把資源投入弱勢的移民社群。「恐攻讓全世界都在看莫倫比克，然後政府才增加了五十名警力，才開始做戶口調查，才開始管制社區裡的毒品，推出就業的鼓勵政策等等，這些都是二十年前就應該做的，」雷蒙激動地說。有了政治意志，解方可從下面三個面向下手。

首先是宗教，伊斯蘭教在歐洲的教義解釋、傳教，必須要在地化，而不是由保守教派解釋教義，並凌駕於當地的社會規範甚至法律，伊斯蘭教的教育必須改革，否則投奔敘利亞的行為會持續發生。其次是教育與就業系統方面，必須要為移民社區出身的孩子創造希望，讓階級流動變成可能，這是打破心理結界的關鍵。

最後，是要讓弱勢族群懂得如何帶著獨立思考使用網路。雷蒙告訴我，他們剛拿到企業家的資金支持，要開發出一套網路媒體識讀教材，教孩子辨認ISIS發布的不實資訊。ISIS的影片一直以來以品質媲美好萊塢而聞名，主要原因是ISIS的組織內，就有美國製作公司出身的後製人才，而負責網路宣傳的首腦，也是ISIS內的權力核心，透過社交網站散發不實資訊、發動網路宣傳戰，早在二〇一四年，就成為ISIS的成功方程式之一。在雷蒙準備推出的教材中，ISIS發布的宣傳影片就是上課的素材，示範「事實」如何被不同方法呈現和詮釋，以電影製作的調色、慢動作、音樂等元素，來帶領學生理解，網路上的影片，怎麼對觀影者造成情緒、認知上的影響，看懂不實資訊怎麼製造。接著，讓年輕人自己成為假影片的製作人，比賽把一段平實的影片，剪成讓年輕人有共鳴的內容。「讓他們體驗網路上操弄人心的影片，原來是這麼做出來的！」「數位世界對年輕人來說就是他們的真實世界……世界觀、對事情的認知其實都是被培養出來的，現在是網路在灌輸我們認知世界的方式。」雷蒙說，這是一個很大膽、很麻煩的嘗試，但他們沒有選擇。

而這個選擇，讓青年之家在二〇一九年登上德國之聲，老先生口中大膽、麻煩的嘗試，成為各國抵抗不實資訊的參考教材。

極端主義與社交網站的結合，可能是歐洲近年來的最大威脅

社交網站上的不實資訊、極端組織，對社會融合政策專家雷蒙來說是危害青少年的毒藥，而對擁有三十五年國際情報工作經驗的國安專家來說，這是炸藥；莫倫比克代表的，不只是一座社區、一個國家融合政策的問題，而是全球化之下各地都得面對的地雷。

「這是歐洲五、六十年來最大的威脅，」同樣身在布魯塞爾，歐洲戰略情報安全中心（European Strategic Intelligence and Security Center in Brussels）執行長莫尼克（Claude Moniquet）如此形容極端主義搭著社交網站和通訊軟體在歐洲布下的網絡，「在ＩＳＩＳ後，還會有別人想用網路來做些什麼，網路跟年輕人之間的關係，跟上一代不一樣，你就是得想辦法保護他們。網路是能創造出孤狼的，（就算實體距離遙遠）ＩＳＩＳ也可以用網路一直在（歐洲）孤狼的心裡存活下去。」

莫倫比克的情況對他來說，是被媒體誇大的案例，所謂「恐怖分子的溫床」是錯的，因為同樣的結構、同樣的政治情況，「你在德國、英國、法國、荷蘭，全都找得到，有

極端伊斯蘭滲透，人們販毒、偷車，巴黎西北邊的十八區就是這樣啊。」他隨口就說出另一個符合「溫床」特徵的地方，莫倫比克並不獨特，而這就是「莫倫比克現象」危險的地方。

在跟我見面的兩天前，莫尼克剛與比利時情報單位的朋友見過面，兩週前則是法國，各方資料顯示，聖戰士為歐洲國家帶來的威脅、恐怖攻擊的可能性只會繼續升高，而他口中的危險，不只是聖戰士發動的攻擊，而是從暴力攻擊開始啟動的負面循環。全球化、移民潮、難民危機這三大趨勢，正在讓歐洲社會的潛在衝突逐漸浮現，先是歐洲內部面對的高齡化、人口下降、產業轉型與生產線外移等經濟挑戰，讓歐洲民眾對未來感到不安；同時，歐洲移民的人口比例已攀升至二戰後最高；再加上中東、非洲地區的戰亂，讓難民人數大增，然而難民申請卻不見盡頭，光是在比利時，官方每天收到關於移民的抱怨是以百千計算的。

莫尼克告訴我，利用不斷進化的網路工具，極端主義在升溫的歐洲點火，從兩千年就開始了。當時，蓋達組織開始把網路當作宣傳工具，光是二〇〇二年到二〇〇七年，歐洲國安單位就關掉幾百個恐怖組織建立的網站。但社交網站興起，國安單位根本就刪不完，加上ＩＳＩＳ創造出來的招募方式，讓各國國安單位都頭疼。二〇一五年開始，點對點的加密傳訊軟體出現，並慢慢取代「公開可見」的社交網站內容，國安單位們監控的成本迅速上升，不再能輕易地大規模監控。「過去他們（極端組織）要極端化一個人，需要花到五年，現在一、兩年就夠了。」莫尼克作結。

加溫情緒遇上點火者的持續進化，處處可見的「莫倫比克」，成為散落各地的油庫，莫尼克認為最具危險性的爆炸，是在如恐攻事件發生後，極右派趁隙而入，主動發掘對未來感到絕望的民眾，抓著排外的人、對現況不滿的人，順著社群網路灌溉憤怒和認同，讓他們相信「要行動才能證明自己活著」，吸收他們壯大政治資本，形成極端伊斯蘭與極端右派共生的結構。他警告，萬一民粹政治人物藉著炒作不安情緒而在歐盟中掌有高位，最終，歐洲國家彼此間會成為敵人，推崇多元價值的歐盟可能不再。「這會創造出一場運動，極右派的會喊著趕走、殺掉穆斯林，歐洲的極端分子（不分意識形態），會至少再多個三、四倍。」這是他口中歐洲二戰至今最大的威脅。

會走到這一步，他說，是「歐洲睡著了」，如同比利時對於莫倫比克問題的忽視，許多歐洲國家「忘記和平不是世界的常態」，莫尼克在二〇一二年與歐盟官員會面時，就提出聖戰士可能帶來的風險，但被徹底忽略，直到巴黎出現恐攻，官員們才開始把聖戰士當一回事。

每個溝通場域都是新的傳染媒介

《極端主義》（*Extremism*）一書的作者，也是歐盟專研暴力網路政治極端主義智庫VOX-Pol研究員的伯格（J. M. Berger），長年鑽研線上極端化和極端主義的發展，他的研究也支持莫尼克所說的兩股極端勢力（極端伊斯蘭、極右派）的「共生」和沃頓口中的「社會底層的內戰」。

伯格以溝通的競賽場形容社交網站，各種論述、意識形態在平臺上競逐使用者的注意力，試著找到追隨者，於是也成為一場大規模的競賽。「當你打開了一個新的溝通場域，就創造了一種新的傳染媒介，」他解釋，兩個陣營的相似之處，都是用社交網站的特性，讓極端言論更容易被更多人看見，同時，他們都以末日論的訊息說服追隨者加入行動，加速「無法避免的終戰」；兩者皆呼喚孤立、對意識形態渴求、在生活中經歷困難的年輕男子，參與大規模攻擊，讓他們彷彿找到了歸屬和生命的意義。對ISIS、白人主義分子來說，社交網站是啟動循環的地方，每一次的攻擊，都增加了極端化及反社會意識形態的力道，成為下一次暴力攻擊的序曲。伯格在二〇一五年就說過，「伊斯蘭國是第一個用社交網站來放大聲量的極端組織，但它不會是最後一個。」

事實上，在二〇一六年，當ISIS因為恐怖攻擊大量遭到平臺管制內容、刪除帳號，同樣以散布不實資訊、鼓吹暴力、宣揚歧視的白人至上主義者，卻因為不被掌權者歸類為「恐怖主義」，在聲量上從社交網站上的後進者，成為超越ＩＳＩＳ的贏家。曾在美國國土安全部擔任反恐情報分析主管的柯恩（John Cohen）也認為，「這些國內外的極端團體，用一樣的方法，吸引一樣的人。」「年輕的男性嫌犯，很容易被網路上第一次看到的事情影響。在某些例子，他們被ＩＳＩＳ張貼的內容給吸引，對其產生共鳴，或支持背後的理念。在其他例子，他們被白人至上主義分子、反政府的暴力分子或其他極端團體吸引，他們自動把內心的念頭與宣傳所稱的理念相連結，最後產生的結果，都是一樣的。」柯恩在受訪時說。

和平需要付出代價，使用社交網站，人們需要對其運作有更多的理解，這是二〇一六年至今，各國總算學會的一課。對生活處境的不滿與社交網站上極端訊息的相互加乘，在同溫層效應之下，打造出的「認知結界」，被困住的不只是布魯塞爾的移民社群，魚池裡的魚也不只是穆斯林青年，在往後幾年，我們看到類似的情況在不同國家、文化、膚色的群體上作用著。只是我們必須記得，莫倫比克的故事不只是提醒我們星星之火如何燎原，更是提醒我們，因為膚色、宗教或各種不同身分認同元素而成為少數的群體，在偏見、媒體的嗜血之下，如何「被沉默」，我們或許不知不覺中都成為了築牆者，強化結界，助長了極端主義的崛起。

- 線上社團經營
- 一對一線上談天
- 與聖戰士線上QA

網路作戰的四個層級

中央指揮官

在ISIS通緝名單中除了其「哈里發」、軍事指揮官外，地位排名第三。提供指令、網路分享材料給少數夠隱密、只有少數followers的帳號。

第二層

不參與實體作戰，有多重帳號，負責觀察網路資料，必須根據潮流散布宣傳品，並且負責創造數個帳號，購買假粉絲增加可信度。隨時有被刪除帳號的危險。

第三層

ISIS的支持者。不屬於軍方內部，活在ISIS的同溫層，幫助散布宣傳品、洗腦他人。ISIS軍方觀察支持者的極端化程度，從中選取準聖戰士。

第四層

指非人類、殭屍帳號。它們會自動散布、複製網路宣傳內容，讓po文變得熱門。

（採訪整理：劉致昕）

ISIS的網路作戰策略與層級

ISIS網路作戰策略共有四種，作戰群體可分為四層，使用超過十二個公開平臺、五種以上加密通訊軟體，並自行開發ISIS的媒體App平臺、加密通訊軟體。

網路作戰的四個策略

震懾

- 影音（好萊塢式剪接與調色、字幕、動畫）
- 大規模屠殺影音
- 在貼文中標注無關的或與敵人相關的hashtag，讓發布內容散播、震懾對方

內部協力

- 網路論壇：集體參與內部軍事與內政運作
- 加密訊息
- 無人機拍攝及直播
- ISIS App，可即時收到最新訊息並直接分享到各社交平臺

提供心理上的保證

- 英文紀錄片影音
- 線上新聞稿
- 哈里發的Instagram

招募

- 線上雜誌（內容包括政治、宗教、聖戰士專訪、炸彈製作）

PART 2

2017 @法國

拿回我們的國家與媒體吧！

二〇一六年美國總統大選結果揭曉，確認由政治素人川普勝出後，海洋另一端準備迎接總統大選的法國，全都動了起來。其中一個忙得焦頭爛額的，是基層公務員羅勒（Pierre-Louis Rolle）。「『他們』已經來了，我們知道他們在這裡，但不知道他們要幹嘛，我們只能試著準備。」羅勒口中的「他們」，是美國總統大選中的網軍部隊——美國匿名論壇上的川普支持者與白人至上主義分子。在川普當選後不久，他們就吹響出征號，宣稱「英國、川普之後，接下來就是全歐洲了！」

一群網路上的外國人叫囂著要干預本國的選舉，過去大概會被視作笑話，但在美國總統大選後，變成必須嚴肅以待的事。長期觀察網路資訊操縱的大西洋委員會數位鑑識實驗室研究總監尼莫（Ben Nimmo）接受我幾次的邀訪，精準地替新民主時代作結：數位出版科技的普及，讓「建立」不實內容變得更簡單；網路，則讓「發布」不實內容變得更簡單；社群媒體讓「散布」不實內容變得更簡單。這幾件事情，結合結構因素（對體制不信任、拒絕菁英、認同的極化、媒體的轉型危機等等），部分解釋了過去幾年對民主程序的干預，包括：二〇一六年荷蘭對歐盟－烏克蘭協議的公投、二〇一六年英國脫歐公投、二〇一六年美國總統大選、二〇一七年法國總統大選、二〇一七年德國聯邦選舉、二〇一八年愛爾蘭墮胎政策公投、二〇一八年臺灣地方大選。

以堪稱經典的二〇一六年美國總統大選為例，境外勢力有馬其頓和俄羅斯。俄羅斯的駭客盜走希拉蕊的電子郵件，匿名論壇上有人放出各式各樣關於候選人的假訊息，遠在北馬其頓的失業青年則架起網站，扮演川普支持者的主要訊息來源之一，散播「教宗支持川普」、「ＩＳＩＳ支持希拉蕊」等不實資訊。

如果說川普的崛起之戰，境外網軍扮演影響輿論的奇兵，在法國這一役，境外勢力則再上一階，成為舉起指揮大旗的網路攻勢發動者。他們攻擊的方法包括假媒體、不實資訊、假帳號、駭進帳號等。

各方雖然大規模備戰，卻像是在對抗一個症狀、解方都屬未知的病毒，沒人知道該做什麼準備才夠。熱血的公務員羅勒是民間拋出解方的一員。除了分內工作，他在選前代表政府舉辦民主週活動，教大家如何辨別假新聞；資訊背景的他，也在下班後，與其他法國公民團體、軟體工程師、設計師每週相聚一次，希望找尋更新民主的可能性。至二〇一六年末我們見面時，他們已連續聚會了兩年。德維瓦（Vergile Deville）是羅勒的夥伴之一，他成立開源政治顧問公司，替政府與政治人物打造數位應用，例如一款討論政策的App，民眾能透過App接觸到其他的使用者，在上頭交流評論和對政策的喜好。「法國的問題不是沒有網路工具，而是網路沒有給人民更多參與民主的機會。」德維瓦稱法國政治人物把網路當作宣傳工具，卻忽略網路開放參與的特性，繼續活在權力金字塔裡，與人民愈來愈遠。除了當時的總統歐蘭德支持率一度跌落至四％，二〇一七年法國總統大選前，有超過一半的年輕人表示不願意投票，有近八成全國民眾認為民主已經病危。

「這次網路的使用，讓很多權力外圍的人也能站上舞臺。」德維瓦說，像是過去法國革命打破貴族築起的高牆，這一次，網路讓非傳統政治結構中的素人，有發聲的機會。「極右派可能做的比我們好上太多了，」德維瓦說。同樣處於巴黎核心之外的極端右派，做到這群軟體工程師和傳統政治人物都做不到的事：他們用情緒做為對話的釣餌，主宰社交網站，他們的發言去掉公共事務討論裡的繁重事實，添上豐富的陰謀論與網路迷因圖，加上善用直播、留言互動，讓對主流政治與媒體失望的群眾，覺得被重視，若從數字來看，他們是這次選舉裡最快興起的贏家。

失望的選民，和網路上百花齊放討論政治的方式，讓法國迎來第一次由極左、極右和政治素人具領先地位的大選，但網路的匿名性和資訊混亂，卻也讓這場大選，成為境外勢力透過社群媒體介入他國輿論的最好溫室。

1 兩個法國

站在我面前的，是境外勢力大軍的首要目標：馬克宏。好不容易擠進第一輪投票前的最後一次巴黎大型造勢，我們被現場的雷射光和重拍音樂震撼，瀰漫著的興奮有如流行音樂演唱會。現場也如同中產階級、進步派的派對，不同膚色的父母拿起小孩的手對鏡頭揮舞，一對女同志伴侶更直接親吻，全場報以掌聲。

在滿場自由、平等、博愛和歐盟的標誌以及人群歡呼中，總統候選人馬克宏走上四面開放的舞臺發表四十分鐘的演說。在兩萬張興奮的臉孔中，羅倫佐（Cima Lorenzo）吸引了我的注意力。十七歲的羅倫佐頭戴馬克宏競選帽子、胸前別著三種馬克宏徽章，手握代表家鄉的旗子，來自法國南邊小城市的他，搭了十一個小時的巴士才到巴黎，「我要讓他們知道，鄉下也有人支持他！」帶著前經濟部長的光環，馬克宏的參選，被視作歐洲派、中產階級的代表，也因此總被貼上都市人的標籤。對此羅倫佐很不服氣，「他們（極右派網軍）都說只有都市的中產階級支持馬克宏，說民調都是假的……我是真的！」他沒否認馬克宏在鄉下處於弱勢，但他認為，那是極右派政黨民族陣線（National Front，二〇一八年六月後更名為國民聯盟〔National Rally〕）以謊言欺騙的結果。「民族陣線在鄉間的溝通策略很成功，他們用簡單的民粹語言，告訴當地民眾支持他們就有錢拿、有工作做。」例如一則向失業者喊話的訊息，稱法國失業率高達一〇％，比歐盟平均值八％、德國三．九％高，是因為法國國內有幾百萬移民，是他們把工作搶走，才讓法國人民失業。羅倫佐說，網路上一些「邊緣」的媒體，在他的家鄉激化人們對移民的偏見以及極端的政

在最後一輪投票前的最後大型造勢活動，馬克宏走上四面開放的舞臺，向支持者宣講他的政治主張。（商業周刊／陳宗怡）

治意見。「漂亮的口號加上吸引人的圖片，一下就傳開了。」他說。

羅倫佐所支持的馬克宏，不是他的鄉親們所盼望的人選。四十分鐘演講裡，馬克宏強打改革、多元文化、性別平權、對各宗教的包容、強大的法國等字眼重複出現，他不滿歐盟現況，但認為解方不是廢除而是改造它，他看見經濟的問題，也說高等教育必須投入更多資源，才能為法國帶回榮光。國家安全是他刻意強調的重點，他承諾增加萬名警力，但不選擇關閉國界、不反移民，他稱那為不切實際。

現場另一位白髮的中年婦女跟著全家前來。她說，自己成為選民至今已有四十年了，這是她第一次看見法國社會

馬克宏的造勢現場，氣氛有如中產階級和進步派的派對。（商業周刊／陳宗怡）

因選舉陷入困境，整個社會分裂、對立，馬克宏成為當時唯一讓她看見希望的人選，她不到三十歲的女兒在旁頻頻點頭。

一旁，是七歲的艾蜜莉和她的爸爸。深色皮膚、捲髮的艾蜜莉有一對明亮的眼睛，盧安達出生的她剛開始學法文，被選前社會上的衝突影響，時不時就問爸爸：「我們有沒有文件？」深怕自己是那「該被趕走」的一分子。艾蜜莉的爸爸帶女兒來，「這是她未來長大的地方，我要讓她看看什麼是民主，什麼是法國。」艾蜜莉的爸爸說。

同一天，馬克宏的造勢結束幾小時後，我在二十分鐘車程之外的中型表演場地，走進「另一個法國」。

在防暴警察、民族陣線自主衛隊、青年軍的夾道迎接下，我走進民族陣線總統候選人瑪琳・勒龐（Marine Le Pen）的造勢場合，與馬克宏四面舞臺、自由入座的場地不同，這是階梯式的劇場型場地，每個人有自己的位置，沒有攝影機對準觀眾席，所有目光屬於看臺。記者在這裡沒有採訪自由。我們只能坐在被封鎖線拉起的媒體區。大部分媒體不知道該怎麼辦，一度出現媒體間互訪的狀況。我試著隔空向一位高舉口號的年輕人發問，他看到我，先是眨眨眼，邊走過來邊紮好衣服，聽完我的問題，他慎重地對著錄音筆說：「我不是演戲的，我沒辦法配合你。」之後滿意離去，跟朋友們擊掌叫好。

造勢開始，主持人向所有人問好、帶領大家向可悲的反對者們問好，他宣布，今晚，將是個不受布魯賽爾、華爾街力量箝制的集會。主持人舉了一個五十五歲失業支持者的故事，「這些人都不是極端分子，這就是民主，不同聲音都必須被看見。」主持人介紹一系列講者上臺，把氣氛炒得愈來愈熱。「這裡是我們的家！」「法國是法國人的！」一群眾不停大喊，如果說馬克宏的場子是搖滾演唱會，這裡，就是出征前的閱兵。按照舞臺上的發言，馬克宏的身分其實是伊斯蘭主義信奉者，他要蓋全歐最大的清真寺，並與保險公司密謀推出健保政策，「政治都被掌握在民調公司以及不願散布真實訊息的媒體手上了！」

勒龐終於上臺。做為唯一的女性候選人，已是人母的她，首先承諾守護家庭價值，並反對殘害其他女性權益的族群（他們以此看待穆斯林）。「你是要選殺你的、欺騙你的，還是要選我？」「這場選舉是要讓全世界醒來，還是法國陷入黑暗？」勒龐的開場影片，以一連串的問句，把敵我界線劃清，最終以人民之名，宣告起義，現場傳來贊同的嘶吼。

勒龐說，法國正在受苦，每一天，主權都被「沒有國籍」的官僚、菁英，還有歐盟、跨國企業蠶食鯨吞。因為歐盟，所以法國邊界開放，無文件的移民得以湧入，讓法國遭受恐怖攻擊；而土耳其這個伊斯蘭大國，則利用難民潮與歐盟談判，法國的權益再次被犧牲。「他們（其他候選人）都（對全球化、伊斯蘭分子）跪下，只有我站著，只有我會保護你們。」勒龐做出承諾，要降低退休年齡、不讓企業在外投資，要求增加在本國的生產配置，同時，社會福利、就業救助將重新調整，以本國人為主。「那些拿到法國籍的外國人，（只要）你們認真工作、不對所有人造成問題，你們就不用害怕。」她補充道。

這場演說，把不實資訊與新聞揉合在一起，許多川普所用的語言，把主詞從美國換成法國後就成為臺上的主張。聽者會感受到一股強大、看不見的力量正在滲透法國，正試圖偷走我的國家。勒龐還唸出恐怖分子的名字，讓人群的不滿跟恐懼情緒有了宣洩的對象。「我」必須守住國家，必須成為正義的力量，臺上一棒接著一棒地召喚出許許多多的「我」，「我知道怎麼保護你們，移民對法國不是機會，是一場悲劇！」勒龐

勒龐的造勢活動，記者們被限制在封鎖線外的媒體區，無法自由採訪。
（商業周刊／陳宗怡）

說，自己是最好的領袖，她甚至承諾，當選隔天就翻新邊界政策。

臺上的候選人，使用不實資訊的方式如同肥料一樣，只管種出仇恨，不管是否對誰造成傷害，我在筆記本上寫著。

最後，勒龐向臺下的兩千人說，「我現在有這麼高的支持率，我要感謝、恭喜這些媒體！」觀眾向我們投以噓聲與訕笑聲。隨後，她邀請眾人一起唱法國國歌，「我相信你們一定唱的比馬克宏好聽！」

散場之際，圍住我們的封鎖線終於解封，我終於找到一名二十五歲、不願具名的勒龐支持者與我對話。他說，自己關注民族陣線已經五、六年了，來自巴黎近郊小鎮，今晚由爸爸開車，載兩

參與勒龐造勢活動的群眾，有人戴著「讓美國再次偉大」的帽子。
（商業周刊／陳宗怡）

兄弟和其他朋友一起進城。

「看到勒龐的感覺如何？」我問。

他說看見勒龐等於看見希望，但當天的見面並不算很難得，「勒龐有很多直播啊，可以直接互動。」網路上訊息都看不完了，所以他從來沒想過要看傳統媒體。他稱自己本來對民主不抱期待，直到透過網路發現民族陣線，決定加入青年黨部成為「戰士」，他們常常在網上聚會，有自己的策略、領袖和組織方式。

與美國總統大選、英國脫歐公投不同，在法國，青年是支持保守派、極右派主張的主力，連續恐攻及一度超過二〇％的青年失業率，讓法國青年對反全球化、法國優先的民族陣線有強烈好感。一份針對兩萬名法國青年的調查顯示，受試者有七成三以「犧牲」、「迷失」形容自己，六成二認為明天或未來幾個月會參與「起義」，九成九認為政治人物貪汙，兩萬名青年中則有八成七不再相信政治人物與媒體。另一份針對青年們的民調則指出，所有候選人中，他們感覺最能認同的人是勒龐，選前一個月的民調則顯示，十八至二十四歲的受訪者，有近四成支持勒龐，只有二成一偏好馬克宏。

但勒龐與境外勢力合作的消息，他難道不在意嗎？我問他在網路上是否也曾與俄羅斯、美國人互動，或看到他們的訊息？他聽到俄羅斯、川普的名字，反而更加興奮。「川普跟勒龐有很多很像的地方，他們在意國家主權，他們都用民粹的語言，他們努力把權力還給人民，而且他們都不相信國際組織。」對二十五歲的他來說，這正是法國現在需要的，而勒龐剛與普丁見面，這證明她在重新平衡世界局勢上的努力，「如果勒龐當選，最重要的是阻止移民潮，這是現在最大的問題，唯有勒龐能解決。」他說，這些比境外勢力更急迫。

走進網戰指揮中心，看見認同生成過程的數位化

一晚之間看見的兩個法國，背後原因有不同面向，但在二〇一七年法國總統大選，打造兩個法國，有新工具可用。

「在川普當選、英國脫歐公投之後，戰場已經轉移到線上，臉書、Youtube、Twitter，跟其他網路上更黑暗的角落。」英國《金融時報》指出，新戰場上最強大的是勒龐陣營，他們「手握法國史上最強網軍」，將網路部門視作前線，開拓票源。

「Twitter、臉書就是這一次（選舉）的主戰場，戰爭是用分、秒在計算進行的，」法國國內最大的社交網站輿情分析公司、此次選戰中與至少兩方陣營合作的翎峰（Linkfluence）創辦人佛迪洛（Guilhem Fouetillou）告訴我，這場選戰是他十二年來見過最血腥的一場網路戰。

翎峰是該領域世界前三大企業，在全球五個國家運作，公司規模當時超過兩百人。他們的技術能隨時監控一百八十國社交網站、十六種語言的社交網站內容，能分析、理解、追蹤臉書、Instagram、推特、BBS、大眾媒體上的資訊流。曾受僱於紐約市長彭博、法國兩位前任總統薩克奇、歐蘭德，經歷美、法、德選舉操作的佛迪洛邊操作軟體邊向我解釋，「我們的目標是知道人們在談論什麼、資訊是怎麼被傳送分享、誰在參與討論。」佛迪洛隨意輸入一個關鍵字，畫面立刻就從隨時監控的一億五千萬筆社交內容中，找到相關貼文，根據發言者的背景、地點、使用語言等，再加上排序，點幾下滑鼠就能找到最活躍的帳號、最熱門的貼文，抓出當下最多人討論的話題。根據這些資料，候選人除了能知道人們在討論什麼，還能看見不同年齡層、不同區域的選民當下的關注焦點，也能找到其中最有影響力的線上意見領袖，據此，候選人得以隨時調整策略及網路廣告的投放。「每個陣營全都按社交網站的反應，決定下一步，」佛迪洛以「軍備競賽」形容法國二〇一七大選的網路交火，在每個候選人陣營裡，網軍皆是千人規模。

「他們真的自詡為戰士，」他指的是網路上各陣營的支持者，以及各大陣營上千人的網軍，後者可視為選戰中的正規軍，與候選人策略緊密連動；前者則是由一般民眾組成的志願軍。正規軍的運作以通訊軟體做為溝通管道，他們隨時監控社交平臺輿情發展，根據話題熱度、風向，張貼特定貼文，或是到某處留言、按讚，創造推特上的熱門話題等。但真正讓佛迪洛擔心的是非受僱的「戰士」、「外圍團體」，他們不直接受選舉團隊控制，但在社群媒體時代，他們的影響力及殺傷力，可能大過於正規軍甚至媒體。

早在二〇〇五年，佛迪洛還是學生時，就已察覺到網路上非主流民意的集結，當時，他第一次寫程式觀察輿情，意外預測出歐盟憲章公投在法國被否決的結果。身為唯一預測成功的人，佛迪洛在與《世界報》的訪問中說：「網路扮演了與媒體相反的角色，那些被主流邊緣化的聲音聚集在此，成為他們自己的論壇。」在當時的觀測中，佛迪洛從大量發布與公投相關的兩百九十五個網站中發現，有三分之二強打反對陣營的訴求，且它們有近八成彼此連結。佛迪洛從數據裡看見一個個虛擬社群在網站上集結、壯大聲量，甚至在造勢中創造明星，反對陣營的幾個意見領袖，一天可以創造超過三萬次的點閱。十二年後，佛迪洛跟我說，「極右派投入了大量的時間、精神來經營這個小卻緊密的社群。」一樣的手法，如今有匿名論壇、社群媒體可使用，一部分的法國人，在裡面長出自己的群體文化甚至認同，他們累積出共同經驗與話題，在主流媒體的論述外，活出自己的世界。這個認同形成的過程，如果政治人物懂得介入，便能在網路同溫層中培養出自己的支持者。

以民族陣線來說，影響年輕人最好、最有效的場域，是討論電動遊戲的線上論壇：JVC.com。

追溯另一個法國的誕生：匿名論壇

就跟臺灣的PTT一樣，一九九七年創立的JVC.com是匿名的線上論壇，有運動、漫畫、政治等不同討論區，其中最熱門的，是按照年齡區分的討論區塊。二〇一三年，光是十五至十八歲專屬的論壇，就有幾百萬個使用者參與討論，每天有二十萬則新貼文。也因此這裡變成電動遊戲的重點宣傳區塊，在這裡受歡迎的遊戲，都能創造銷售佳績。這塊匿名的小天地，主要仰賴志工管理，於是話題百無禁忌，論壇管理者樂韓（Gwendal Lerat）在受訪時表示，JVC與美國其他匿名論壇一樣，是種族歧視、恐同、性別歧視的溫床，產生許多低俗、不當的笑話，甚至捏造前法國總統薩克奇的死訊，還有人把大考數學科的試題偷出來在此散播。聚集在這裡的使用者有自己的文化、認同，創造得出爭議，便像是獲得動章。

曾以八年時間觀察、描寫極右派網路作戰的記者杜瑟（David Doucet）向我解釋，「ISIS跟極右派的作戰方法很像，但對社會的影響很難具體化描述，很多是藏在次文化、在地下（underground）的。」他發現匿名論壇是反體制的人最好的去處，對於反伊斯蘭、反移民、反同的人來說，他們在這裡取暖；對青少年來說，JVC是他們表達自我的出口，在這裡可以講父母、老師、政治人物等「大人」們不讓他們說的話，做不被允許的的事情；對其他在社會中受挫的人，這裡則是可以出名、成為某號人物的地方。杜瑟說，「很多人在主流社會扮演受害者的角色，例如小時候被打、在家裡被忽視等，他們在網路上會很積極，想要創造第二人生。」許多不被主流社會接受的極右派政治人物，也在JVC取得一席之地。

做為法國最早開始使用網路宣傳、經營支持者的政黨，勒龐與民族陣線在社交網站上的追蹤者有兩百多萬，遠超過其他陣營，比馬克宏也多出一倍。杜瑟認為，匿名的JVC是最容易看見成效的地方，線上社群的經營關鍵是打破沉默螺旋，改變社會氛圍。過去，法國沒有人敢公開宣稱自己支持極右派，「他們去貼個海報，都要把臉包起來、趁黑張貼……那是禁忌，政治不正確，是會讓你失去社會資本的。」但透過社交網站、JVC等論壇，如今「話語都解放了，再也不用有罪惡感」。JVC之於法國，就如同4chan、Reddit等美國匿名論壇，這些也是白人至上主義、川普支持者、反同、排外等社群聚集和討論的場域。「極右派同溫層可以看作一種結界，人們一旦進去後，在那裡面不斷地重複、加深，跟同類人不斷互動，（偏見）只會繼續加深，變成了一個巨大的實驗室，在那些資訊流裡不斷地實驗，看怎樣能創造出民族陣線的支持者。」

專研網路政治文化研究、巴黎第七大學講師法蘭斯（Tristan Mendès France）大概是對這種現象最有感的人之一。他是前任法國第四共和總理的孫子，也是網戰中被戰火瞄準的目標之一。他說，青年需要認同、形成自己的次文化，這是長久不變的，過去，這發生在酒吧、書店、俱樂部等。如今，匿名的線上論壇更為方便。在這樣的線上空間，要搶到目光，首先是毒性必須夠強，愈政治不正確、愈吸引人內心私密感受愈好。他以自家人為例，身為前總理的祖父，因為猶太裔的身分，在這次選舉中就被做成笑話哏圖，關於猶太人的笑話為數眾多，其中一個是：「只有死掉的猶太人才是好猶太人」。而在這樣的網路空間，內容必須抓準匿名論壇使用者爭取注意力的心態，叛逆的青少年，他們的認同常常建立在「反對某事」之上。這兩點關於內容的特性，讓匿名論壇成為極端政治團體散布意識形態、爭取支持者的好地方。

對法蘭斯來說，青少年形成次文化是理所當然的，但網路上資訊的可操縱性，卻讓有心人有機會以不實資訊，帶領青少年走上極端化。這些有心人，包括ISIS、極右派甚至是俄羅斯等極權國家。

這樣的空間對民族陣線來說，是崛起、翻身的契機。民族陣線由勒龐的父親創立，在過去四十年裡，被視作反猶太的極端保守代表，但女兒勒龐掌權後，重新將民族陣線定位為追求改變、反歐盟，也試圖多談一些經濟議題，以吸引青年人的注意。與其他傳統政黨不同，民族陣線注重網路溝通，讓年輕人有表現的空間。法國流量最大的兩個政治類網站[1]，都是極右派所創。在JVC上，民族陣線包括副主席等幹部經常出沒，他們固定在ＪＶＣ「首映」各種影片，並從這裡汲取靈感，年輕人可以在這裡參與政黨宣傳的選題，而民族陣線發布的影片，也處處出現ＪＶＣ網民才懂的哏。一篇二〇一二年民族陣線網路團隊在《ＧＱ》雜誌的專訪披露，他們至少有二十名志工「派駐」在ＪＶＣ，積極參與討論。

二〇一七年選戰中，ＪＶＣ被介入的痕跡確鑿，選戰期間論壇上有三分之二的題目與政治相關，法國《世界報》調查發現，選前三個月，ＪＶＣ近半數內容來自六％的使用者，前十大活躍帳號發文量是其他人的六十六倍。以一月為例，論壇上就有兩百個極右派的新聞連結被分享。這群對主流不滿、不屑跟隨大眾的ＪＶＣ使用者，就這麼被歸建成了他人的部隊。

「這些網路上的討論代表有些聲音必須被聽見，沒錯，但問題是那真的是來自於一般公民對於時事的討論嗎？」法蘭斯警告，社交網站和匿名機制，讓聲音被放大，卻可能讓事實被犧牲，成為匿名者「打造民意」的完美空間，無法辨別的青年，成為被操弄的對象，在有問題的資訊中形成認同，被內建特定思想，「這是教育也無法挽回的事。」法蘭斯說。

1 www.fdesouche.com, www.egaliteetreconciliation.fr

2「愛國同溫層」的境外好夥伴

二〇一七年四月二十四日，法國總統選舉第一輪投票結束，民族陣線候選人勒龐確定打入決賽，得票數創下極端政黨的歷史紀錄。勒龐立刻透過網路影片向網路上的「愛國同溫層」（patriosphere，極右派網民的自稱）致敬，把選戰勝利歸功於他們在網上製作的圖文。除了法國本土的JVC論壇，功勞也屬於來自海的另一端，佯裝成法國人的川普支持者。

透過翎峰的平臺能清楚看見，凡事以法國優先的勒龐，在選前三個月，是候選人中「最不法國」的一個。推特上談論到勒龐的英文內容從一月起大量出現，替她創造聲量。「其他候選人都只有三%左右，但討論勒龐的內容中，有二〇%都是英文。美國極右派跟俄羅斯都做了很多事。」佛迪洛意有所指地說。原來，和自詡為愛國分子的法國青年一起在網上同仇敵慨的，可能根本就不是自己人。

美國獨立媒體《瓊斯夫人》（*Mother Jones*）記者哈金森（Josh Harkinson）的報導，詳細描述了美國網民如何從美國匿名論壇Reddit、4chan出發，搖身一變成為法國選戰中的「戰士」。

「他們用假的法國身分、傀儡社群媒體帳號，劫持了推特上的話題串（#，即hashtag）、社群網站貼文還有新聞網站上的留言區，他們創作圖文，把馬克宏塑造成猶太富豪的可笑走狗，稱馬克宏會出賣勞工階級、對穆斯林投降。」這群網民集體創作馬克宏的人物設定，包括了「瞧不起人的貴族」、「富有的銀行家」、「全球主義者的傀儡」、「支持極端伊斯蘭」等。從這些人設出發，他們發展出假的網站，讓人們相信真的有相關的新聞報導。其中一個案例，是一篇以「馬克宏：法國總統大選中沙烏地阿拉伯最愛的候選人」為題的文章，刊登這篇文章的網站，外觀長得跟比利時媒體《黃昏日報》（*Le Soir*）一模一樣，但如果仔細觀察，會發現網址是lesoir.info，而不是《黃昏日報》的lesoir.be。進一步查看lesoir.info的註冊資料，註冊人為Donald Thomas，登記地址與其他三個假網站[2]相同，這三個假網站是川普支持者、普丁支持者、阿薩德支持者、脫歐支持者以及反歐者經常轉發的訊息來源。

是誰在傳播lesoir.info？法國國會議員、也是勒龐姪女的瑪麗詠（Marion Maréchal-Le Pen）是其中之一，她在貼文中寫道：「馬克宏有三成的選舉經費來自沙烏地阿拉伯？我們要求公開透明！」隨後，總統候選人勒龐、費雍也跟著轉貼。

這群來自美國的戰士，除了自己創造假新聞外，還透過雲端協作，組織跨海軍隊，讓一般人都能加入他們的全球之戰。Buzzfeed News在當時揭發了他們變身的過程，記者透過管道，進入網路上一間名為「法國大解放」(The Great Liberation of France)的匿名聊天室，聊天室的管理帳號就叫作@trumpwin2016。@trumpwin2016心細、責任感強，不時提醒聊天室內的眾人，「每個動作都要讓法國使用者或講法文的人看過才行，不然會看起來像是美國人想把川普選舉那套帶來歐洲。」他們靠一份名為「MEGA GENERAL」的線上文件協作，MEGA是Make Everything Great Again的意思。「我們已贏得第一場大勝，接著我們要拯救整個世界。我們需要更多各國的執行者，如果你想要美國的另類右派幫你們的國族主義候選人高調，你必須先提供情報，因為美國另類右派完全不懂你們國家的網路。必須先知道你們國家裡流行什麼、人們用哪些數位平臺，知名記者有哪些等等。他們也需要知道敵對候選人骯髒的過去，國家裡使人們分裂、對抗的話題是什麼。」文件裡列出義大利、奧地利、荷蘭、法國、德國的選舉或公投，做為依序出征的清單。他們一週聚會數次，教導所有英文使用者，如何製造出年輕、可愛、女性、同志、猶太人等，看來像是非極右派傳統支持者的假臉書跟Twitter帳號，而後等待接收指令，

2 Independent.co, alryuadh.com, bloomberq.com

在特定的留言、新聞下，發表支持勒龐的言論。

與法國大解放一同協作的，是法國本地一個在Discord上的匿名聊天室「La Taverne des patriotes」（愛國者酒館）。這批包括美國另類右派、法國極右派、俄羅斯法西斯分子的跨國團隊，行動時沒有固定的目標，而是隨時按照民調數據，轉換攻擊對象。建立的帳號密碼、影音材料全都存在線上資料夾，讓海洋兩端隨時可以無時差上戰場。一名行動分子接受Buzzfeed News專訪時說，「來自不同國家的他們有共同的目標，讓支持俄羅斯、極右派的政治人物在全球各地打贏選戰。」被發現之後，法國大解放聊天室在法國第一輪選舉前已經近乎停擺，疑似將討論轉移至另一個名為「Centipede Central」的Discord聊天室。

他們的成績如何？就數量來看，成果驚人。《紐約時報》分析[3]二〇一七年夏天以來、數百萬條關於法國總統大選的推特，有三分之一標籤特定政治議題的推特來自美國，但極少成為瘋傳的佳作。根據法國學者沙瓦拉里亞（David Chavalarias）[4]以程式記錄分析超過八千萬條與法國總統選舉相關的推特，其中有三分之二標上MEGA標籤，皆來自美國。法國國家科學研究中心（Institut des Systèmes Complexes de Paris IdF）則發現，二月一日到五月六日間，四十萬條攻擊馬克宏的推文，大部分都來自於北美。就成效來看，文化落差仍然存在，美國人的笑話法國不一定懂，但即使如此，來自美國使用者提供的圖片、影片，已成為雲端上免費、快速的軍火供應鏈，讓有心人得以自由快速地加入選戰。這些在講究人氣、吸睛度，以及對圖片、影音友善的社群媒體演算法中，都創造了讓小眾使用者擁有不成比例大聲量的可能。

這群來自美國的幫手，代表作出現在第二輪選舉前，勒龐與馬克宏最後一次的電視辯論。

五月三日，晚上七點，一個位在拉脫維亞IP位置的帳號，在美國匿名論壇4chan貼上兩份假文件，稱馬克宏在加勒比海島嶼尼維斯（Nevis）開設了境外公司，也在第一加勒比海銀行（the First Caribbean Bank）開設銀行帳號。兩週前馬克宏就曾在電視上提過這則流言，並不新，但兩份假文件卻是世人第一次看見。

行動開始，貼文的帳號要眾人使用hashtag：#MacronCacheCash（馬克宏藏匿現金），一起衝高熱度，提高這則貼文的能見度，「或許就能讓法國選民不想投馬克宏了！」貼文先被美國新納粹、白人至上主義團體「歐洲認同」（Identity Evropa）創辦人達米戈（Nathan Damigo）分享，而後被在美國總統大選中散布假新聞攻擊希拉蕊的要角克拉迪克（William Craddick）分享，但真正將訊息聲量放大的，是擁有超過十一萬粉絲的美國另類

3 https://www.nytimes.com/2017/05/04/technology/french-elections-alt-right-fake-news-le-pen-macron.html
4 https://politoscope.org/

右派、挺川普的運動分子波索比克（Jack Posobiec），光是他的貼文，就創造了三千次的轉推。同時，機器人大軍上陣，展現出人類無法比擬的效率，四〇%關於避稅帳戶的推文，來自五%的使用者，他們在二十四小時內轉發了一千六百六十八次。

五月三日晚上十點，謠言開始在法國傳開，人們果真開始使用#MacronCacheCash的hashtag，但第一個以法文寫的推文，卻是用Google自動翻譯而成的。

一個小時後，這波來自美國的行動，登上法國大選電視辯論臺。站在辯論臺上的勒龐對馬克宏問，「馬克宏先生，我希望我們不會找到你那在巴哈馬的海外銀行帳號。」她正色道。

隔天一早，馬克宏陣營發出公開聲明，稱有具體證據能證明大規模的資訊操縱、散布不實訊息，且認為勒龐在辯論臺上的發言，已向大眾自白「她有其他同夥」。馬克宏陣營網路部競選主任馬祖比（Mounir Mahjoubi）稱，「她說出了一個還沒開始散布的謠言，」馬克宏則在受訪時，篤定地說勒龐絕對有其他協助，「這則假新聞是她跟同夥預謀好的，他們彼此互通、一起組織行動，」謠言雖然很快就被攻破，文件被許多鑑定專家、媒體揭穿為假，但同一個拉脫維亞IP位置的帳號（事後調查可能為支持美國另類右派的駭客Wee）隨即宣布，兩天後，會再有一顆震撼彈在網上爆炸，「我們終將揭穿馬克宏的貪腐網絡。」它如此宣告。

俄羅斯政府出資的媒體也插手其中

與失望的法國群眾一起支持勒龐的，除了美國另類右派，還有另一支境外勢力——以國家之力影響選舉的俄羅斯政府。

在二〇一七年的法國總統大選中，俄羅斯政府公開支持民族陣線候選人勒龐。早在二〇一四年，莫斯科的俄羅斯銀行——第一捷俄銀行（First Czech-Russian Bank）就以九百七十萬歐元貸款支持民族陣線的運作。選前一個月，勒龐與普丁在莫斯科見面，俄羅斯國家電視臺主動報導兩人會面，稱勒龐與普丁商討兩國進一步合作的可能，請益打擊恐怖主義的經驗。這兩點，「恰好」都是勒龐在選舉中強打的政策重點。

長期以來，民族陣線一直是法國國內和歐盟區域中，對俄羅斯抱持友善態度的「異議者」，他們支持解除對俄羅斯的經濟制裁、支持俄羅斯在克里米亞的行動。勒龐甚至曾宣示，當選後，法國將成為俄羅斯在歐盟的落腳處。

二〇一七年民族陣線創下有史以來最佳的選舉結果，俄羅斯居功厥偉，俄羅斯政府的協助分成檯面上與檯面下兩種。大家都看得見的，是俄羅斯在法國選戰中放置的兩尊大炮：《今日俄羅斯》（*Russia Today*）、《史普尼克》（*Sputnik*）。這兩家俄羅斯政府出資的媒體在馬克宏取得領先地位、投票日前約三個多月，正式發動攻勢，一邊炮打馬克宏，一邊化身勒龐的大聲公。

序曲從俄羅斯國內開始：二月三日，俄羅斯報紙《伊茲維西亞》（*Izvestia*）刊出一篇維基解密創辦人亞桑奇（Julian Assange）的專訪，亞桑奇以類似於二〇一六年美國大選時的口吻稱：「我們手上有一些有趣的資料，是關於馬克宏的。來自於美國前國務卿希拉蕊被駭的文件。」

在法國這邊，面對法國讀者的《今日俄羅斯》法文版（*Russia Today France*，後稱RT）以及《史普尼克》負責接球，隔天就推出報導，把馬克宏描述為美國情報人員，身後有極富有的同志說客提供財源等。同志之說是老傳言了，從二〇一四年馬克宏就任經濟部長就已存在，即使二〇一六年末馬克宏已公開否認，但在二月七日，因為《史普尼克》的報導，馬克宏仍被迫回應，他以幽默的方式否認自己曾有過同志地下情。間接傳達兩家俄資媒體「不可信」。

RT、《史普尼克》的總編輯西蒙尼安（Margarita Simonyan）立刻反駁，說報導的所有內容，都來自法國新聞媒體，否認自己是惡意發布不實傳言的媒體。從此，兩家媒體改變手法，他們找可以控制或與己方立場相同的政治人物，讓他們談論馬克宏，並從中擷取最吸睛的段落做為報導重點，一旦文章有誤，再將責任完全推開。照此方法炮製出來的報導，嚴格來說多數都不是事實錯誤的「假新聞」，而是被操縱、剪接、重新論述過的報導，常常出現偏見，或去脈絡地取用他人言論，或去掉重要細節、背景講述的敘事等。例如，二月九日，《史普尼克》的報導中指稱，法國記者們遭目擊在莫斯科穿著馬克宏所屬政黨一起前進黨（En Marche!）的T恤，以此「印證」主流媒體偏好馬克宏的說法。但事實上，在一起前進黨於莫斯科的聚會中，三位法國媒體派駐莫斯科的記者，沒有人穿著馬克宏陣營的衣服，這張配圖其實是一起前進黨的黨員穿著該黨T恤，在莫斯科參加活動的照片。但《史普尼克》再次說，他們只是採訪了一位馬克宏的政敵，未求證、未平衡報導、配錯圖，但「沒有捏造」。

這就是俄羅斯的國家媒體在海外的任務。《史普尼克》的營運宗旨是這麼寫的：「保護俄羅斯聯邦在資訊空間的國家利益」，西蒙尼安曾說：「國家需要RT的原因，大致與需要國防部相同。」

回溯俄羅斯一連串的政策改變，就能理解資訊工具與軍事策略的關係。二〇〇九年，電視頻道《今日俄羅斯》被重新命名為RT，把本來「推廣俄羅斯」的定位，改為攻擊敵對方的可信度。二〇一三年烏克蘭危機，俄羅斯開始加強對周邊政權和西方的資訊攻擊。另一方面，在一三年俄羅斯的外交政策綱領中也提到，俄羅斯是西方以資訊傳播、網路等軟實力壓迫的受害者，是西方國家「對其他主權施壓、干預他國內政，讓一國政治陷入動盪，操作公共輿論」，俄羅斯必須守護自己，以資訊科技反擊，於是建置新的網路部隊、重新詮釋網路主權論等，一步步發展出更加細緻、成熟的資訊作戰系統跟手段。

我向長期調查俄羅斯政府補助的國際透明組織俄羅斯專員吉布利斯（Andre Jvirblis）求證，他說，從二〇一四年起，俄羅斯政府以每年至少十億美金，用國家力量支持RT等媒體進行海外擴張，「（任何國家）只要願意接受俄羅斯資金的政治人物或媒體，就等同是俄羅斯的領土了，」吉布利斯說。

他沒說錯，根據法國媒體研究機構Reputation Squad調查，這筆錢真的拓展了俄羅斯的領土，同時也是民族陣線的領土。調查結果中，民族陣線的支持者，與俄羅斯政府旗下兩家法文分部的閱聽人口，幾乎完全重合。

境內外勢力合擊：選前四十四小時的總出兵

二〇一七年五月五日星期五，最後一輪投票前，幾個月來血淋淋的網路攻擊，終於要邁向最高潮。經過猜測、提醒、警告、指控後，一場從二〇一六年底就開始醞釀的攻擊，在進入選前四十四小時法定靜默期前，如同表演的時間表一樣，美國人、俄羅斯人、法國人在準確的時間點開炮。

- 7:37 pm，參與 #MacronGate，曾散播攻擊希拉蕊假消息的美國另類右派分子克拉迪克推文：「準備好迎接馬克宏跟他親信們的洩漏文件吧，我告訴你們，這真的很大條！」
- 7:59 pm ，以「EMLEAKS」為名的十五GB洩密檔案，包括兩萬一千零七十五封馬克宏陣營信箱遭駭取的電子郵件，出現在檔案分享網站 PasteBin 上，接著在 4chan 傳開，克拉迪克在 8:47pm 時分享在推特上。
- 8:49 pm，波索比克貼文，並建立 #MacronLeaks 標籤，五分鐘內被分享八十七次。
- 9:31 pm，維基解密上陣。以官方推特帳號分享檔案連結，訊息傳到北美之外。「一個極為重要的洩密案。要虛構這全部的內容從經濟上來說並不划算，我們正在確認部分。」貼文暗示十五GB檔案的真實性。
- 11:40 pm，民族陣線副主席菲力波（Florian Philippot），及其他法國極右派支持者，開始在推特上廣為分享。
- 12:00 pm，進入四十四小時媒體靜默期，候選人依法停止所有競選活動、禁止發布公開聲明、不能接受媒體訪問。

這場行動的巧妙之處是時間點。按照法國法律規定，星期五晚上凌晨到選舉當天週日晚上八點，候選人無法發表公開聲明或接受任何媒體專訪。貼文曝光的時機，讓馬克宏陣營無法反擊，選民也無法透過主流媒體理解整個事件。如設局般，網路上流傳的十五GB檔案，由設定好的角色、社群發起，且只能在社群媒體上談論。攻擊方藉此掌控文件的詮釋權。

五月六日，選前一天，川普支持者在美國匿名論壇Reddit上，發出一篇重點小抄給「想拯救法國的選民」，以此話術發動宣傳戰，小抄上是五個重點話術。

1 馬克宏要掀起文化滅絕，讓伊斯蘭成為法國的一部分。
2 馬克宏在開曼群島有祕密帳戶。
3 馬克宏陣營操縱選舉。
4 馬克宏屬於銀行集團的一部分，他們控制政府、不受法律管制，進口包括古柯鹼等非法藥物。
5 過去七十二小時，法國媒體跟臉書聯手刪除極右派的貼文跟留言。

做為這場行動的標靶，馬克宏陣營一直等到選舉結果確定，才有機會對媒體正式發言，「就是俄羅斯，一直都是俄羅斯。」他們從二月就開始透過記者會公開告訴政府和選民，俄羅斯政府不斷發出網路攻擊，他們沒料到，俄羅斯會在選戰的最後一刻出手。

被洩露的十五GB檔案，來自馬克宏身邊至少五名幕僚從二〇〇九年三月至二〇一七年四月底的電子郵件，這些文件是駭客們從二〇一六年底不斷攻擊馬克宏陣營的「收穫」。駭客們用釣魚的方式，例如與馬克宏陣營內部雲端系統只有一個字母之差的假連結，或是以假冒的email夾帶附帶檔案，要收件者下載，最後目標是讓被攻擊者不經意載入惡意程式，駭客藉此潛進電腦或是網路帳號以存取資料。例如，攻擊方會發出一封名為「面對媒體須知」的信件，要團隊詳閱最新版對外發言守則；駭客最終的成功一擊，則是直接假冒馬祖比（馬克宏陣營網路總監）發信，說是有應對駭客攻擊的最新做法，要眾人立刻點開附件。

臉書在隔年（二〇一八年）向美國國會報告中證實，他們發現二十幾個假臉書帳號，偽裝為馬克宏陣營員工的朋友的朋友，事實上是俄羅斯政府情報人員，他們透過社群媒體觀察目標的一舉一動，根據目標對象在上面透露的個人生活、相關資訊，製造對其有吸引力的假訊息，「他們的目的是讓目標下載惡意軟體，或洩漏他們的帳號密碼。」臉書的證詞稱。

這十五GB的檔案內容是什麼？當時沒有人能立刻查證，但謠言已如雨後春筍，包括「馬克宏原來是跟伊拉克的恐怖分子、伊斯蘭國同夥的！」「馬克宏準備大改課綱，讓法國成為伊斯蘭國家！」一條被轉推兩千多次的推文還指稱，Macron_201705文件夾裝滿了馬克宏與黎巴嫩軍火商的通信紀錄，「馬克宏是不是在替法國境內的ＩＳＩＳ提供武器？」

根據大西洋委員會數位鑑識研究室統計，在貼文出現後的三個半小時，標上#MacronLeaks的推文就多達四萬七千多條，二十四小時內突破五十萬條。其中至少有五十個機器人帳號，在前三個小時發出三千八百零一條推文，有的帳號甚至每小時能發出一百五十條推文。

能在四十四個小時之內快速放火的，首先，可能是被僱用的機器人程式和其帳號。研究者費拉拉（Emilio Ferrara）[5]在選後從全部發布#MacronLeaks相關貼文的帳號中，辨認出近一萬八千個機器人帳號，「很多參與#MacronLeaks行動、支持另類右派說法的帳號，是在二〇一六年美國總統大選前夕建立的，他們當時也用來支持同樣意識形態的貼文。選後，這些帳號停止活動，直到二〇一七年五月才又動起來，參與#MacronLeaks的行動，攻擊馬克宏、支持勒龐。」他在選後的分析報告裡寫道，「這證明一項近期的假設：黑市上存在著可重複使用的政治機器人網絡。」

第二，是非法國的外國使用者。選後，另一份對#MacronLeaks的研究報告，記錄共二萬三千零三十六個帳號參與#MacronLeaks的訊息傳播，俄羅斯媒體與政治人物，在其中扮演訊息流的樞紐，也在不同社群間創造資訊傳播的連結。

報告裡也提到，其中一．五%的帳號可能是俄羅斯資訊操縱行動的支持者，他們的活躍程度是一般人的兩倍以上。另一份研究報告，則是抓出#MacronLeaks資訊傳播中最投入、最活躍的一千六百五十四個帳號，其中有一千二百六十三個（七六%）來自境外，另有四百二十八個帳號，在事件過後一週內消失（被刪、自己刪除、改名）。

這是一場跨海合作的精準行動：駭入、洩漏、大規模的資訊操縱，後來被稱作外國勢力透過網路攻擊、資訊操縱干預一國選舉的經典三部曲。

即使如此，要百分之百肯定這是俄羅斯政府幹的，要求俄羅斯政府負責卻很困難。許多資安公司、智庫，事後都分析了這次攻擊，即使確定與美國大選時的手法相同，是俄羅斯相關網軍部隊的慣用手法，在美德法都看見相同的攻擊模式，而且也確認是同一群人在傳播訊息，但各界專家還是帶點保留：是不是有俄羅斯之外的人刻意模仿進行栽贓？會不會是有心人假冒境外勢力？

二〇一七年選舉結果出爐後，新出爐的法國總統馬克宏坦承，目前法國政府沒有能力回應此類強度的攻擊，誓言上任後要有所作為，不讓外國勢力有再得逞的機會。只是，

5 https://arxiv.org/abs/1707.00086

從他上任至今，#MacronLeaks這個標籤依然緊跟著他，至今沒有消失，信者仍信，並以此標籤集結。這除了在法國留下難癒的傷疤，也可能持續影響下一次的選戰。

3 境外勢力的成功與失敗

經歷二〇一七年選戰中的連串攻擊，選後，馬克宏政府動用跨部門的資源，針對境外勢力的攻擊研究對應方針。一份由國防部智庫發出的報告，試圖解釋法國選舉中幾項降低境外勢力影響力的可能原因，包括結構性因素、政府主動的預防性措施、反應措施、說故事的能力，以及「運氣」。

運氣這項寫得極為坦誠，國防部報告認為，法國的幸運，在於馬克宏的出線是沒人料到的，於是境外勢力遲至二〇一七年二月才正式將馬克宏視為標的；接著是來自英語系國家使用者的文化差距、製作貼文常得不到多數法國人的青睞；而選在最後四十四小時才「洩漏」文件，雖然讓馬克宏無法反擊，卻也減低訊息的傳播速度，畢竟，法國的網路普及率與美國不同，傳統媒體還是擁有最大影響力。

預防性措施也值得一提。接在美國總統大選之後的二〇一七年法國大選，各方都認為，境外勢力透過社群媒體介入必然會發生，那麼，一國政府能做什麼，既不過當又確實有效？法國的預防性措施，許多是向外取經的結果。在荷蘭、英國、美國的公投與選舉後，累積許多關於選舉中不實資訊與境外勢力的知識，法國政府積極向各國學習以做好準備，連國防部長都在二〇一七年一月，親訪美國建立交流管道，法國因此取得許多早期警告與情資，也從美國總統大選的缺漏中提早準備，例如美國政府忽略不實資訊的影響力、對候選人信箱被駭的消極作為以及反應遲緩，都成為後來法國預防性工作的警戒重點。

另一項從美國失敗經驗中習得的教訓是政府的態度。二〇一六年美國總統大選，當時的美國總統歐巴馬堅持不以行政力量干預或對不實資訊及網路攻擊做出反應，但法國採取了另一條途徑，以獨立機關做為介入的行政工具，包括憲法會議（Constitutional Council）、國家總統大選競選委員會、國家網路安全局等，希望在防守之餘同時保持選舉的公正性，法國政府採取不同的行政手段，從不同面向守住選舉。

除了防守，法國政府也主動出擊。從二〇一六年夏天，也就是選前十個月，法國政府就針對國會和歐洲議會中有代表席次的法國政黨，提供資安的專業培訓和強化資安能力。從美國選舉的經驗中，法國政府擬出二〇一七年可能遭受的境外勢力攻擊，並依此對各政黨提供協助，其中唯有民族陣線拒絕參與。一位馬克宏陣營的幕僚受訪時回憶，當時，國防部的資安單位在一七年二月到訪馬克宏陣營總部並提出警告。「雖然是國防部的人，但你知道背後其實是情報單位的訊息。」這位幕僚回憶，國防部告訴馬克宏陣營正被「緊密關注」，並要求他們小心使用俄羅斯製的Telegram，隨後，馬克宏陣營全都轉用美國製的WhatsApp，他們稱，「我們必須在RGB（俄羅斯情報單位）跟NSA（美國情報單位）間做選擇，我們選了NSA。」

報告裡特別提到，除了官方的主動出擊、提高各政黨的意識和資安能力，民間發起的行動更為重要。由上百位記者、三十七個媒體單位合作的共同查核計畫，在八週的運作中成功提高了民眾對不實資訊的意識和理解，對於對抗境外勢力有具體幫助。

境外勢力充分運用大選這種對立高張的時刻，從法國內部激化矛盾。
圖為法國民眾在勒龐海報畫上希特勒式的鬍子。（商業周刊／陳宗怡）

這些預防性措施和政策，展現出法國政府在面對境外勢力時的毅力和決心。二〇一七年大選期間。法國總統、國防部、外交部，再三透過受訪以及演說，表達對境外勢力干預大選的不滿，抗議之外也透過媒體和外交管道畫出紅線，直接點名俄羅斯政府對法國大選的意圖。這些公開發言，可視作一旦事件真實發生後，讓政府以及候選人提出強力對應措施的前提。

美國政府在二〇一八年的報告中稱，法國政府透過外交管道直接向惡意他國提出警告，並提出一旦對方採取惡意行為後的具體後果，可視為對他國惡意行為的預防手段。一位馬克宏的幕僚認為，十五GB的MacronLeak在選戰最後一小時釋出，可能是普丁的一種信號，意在告訴法國，他本可完全影響選戰的主軸，甚至讓選舉進入混亂，但他只是高高舉起輕輕放下，在最後四十四小時戳了法國一下，這可能正是法國前期所展現的警告奏效。

法國展現毅力跟決心，不只對境外敵國，也對科技平臺業者。直到選前十天，臉書宣布撤下三萬個假帳號。事實上，一篇路透社的報導就揭露，臉書在法國大選後於美國國會作證的過程中坦承，刪除帳號其實多達七萬個，包括大量與俄羅斯情報單位相關的帳號。法國國防部認為，如果沒有公眾和政府施壓，平臺業者不會進步。緊接著法國之後舉辦聯邦大選的德國，就深刻感受到平臺業者的「進步」，在總理梅克爾施壓下，公車站、捷運站都可見到平臺業者的廣告，教育民眾假新聞的存在。

報告中還舉了關於應對措施的幾項關鍵，例如公布所有駭客攻擊事件、不跟著網路攻擊起舞讓不實資訊轉移選戰主軸、反擊、幽默以對、預先警告執法部門、公開批評境外勢力宣傳媒體並降低其可信度、「善用」被洩漏的檔案證明自身可信度（前提是沒有違法或是爭議信件）、不用email傳送機密資料、各媒體報導保持專業等等。

報告裡最關鍵的提醒，是事件發生後主導論述的能力。當#MacronLeak發生後，由於前文所提到的各種準備，英美法能迅速展開即時調查，這裡的調查指的不只是事實查核，而是找出是「誰」。法國經驗告訴我們，最能對抗不實敘事的，恐怕不只是真假的證明，而是告訴選民這是「誰幹的」，如果能在事實查核之外，將大眾的注意力引導至謠言的製造者、傳遞者和來源，在法國的經驗中，這會成為削弱不實資訊影響的關鍵，否則，若是落入真假之辯，謠言的影響力就會被擴大。

境外勢力為什麼成功？俄羅斯人觀點

「對抗」是人們談到選舉中境外勢力時用的字眼，不管是加強媒體識讀、政府內的跨部門溝通、跨國合作等，由政府提出的解方，出發點大多是對抗兩字。

二〇一七年三月，華盛頓智庫圈以「未來的戰爭」為題，召開研討會，將資訊戰定義為軟性的極權勢力擴張，足以破壞他國利益，是國家政治的新武器。美國新增了一億六千美元，做為對「攻擊性宣傳機器」的抗衡。同時，北約、法國、英國、德國，民主國家幾乎都推出新的政策、撥下大筆資源，彷彿是軍備競賽般。把資訊操縱視作資訊戰的一環，這個觀點在美國大選後成為主流。但在有媒體自由、言論自由、匿名網路的民主社會，由政府發起的對抗，真的是應對、防範如俄羅斯等境外勢力對資訊環境干預的最好選擇嗎？幾個曾跟普丁對抗過的俄羅斯人並不這麼認為。

「俄羅斯以前從來不敢想，用宣傳戰能夠真的對西方國家造成什麼改變，」歐盟資訊戰爭中心主任波摩蘭澤夫（Peter Pomeranzev）這麼回我。曾在俄羅斯電視臺擔任三年記者的他認為，外來勢力的影響要有效，前提是一國的民主失靈。失去抵抗力，病毒才可能入侵。另一位俄羅斯反對派領袖卡斯帕洛夫（Garry Kasparov）在柏林接受我的採訪時提醒，俄羅斯在網路上的資訊操縱，並不一定是為了追求特定候選人的當選。「極權政府突然發現，只要開發一些工具，就可以用自由世界的產物（網路、社交網站）來操控世界，它沒辦法在其他地方進行資訊審查（censorship），但可以創造偏見，去限制人們的知識、塑造人們的認知。」他以俄羅斯國內為例，當時馬來西亞航空在烏克蘭境內墜毀，國際間認為是俄羅斯支持的烏克蘭叛軍誤擊造成（後被證實為真），俄羅斯政府當時採用的策略，並不是一味審查訊息，而是以海量的訊息席捲境內跟境外的資訊環境，「如今他們還有網路上的機器人大軍，可以大量地發送訊息，不管是支持右派還是左派的言論，俄羅斯政府都可以海量製造，目的就是讓你們彼此起疑、製造混亂，然後用大量的假新聞，破壞你們獨立思考的能力，最終讓公民全都冷感，這就是俄羅斯的目的。」

二〇一七年法國選舉，可說是最好的實驗場。根據一七年愛德曼公關公司全球信任度調查報告（2017 Edelman Trust Barometer Global Report）對世界二十八個國家、三萬多名民眾的調查，法國民眾對政府的信賴度是其中最低的。選舉中，兩個傳統大黨，左派為支持率不到一〇%的現任總統接班人，右派則被接連的貪汙醜聞擊垮，其他就剩極左、極右以及新面孔馬克宏，這對俄羅斯政府來說，是從沒想過的完美局面。再加上選前的恐攻、持續的難民問題，和法國經濟問題等，火種遍地，只需輕輕煽風，火勢就起。

這些憤怒的網民，卡斯帕洛夫說，正是普丁要的免費大軍，把法國社會變得動亂不安、政府失信、一國不再團結，最終由俄羅斯得利。

把境外勢力透過網路、社交網站對民主程序發揮的影響，視為資訊戰、混合戰爭的一環，並從國防觀點推出對應的政策跟手段，在兩位俄羅斯受訪者的眼中，恐怕不足以完全解決問題。卡斯帕洛夫認為，民眾必須更有警覺性、更有意識。波摩蘭澤夫則認為，政府必須恢復人與人之間的信任，讓民眾與政府的連結重新接上。

「事實上，你們要知道，普丁是絕望了，才這麼做的。」卡斯帕洛夫不是唯一一個這麼說的人，曾獲選世界最佳智庫的英國國防安全智庫皇家聯合研究所（Royal United Services Institute）資深研究員加列歐提（Mark Galeotti）在一篇《外交政策》的專文寫道，「一個經濟規模大概跟加拿大一樣，但軍隊極需要現代化、陷入兩個戰爭泥淖中的國家，要怎麼以薄弱的『軟實力』，跟更大、更富有的民主國家陣線們對抗？」他問，「答案完全就是利用民主本身的特性跟體制來對付他們自己，讓已存在的社會歧異擴大，抓住每個機會削弱西方的民主聯盟。」加列歐提說，俄羅斯如此使用社群媒體、資訊操縱，來影響他國的輿論，完全符合肯南（George Kennan）所提出的政治戰爭理論，堪稱教科書等級的案例。肯南是冷戰時期美國重要的國家政策顧問，在肯南的政治戰理論中，指揮官能「使用一個國家包括武力之外的各種可能手段，達到國家的目標，這些行動包括可見與不可見的，可見的如政治結盟、經濟制裁；或不可見的，有正面宣傳，祕密地支持一些友善的外國勢力，或是黑暗心戰，甚至在敵對國家鼓勵地下的反對勢力等」。加列歐提認為，最有效的解方，必須要回到根本，當民主國家面對境外勢力、面對敵對國以資訊操縱等方式攻擊自身時，「最好的回應方式，是維持足以達到威懾效果的軍備，同時更強調對抗（資訊操縱）的能力，要建立媒體素養，要打擊貪腐，更要治癒社會中的分裂，否則俄羅斯人將喜孜孜地利用它。」

當資訊對抗、網路攻擊是國與國間避不開的戰場，在法國的採訪和那些與普丁對戰過的俄羅斯受訪者提醒我，民主國家最有力的反擊，是從根本重建公眾討論的能力，是徹底檢視民主失靈的原因，透過反省並自我修正而不斷進步，那是民主國家走向強大的不二路徑，也是境外勢力、極權國家最害怕的事情。

4 迎接境外勢力的人——極右派思想大老和他的網路戰略

一九四八年出生的高勒（Jean-Yves Le Gallou），是法國極右派政黨的思想大老，也是實作先鋒。二〇〇八年，他擬出十二點網路戰略，成為民族陣線布局網路戰場的思想原則。他曾說，需要尋求各種可能的資源，讓極右派的聲音被聽見，於是他以名嘴之姿，穩坐俄羅斯出資的網路電視臺來賓席上，用外國人的錢「發聲」，還舉辦年度假新聞獎項，從各大法國媒體報導裡，挑出他認為有誤、偏見的爛新聞，給予獎項。

我們能見面，是透過一位左派雜誌記者介紹的，記者形容他開放、有禮，願意與任何人談，只是固執。見面當天，巴黎香榭大道發生恐攻，自稱伊斯蘭國聖戰士的嫌犯，往警車內掃射後逃亡，一名警察當場慘死、另一名重傷送醫。極右網路社群隨即流傳馬克宏微笑慶祝的假圖，及其他描繪馬克宏與伊斯蘭國往來的假消息。

我們的對話，從極右派支持者和媒體當時傳遞的假消息開始。我請他回應外界對極右派傳遞假訊息的認知。

「假新聞很多。例如瑞典的恐攻之後，就出現有小孩被卡車壓過的假消息。我們能做的，就是至少不要張貼自己不確定的東西。」高勒的語氣平靜，字句謹慎，以下這句他加了重音，「所有的訊息管道都有假新聞，媒體之前都說海珊有大規模武器，二〇一五年十一月的（巴黎）恐攻發生之前，媒體都說移民不會變成恐怖分子。」他說，在ISIS聖戰士發動恐攻後，每個說出「移民不代表恐怖分子」的媒體，都是在傳遞不實資訊。「這是為什麼，我們需要『重建資訊』（re-information）。」來了，這正是他二〇〇八年一場演講所拋出的概念，之後成為極右派網路作戰的根本理論，由十二點綱要架構而起。

高勒認為，隨著大眾媒體的影響力透過報紙、廣播、電視達到巔峰，媒體背後主宰社會的菁英們，也把資本主義深植人心，讓人們失去自由思考的能力，這群「菁英」把多元文化、國際化、性別平權等新的觀念放進人心，打破傳統的意識形態，告知每個人「左派思想本質上比右派思想好」，在每個人的腦袋中放入反種族主義，並以媒體創造不聽從主流的罪惡感。他說，被洗腦後的大眾，從此只能跟隨「政治正確」的意識形態，公眾不再討論各種意識形態的好跟壞，「主宰者」讓大眾認為意識形態的辯論已經過時。

所謂的「重建資訊」，是要打破菁英對人民的宰制。人們現在都稱挾著社群媒體壯大的民粹政治人物在「建牆」，但高勒卻認為，極右派是要「破牆」，網路的出現正是機會。他認為網路可以翻轉權力平衡，打破過去菁英透過媒體由上而下的「洗腦」，在網路上每個人既是發布者也是接收者，媒體不再有獨占地位，所謂「政治不正確」的訊息跟資訊，於是有機會在網路上傳播。

我問他，法國媒體是否真的這麼「受控」、沒有新聞自由？他說，法國由七大媒體集團掌控，記者都為資本主義和國際貿易集團服務，「你如果讓記者投票，他們會選出馬克宏，但你若讓人民投票，我們會擁有勒龐。」他認為二〇一七年選戰中法國媒體共同將馬克宏創造為政治明星，不斷報導費雍、勒龐的醜聞，卻不提馬克宏曾為現任政府的內閣成員，明顯是要與支持度低迷的現任政府切割。「他曾是一個銀行出身的人，申報財產怎麼可能這麼少？」他暗示我，接著明示，「一起前進黨在巴黎地區的負責人是穆斯林，有

高勒提出網路作戰綱領時，社群平臺尚不普及，
但他的策略卻與十多年後的網路現狀相符。（Renaud Camus／Wikimedia Commons）

條訊息一直沒有被否認，就是他對查理週刊事件的嫌犯表示過同情。」他話說得緩慢，並確保眼前的外國記者記下這些「被漏掉」的訊息。

他給出十二點網路作戰綱要時，社群平臺尚未普及，但這些策略，卻與十多年後的現況相符。他要黨員們用網路動員沉默大眾，要同胞們以網路來組織民眾，對抗菁英，他稱，「網路是直接民主無與倫比的工具！」並以此鼓動年輕人。「現在，只要你有天分，就會得到關注！」他對我大讚新一代的法國人，「比起六八學運那一代，現在年輕人非常保守，支持（守護）認同，文化、語言、宗教上都是。」現況對高勒來說，實在比過去好得太多了。在沒有網路的時代，他們那一代要發聲，就必須以異議者的方式在媒體上發言，即使受訪了，也不確定媒體怎麼使用他們的說法。網路讓異議者打破負向循環，以前，他們常常失去行動的動機，極右派的支持者會問，「如果沒人會報導，那我們為什麼要籌劃一場行動？」這些問題，在網路時代都不再是問題。他們自行記錄、自行詮釋、自行報導甚至拍攝影音，極右派的聲音跟形象，由極右派自己打造、傳遞。

在二〇〇八年的綱要裡他清楚下令，要透過email、社群媒體與使用者創造親身的接觸，過程中讓每個個人脫離大眾媒體的敘述，創造自己對極右思想的認知，同時，也讓黨理解每個民眾的偏好、在意的事情，互動之中漸漸創造小型社群，累積共同的、真實的生活經驗，形成我群，不讓媒體有妖魔化極右派的可能。十年過去，社群媒體變得壯大，法國的年輕人，也的確在形成認同的過程中，與極右派的網路經營更靠近。高勒想要的行動者也大量出現，不只是投票，更出現認同運動，從法國開始，蔓延整個歐美。老先生說，這樣的轉變也和媒體素質的每況愈下有關，新興的影音媒體愈加輕浮，法國人對媒體的不信任感連續十五年上升。

在「重建資訊」的戰略中，高勒也把商業模式的轉型放入。二〇〇八年的演講中，他說，雖然網路是個好的戰略工具，但卻一直不見穩定獲利的商業模式。「無論如何，對意識形態的戰爭來說，這是擴張的機會、值得投資之地。」他認為可以採取網路協作降低成本，也提出尋找運動資源、成立媒體基金的做法。前者，在二〇一七年的選舉中，極右勢力做到了跨國團隊協作；後者，高勒所屬的網路電視臺TV Libertés，便是受俄羅斯資金支持所創立。

矛盾的情況出現了，他信奉法國優先、堅守國家主權，卻又拿外國勢力的錢，在替俄羅斯政府發聲、多次「獨家」報導俄羅斯政府新聞的媒體工作？

高勒平靜地面對我的提問。他說，境外勢力沒什麼好大驚小怪的，在中美市場皆有龐大商業利益的LVMH集團，對法國媒體有更大的影響力，卡達、以色列都有資金介入法國不同媒體，石油集團、美國勢力就更不用提了。「俄羅斯的影響力，相較之下是微乎其微的。」

拿國外的錢，不會影響到媒體的可信度？資訊的真實性不會受影響嗎？

高勒認為，發動「平衡資訊之戰」時，真實有不同的標準。「與宗教、科學不同，資訊只要相較之下的『真實』，嚴格來說，原始資訊並不存在，資訊永遠是有觀點的。」

他同時強調，自己不是政治宣傳（propaganda），而是資訊再造，後者並不壓制其他人的意識形態，只求補足。「是要讓我們的聲音被聽見，修補多元性，在被單一意識形態主宰的世界中創造更多的選項。」他鼓勵同胞去維基百科、網路留言寫上自己的想法，他自己接收資金，講「有觀點的資訊」，也都是平衡資訊之戰的一部分。可能是對我的問題失去耐心，他提醒我，「難民對法國的影響、中心化的媒體對法國的影響，才是真正的問題。」

採訪前，翻譯提醒我，老先生是個講求禮節的人，希望我的提問要符合「法國標準」，不要過於冒犯，否則可能會被拒訪。我沒有指出他話裡帶有的雙重標準、也沒有追問他打著資訊多元、言論自由的大旗，打的卻是意識形態之戰，是否有掛羊頭賣狗肉之嫌。

問題沒問出口，但在他二〇〇八年的演講稿已有答案。高勒自稱，如今幾乎都被實現的十二點網路戰略綱要，是受文化霸權論啟發而生。高勒的網路戰略論，以文化霸權論詮釋他所不滿的現況，以網路工具，做為實踐運動戰和陣地戰的途徑。

只是，高勒透過文化霸權論將自身陣營形塑成被打壓者，號稱重建資訊、讓思想多元，但他們在選戰中高舉的政治主張，排外、反穆斯林、反多元文化，堅持他們對法國文化的單一定義，卻又處處與文化霸權論互相矛盾，當極右派選擇以不實訊息為他人貼上標籤、欺騙選民而換取自身的政治利益，是誰殺掉了多元性？是誰「霸權」了誰？

透過翻譯，高勒總能避開我的問題，選擇性地回答，一個小時的採訪，最大的收穫大概是近距離地看見成為宰制者的誘惑。做為政黨，他們追尋唯有他們正確的世界，他們自認被壓制，以此合理化己方不顧道德、不顧事實的「發聲」方式。社群媒體上的資訊操縱如魔戒般出現，他們發現，追求意識形態的勝利是可能的，成為霸權是可能的，於是他們選擇了踩著弱勢者站上自己過去所撻伐的角色，卻仍對群眾說他們代表了人們所追尋的正義。

PART 3

2019@印尼

當民主成為online game

一天之內，一億九千三百萬個選民，要在八十萬個投票所、從二十四萬五千個候選人中，選出二萬名以上的新公僕，這是世界第三大民主國家印尼在二〇一九年四月所要面臨的挑戰，也是全球史上最複雜的單日大選，光計票就得花上一個月。我在選前兩週抵達雅加達和鄰近城市，記錄這場官方稱為「民主慶典」的選舉，對一九九八年才擺脫強人政治的印尼來說，每次選舉都是改革的關鍵。

而此時的印尼，除了是新興民主大國，也是社交軟體大國。政府大力建設行動網路，加上低價智慧型手機普及，行動網路和社交軟體搶在硬體建設前抵達鄉村，對許多新的印尼網路使用者來說，社交軟體就等同媒體，在臉書、WhatsApp等軟體所看見的就是新聞。不僅首都雅加達成為BBC口中的「社交軟體之都」，根據二〇一九年數字，印尼已登上Facebook、WhatsApp的全球前五大市場；印尼使用社交軟體的人數、時間，都是全球排名前三。過去九年，印尼網路使用者從兩百萬人飆升至一．四三億人。

「一件事情，有正反兩面。」一手強力推動4G建設的印尼傳播及資訊科技部（KOMINFO，Ministry of Communication and Information Technology）部長魯迪安塔拉（Rudiantara）在專訪中告訴我。網路普及率的狂飆，在二〇一七到二〇二二年為印尼的電子商務產業創造出八倍的成長規模，達五百五十億美元（約新臺幣一．六兆元）；但在政治上，社交之國碰上連續三年選舉的「洗禮」，假新聞、仇恨言論在印尼肆虐，成為這個新興民主國家遇上的最大挑戰。印尼傳播及資訊科技部的基層公務員私下告訴我，選戰期間，印尼的網路空間根本就是戰場。

在世界最複雜、規模最大的單日選舉中，行動網路走得比資訊素養教育更快的副作用一一浮現，政府、公民、記者們也努力拿出創新的對策，這是他們守住印尼民主的重要一步。

二十三歲的拉赫曼（Rahman，化名）持同樣論述，他認為資訊素養是印尼最需要的一帖藥。他從大學時開始的人生第一份工作，就是網軍，擁有一年半「產業經驗」的他，成為我走進社交之國選戰世界的第一位嚮導。

1 網軍小隊長與寄生總統的網紅

拉赫曼跟我約在百貨公司的美食街碰面。我是透過關係並由保證人陪同才能見到他的，這是他第一次與媒體接觸，如今已在金融界工作的他，此前完全避談過去的事業。

大三時（二〇一六年），拉赫曼離開家鄉進城念書，因為缺錢，他透過朋友找到兼職工作，一腳踏入朋友口中「很有前途」的網路行銷圈。「他（朋友）說有個工作很輕鬆，問我要不要去，我去了才發現，喔，是顧問！我要負責『推爆』貼文，要搞行銷活動，好像蠻好玩的。」拉赫曼開始早上九點上班、晚上十點收工的打工生活，除了主管之外，基層成員不論發多少貼文，日薪都是固定的，一個月最多能賺到臺幣六千五百元左右。

拉赫曼的表現優秀、學習力強，很快就升任小主管，帶領一組約十人的小隊。擔任主管後，他每天的工作從監控社交網站開始，接著寫輿情報告交給上頭，上頭會依照客戶的目標，擬定腳本，決定發文的節奏、內容，然後指派給拉赫曼。按照指示，拉赫曼必須立刻產製內容（包括部落格文章、社交網站照片、文字貼文、影片等）並指示組員發出。

他告訴我們，每個組員手下都有百個以上的社交帳號。拉赫曼像是雕塑家，讓社群媒體上的討論愈來愈像客戶要的樣子，聘請他的十人的小隊，一個月要一億印尼盾（約二十二萬臺幣）。

二〇一五年，印尼全國開始鋪設4G後，把半個國家都推上社交網站，想製造網路聲量的人愈來愈多，拉赫曼的老闆不斷擴張團隊，遇上選舉時根本忙不過來。從二〇一七年選舉開始，每個候選人陣營都配置了以棟為單位的網軍作戰基地，這些網路作戰部隊每五人一個小隊、二十四小時輪班，每組握有以千計數的假帳號。攻勢以小時為單位發出，各陣營撒錢買人，攻占Twitter上的熱門排行、創造各則貼文的社交網站互動數。

網路上的駁火交戰

拉赫曼用「戰士」形容這份工作，因為印尼選戰從二〇一二年開始數位化後，以政治利益為目的的網路行銷漸趨競爭，直到二〇一九年，戰場延伸到YouTube、Instagram及babe等網路平臺，各陣營預算沒有上限，社交輿情也變成一場無上限的軍備豪賭，各方廝殺如戰士。社交網站的戰火，也逐漸吞噬印尼社會的理性、激化社會，朋友吵架、夫妻離婚等處處可見，整個國家被#Kecebong、#Kampret兩個hashtag化成兩半（編按：

前者為蝌蚪之子，後者為蝙蝠之子，分別代表一號與二號候選人支持者），有心人發布的不實資訊在人際網絡間煽風點火。根據官方統計，二〇一八年八月，印尼社交平臺被舉報並澄清的謠言有二十五則，但到二〇一九年選前超過四百則。

一條新聞足以證明假新聞在印尼的殺傷力。五十三歲的布迪曼（Maman Budiman），在二〇一七年三月一趟拜訪兒孫的路上迷路，走進店裡問路的他，最終被八百個憤怒群眾亂棒打死。原因是一則WhatsApp訊息稱，陌生人正在各地綁架孩童、販賣器官，要眾人起身守護正義。

做為第一線帶領團隊的小主管，拉赫曼清楚自己的工作造成什麼樣的結果，只是，他說社會對他們有些誤會。首先，他

拉赫曼（化名）曾擔任過網軍小主管，
他認為資訊操縱對於民主的傷害還會繼續增強。（報導者／吳逸驊）

說自己是不做假新聞的。離職前，他升任為「核稿人」，負責把關每則貼文，他們從可信賴的媒體抄材料，改寫部分內容做為產出。「我就是把它改得很好看就對了，（假的東西）會落下把柄，造成客戶的麻煩是大忌。」他補充。「網軍（buzzers）分成兩種，一種是像我們一樣受僱的，一種是志願性質的，」他解釋，志工不在乎訊息真假，只想要享有說話的自由。兩股力量最後在網路上合流，不管是受僱的還是志工，「可能」都收到了上頭客戶的指示，兩方彼此「對戲」而編織出「民意」，並集體將聲量推到最大。「民眾以為那是網路上面的討論，其實那就是我們在跟彼此說話而已。」拉赫曼認為，外圍的志願者，可能是傳遞不實資訊的關鍵角色。

拉赫曼告訴我，假新聞正式對印尼政治產生致命影響力，是在二〇一七年。隨著臉書在印尼拓展業務達到高峰，網軍生意在那年創下紀錄，他也在那一年雅加達省長大選中，直接進駐候選人陣營，二十四小時輪班。同年，印尼迎來史上最大規模、超過一百萬人的抗議。

當時，華裔基督教背景的雅加達省長鍾萬學，被網路上一段剪輯過的影片指控汙衊可蘭經。不實訊息在臉書、WhatsApp、推特等平臺瘋傳，再搭配組織化的操作，在穆斯林占八成以上人口的印尼，燒起燎原怒火，讓印尼長期潛在的族群、宗教衝突檯面化。鍾萬學不僅在當年的選舉落敗，也在輿論壓力下，被以汙衊宗教之罪名判刑入獄。這場線上線下的操作，被視作反佐科威的力量與極端伊斯蘭的集合，有佐科威接班人之稱的鍾萬學因此鋃鐺入獄，從此再也沒有人敢小看網軍及假新聞的力量。

兩年後，二〇一九年的選戰中各陣營加大布局力道，人力、財力、傷害也繼續擴大。在假新聞中，佐科威是共產黨、偷偷引進一萬名中國勞工搶在地人工作，或是從海外印製數十萬、百萬選票投給自己……謠言四射，金主銀彈無限，如當時的拉赫曼一般的窮學生源源不絕加入，讓整個產業欣欣向榮。研究網軍產業的創新治理政策研究中心研究員里納爾迪（Mohammad Rinaldi）稱，為了搶人，網軍直接在臉書上成立社團，在裡頭用考題篩選出值得信任、能力最強的正職員工，或直接到學校拉人。聽到有冷氣、有手機、有網路，即使薪資比法定最低薪資還低，但對許多在城市裡求學的窮學生而言，依舊是無法拒絕的誘惑。里納爾迪指出，雅加達等大城市裡，人口密集、低收入青年聚集的地方，都有這樣的產業聚落。

拉赫曼肯定地告訴我，資訊操縱對民主的傷害還會更大，產業規模會再攀升，因為假新聞真的有效。一份亞洲網路公共輿論研究調查（Asian Network for Public Opinion Research）證明了他的觀察，研究者向四百八十個印尼民眾提問，發現有三成受訪者「完全無法辨別假新聞」，其他七成受訪者的辨假能力則參差不齊。統計報告裡點出，花愈多時間、愈多金錢在網路上的人（包括買東西、玩遊戲、使用軟體等等），愈容易分享假訊息。而裡頭最壞的消息是，即使有些人能夠分辨不實資訊，他們依然會分享。

里納爾迪向我解釋，二〇一二、一四兩次選舉，社群媒體上的網軍扮演煽動情緒的角色，試圖影響認知，但當時新聞媒體仍是大眾接收資訊的主要管道。情勢到一七年選舉出現變化，社群媒體普及率攀上高峰，許多人擁有數百個群組對話，裡面成員數以百計算。社群媒體、通訊軟體在一七年已成為許多人主要的資訊來源，控制他們每天對世界的認知。其中，生活圈較封閉、仰賴人際關係，或者宗教、政治等意識形態強烈者，是受害最嚴重的族群。

大學主修教育的拉赫曼認為，「這就是民主的一部分，只是一個手段，讓民眾被暴露在特定的資訊流中，這早就不是新鮮事了……民主就是這樣嘛，你想說什麼都可以，但現在有人會付你錢去說他要的東西。」他願意接受我的採訪，是因為他想讓世人知道，社交網站上人們寄託希望、投入情緒的內容，「一切就是網軍間的對戰，」要解決問題他認為不難，「如果我是老師，我要教學生先看出那條消息的來源是誰、是哪家媒體，它是不是『詮釋』了資訊、加了個人意見，其實只要做背景確認，看看那個網站在幹嘛，問題就解決一半了。」

然而，現實中，拉赫曼知道問題不在於怎麼教，而是人們在不在意「真實」。在選前的另一個場合，拉赫曼過去的「同行」從網路世界中來到現場，開粉絲見面會。拉赫曼口中社交網站對民主的影響、對人們的傷害，正是另一批人在政治圈崛起的新資本。

當紅網軍見面會

在雅加達市區最熱鬧的夜市街上，我跟近百位民眾擠進一間年輕人聚集的咖啡店，搶見網軍的真面目，在見到臺上的兩名網軍後，網軍、網紅、政治人物對我而言，三者間的界線從此變得模糊。

在臺上的兩位，分別代表總統選舉中的敵對陣營，他們在網路上每天分享、開直播、批評時政，牽動觀眾的情緒，在許多只靠社群媒體接收時事的鄉下社區，他們是主播，也是把民意、留言傳達給政治人物的窗口。

兩名來自敵對陣營的網軍首次同臺，面對現場和線上直播的觀眾，一開始還面帶微笑，但沒多久就開始攻擊對方。「我們是沒有做假新聞啦，但他們我不知道。」「我沒有拿錢，我們不會用錢僱用網軍，但他們我不確定。」看似在幫觀眾解惑，但兩人你來我往、暗箭不斷。臺下一開始還會竊笑，但後來情緒都上來了，逼得主持人講笑話、用罐頭笑聲澆熄怒火。

我隔著透明玻璃與翻譯同步觀看這場對談，主辦活動的網路媒體Opini.id專案經理安德烈（Mario Andrey）對看得津津有味的我說：「他們其實根本就是朋友。」他主辦這場活動的原因，就是「想要讓人們知道，這只是政治機器的一環，大家的帳號都是競選活動的一部分，這些網軍呢，他們私下其實都是朋友，觀眾只是被設計了要憎恨彼此而已」。

主辦單位找來過去曾經營網軍生意，現被政府網羅成為政府顧問的昆．阿里夫．柴揚多羅（Kun Arief Cahyantoro）坐鎮現場，夾在兩方之間的他在活動中不斷苦笑。會後，他跟我坦白，「社交網站上面的對話，與其說是『人民的聲音』，不如說是『產業的聲音』。」曾是操盤手的他說，金主們出於政治或者商業目的，正在用龐大的現金流滲透社交網站。首先，他們透過大數據服務商（一場選舉收費為臺幣四百四十萬起跳，印尼市場有三家服務商），從社交網站上取得數據，即時監控社交網站上的輿論，掌握使用者的面貌，瞭解「戰場」上可以牽動選情的議題和選民族群。接著，透過內容產製、網軍（包括真人和機器人，阿里夫以印尼大城萬隆為例，就有五個專門撰寫機器人程式的團隊，每個團隊約五人），和外圍的志工支持者，傳播訊息或進行輿論對抗。阿里夫嘆道，除了平臺業者穩賺外，這些在社交網站上有意識或無意識加入對戰的所有行為者，真正獲利的只占一六％，大多數人不是花錢、就是以自己的帳號在上頭配合免費演出。臺上的兩位，就屬於那一六％獲利者，而臺下或透過直播觀看的民眾，卻傻傻認為他們是為政治理念在網路上發聲、是足以代表自己的網路領袖。

在眾多粉絲簽名合照的隊伍散去後，我向兩位網軍提出邀約，來自反對陣營的代表微笑答應，但直到選前都宣稱選戰忙碌、無法受訪，原來他自己就是地方議員的候選人之一，這次選戰中要把網路聲量兌換成政治實力。

支持總統佐科威的網軍代表哈里阿迪（Hariadhi）則答應共進晚餐。我們在餐廳見面時，他一樣穿著那件自製的「支持佐科威」T恤，手拿號稱自己出版的兩本書，一本記錄總統政績，一本是謠言澄清手冊。比起網軍，他更像是樁腳，有十五人團隊產製線上、線下內容，還有二萬四千人的WhatsApp群組，在他的環印之旅中，他用自己的社交帳號，記錄總統佐科威第一任任期的政績，並沿途收集總統的支持者、讓他們成為群組成員，最終提出各種政策建議。二〇一一年時，哈里阿迪只是志工，支持時任梭羅市長的佐科威，八年後，結合「空戰」與「陸戰」功能的樁腳二・〇表現，讓他不只有了粉絲見面會，還獲得總統召見。

「我支持他八年了！」哈里阿迪從佐科威第一次競選公職就跟著他，一路成為政治界中聲量數一數二的網紅。「只是志工嗎？還是有支薪？」活動中人們也好奇問他，「這要看你怎麼定義『收入』。對千禧世代來說，收入不只是錢，還包括社交資本、人脈，還有文化資本，所以我可能無法給你一個數字，因為這跟你如何定義收入有關。」他在臺上這麼回答。臺下他告訴我：「以前，我們寫寫部落格就有錢拿了。」他嘆道時代不同，愈來愈多人知道網軍的存在，對資訊操縱有更高的警覺，網軍的影響力已開始下滑，光是將聲量放大已不足以取信於人。以內容產製為本業的他，想的是長期規劃，於是他把重點放在自己的品牌，以社群管理者（community manager）自我定義。他從幕後走向幕前，從過去躲在螢幕背後發文的網軍，變成檯面上的網紅，他稱，這樣就不怕被機器人程式取代，而且他個人所代表的價值更高。

根據側面瞭解，不管是政績手冊、衣服、貼紙，甚至是謠言破解小書的製作，都是哈里阿迪的收入來源。就像網紅與品牌合作一樣，只是哈里阿迪專注的是政治領域，合作的是印尼二十年來聲勢第一的政治明星佐科威。他是帶有

哈里阿迪從身上穿的T恤到手中的宣傳小冊，每個物件都是有價碼的，都是身為政治網紅的他的收入來源。（報導者／吳逸驊）

濾鏡的放大機，左手記錄政治人物最美的一面，右手從政治人物那頭拿到生意。當地記者告訴我們，哈里阿迪一個案子一千美元（約新臺幣三萬）起跳，貼文、推出的貼紙、書、影片等都是有價碼的。

我當面跟他求證，戳破他不拿錢的說法，他回應：「這是我們的工作啊，給選民各種不同的視角看待世界，所以我不停地製造內容。」哈里阿迪說，「這個時代，大家需要的是政治娛樂（politainment）。」當晚與他同臺的敵方陣營網軍領袖，私下也是他的好友，都是經營「政治娛樂」的好手。他們固定兩週見一次面，交換情報、瞭解產業現況與行情，需要時，也會為價格而轉換陣營。把職涯建立在政治網紅之路，難道不擔心失業？「如果佐科威輸了，我就找下一個（政治人物）支持，我有長長的名單等著呢！」他帶著笑容，收起那疊印著佐科威大頭的貼紙，和他那隨時都在充電、有兩萬四千人名單的手機。

我想起印尼傳播及資訊科技部部長魯迪安塔拉用光明與黑暗是一體兩面，來形容網路的快速發展。當網軍產業蓬勃發展，為特定族群帶來榮景，卻為民主的進展籠罩上陰影。從二〇一七年開始研究網軍產業的里納爾迪說得準確，網路應用在印尼噴發式的普及、創新，但對於副作用的系統性解方卻跟不上。當個人對社會的理解來自充斥著不實資訊與混亂的社交網站，卻不知道背後整個產業細緻的操作，公民社會便失去了理性判斷的機會，這會阻止社會走向現代化。

二十年前，亞洲金融危機逼得軍方強人總統蘇哈托下臺，印尼結束三十年的強人統治，走向現代民主。雖然連續兩屆選出沒有舊勢力裙帶、沒有軍方色彩的商人總統佐科威，民主轉型看似向前邁進，但讓網紅總統竄起的平臺與科技，卻在網軍產業大張旗鼓、深化擴張後，成了撕裂社會的兵器和極端勢力的培養皿，不僅逼得佐科威切斷與鍾萬學的連結，也促使他在二〇一九年爭取連任的選舉中，回頭擁抱保守價值、選擇伊斯蘭領袖做為副手，最後才以五五％的得票，在被稱為史上最火爆的二〇一九年選舉中勝選。就在佐科威正式宣布當選的那天，假新聞持續發威，稱佐科威作票、盜走整個國家，整個國家陷入大規模抗議，甚至有人因此送命。網路快速發展下，「光明」與「黑暗」的失衡，成為印尼民主轉型路上難以避開的地雷。

2

假新聞小姐、想要封鎖臉書的部長與網紅學校

走進印尼傳播及資訊科技部大樓，一樓會客室的牆面，氣派地展現數位經濟的產業額、網路普及率的成績單，以及強打網路新創的經濟政策，但就在這些「光明」的政績海報前方，是幾面站立在門口、電梯口和飲水機旁更顯眼的打假專線資訊。印尼傳播及資訊科技部辦公室，彷彿是光明與黑暗對抗的場域，指揮這場戰役的是印尼傳播及資訊科技部長魯迪安塔拉，商業背景的他，有總統的支持加上數位經濟快速發展的成績單，但政治性極高的假新聞議題，卻成為他最大的挑戰。

對只有二十歲的年輕民主政體印尼來說，網路謠言已成為社會發展的威脅。群眾因謠言鬥毆、死亡、宗教間彼此衝突，加上選舉催化，幾乎把國家分為兩半。在災難頻傳的印尼，遇上海嘯、地震、水災或恐怖攻擊發生時，網路謠言又成為災難後的二次重擊，一場海嘯被說成五、六場，發生在一地的恐怖攻擊，在謠言中變成各地都有炸彈。魯迪安塔拉告訴我，二〇一七年開始，印尼從總統到基層公務員，集體對網路謠言宣戰，推

出短、中、長期三大策略方針。聽到臺灣記者要來，他們慷慨帶我去作戰中心，包括攝影棚，和一座連在地媒體都沒去過的戰情室（War Room）。

他們首先帶我見了假新聞小姐（Miss Lambe Hoaks）。一位披著粉紅色羽毛、身著藍色亮片衣、戴著金黃色嘉年華魅豔面具的少女，在印尼傳播及資訊科技部（以下簡稱KOMINFO）的攝影棚裡，在六盞燈之中表演，「三、二、一，Action！」燈一亮，兩架攝影機包圍一位妙齡少女，我與房間裡的八、九個人努力憋笑。燈亮，Youtube版本拍完換TikTok，「嘿！嘿！嘿！歡迎來到假新聞小姐的節目，今天，又有什麼謠言呢？」她銀鈴般的笑聲配上綜藝風格的表演，把當週五條網路謠言，弄得像舞臺劇橋段般逗趣。每週兩次、每次五分鐘，這位假新聞小姐都在各社交平臺上，準時與各位相見。這座十坪的攝影棚是印尼政府口中的「前線」，十個工作人員，包括攝影師、後製、演員到提供腳本的幕僚，都是KOMINFO的公務員。

「等下腳步要快，這裡停留超過十秒，警鈴就會響。」KOMINFO發言人社篤（Ferdinandus Setu）帶我向第二站前進，用他的證件打開兩道門，裡頭，一扇寫著戰情室的門後，二十個人以U字型整齊排列坐著，面對一整個牆面大小、顯示最新不實訊息的大螢幕。戰情室從二〇一七年開始打造，號稱要以人工智慧方式，找出可能的不實訊息。經過一年的學習測試，程式機器人與人類合組的部隊終於登上戰場。每天，機器人按照建立的關鍵字與過去累積的謠言資料庫，從網上的公開資訊抓出可能的不實訊息；加上民眾從Twitter、WhatsApp舉報的可疑謠言，再交給上百人的團隊，以二十四小時輪班的方式人工核實，追趕一天有時多達一千條的可疑訊息清單。社篤說，百人團隊裡包括史學家、護理師、宗教學者等，他們按專長負責處理各個領域的謠言，並提供事實和可信的資訊來源做對照。一旦發現謠言，再透過與九大網路平臺建立的協議，以熱線通報平臺業者。印尼政府打的算盤是，平臺收到注記為假的訊息清單後，要調降該訊息的觸及率、標示為可疑資訊，或直接向張貼者發出通報，甚至下架該內容。

但是，為我帶路的官員們坦承，即

本身也是KOMINFO公務員的假新聞小姐，
透過不同的社群媒體向網民破解當週網路謠言。（報導者／吳逸驊）

使是享有Facebook第四大市場、Twitter第九大市場地位的印尼，與平臺業者的「溝通」仍然不順，打假的理想與現實，仍然有差距。為什麼會這樣？

首先，**事實無人聞問**。戰情室每週公布核實報告，但看的人少之又少，這也是假新聞小姐誕生的原因。靠著「每日謠言」專欄，以及每週產製兩支五分鐘影片，經營YouTube、Instagram帳號，或發布在KOMINFO的Twitter和Facebook粉絲專頁，希望能抓到讀者關注、跟上年輕族群的腳步。而對年長者，他們透過成人教育、社會組織，在各地舉辦實體活動。真實身分是公務員的假新聞小姐告訴我，當初內部招募的標準就是要好笑，要讓年輕人願意看，她面帶羞澀地說，下一步，他們要招募正面新聞先生，每天提供正面的、積極性的消息給大眾。

再者，**平臺並非真的配合**。「你寫下來：他們（平臺）離我心目中的理想狀況，還很遙遠。」來自商界，魯迪安塔拉是印尼第一個資訊科技背景的傳播部長，入閣前他曾擔任數家企業的執行長。「我歡迎他們來我們國家做生意，但他們必須要為這個國家帶來價值啊！」魯迪安塔拉不只發過公開信，採訪中也以封鎖平臺為威脅，要求平臺承擔解決不實資訊的責任。「我可以告訴你，在早期，社交平臺自己辨認不出謠言；但現在，靠著人工智慧、機器學習，他們應該要能夠辨別得出了，不一定百分之百正確，但至少，如果能提高二〇％的可信度，這就很有幫助了！」魯迪安塔拉理解平臺的商業模式，也理解它們的能力所及與限制，但他不能理解的是，當各國政府發出相同的警告與需求，平臺為什麼還不拿出相對應的資源跟決心。「它們有眾多的工程師，還可以收購新創公司……老實說，我不認為平臺業者沒有這樣的意願，但他們沒有拿出足夠的資源來應對這個嚴重的議題……我們都提供給他們這些資料庫了，我們不停地跟平臺說，把這些已被證實的謠言拿下平臺，他們應該利用這些資料去開發人工智慧，進行機器學習啊，如果他們說做不到，那就是在胡扯！（That's bullshit if they're not able to do that!）」

魯迪安塔拉提出平臺能具體配合的措施：「現在，只有Twitter公開它們的應用程式介面（API，透過API，科技平臺能與第三方分享數據以開發其他應用），Facebook早期也是公開的，但現在它們變了。我不理解，如果它們也公開它們的API，我們就能更有效地合作。」在我們抵達印尼的那週，Facebook印尼辦公室對外公布總經理在大選前辭職的消息，卻未公告新的替代人選。

事實上，網路平臺在面對不實資訊時，通常無法讓各國政府滿意。這些公司大多來自矽谷，註冊地為美國，在法規上，通常只有美國政府能對它們強制要求。特別是亞洲國家，在大部分情況裡，政府只會得到「需要總部回應」，或以全球政策一致性做為平臺無法配合的官方理由。但不實資訊大量牽涉在地的政治、社會、文化，從不實資訊與仇恨言論的界定，到各地的法律何者適用網路平臺上的訊息傳遞等，如印尼與臉書這種爭執在各地都有。但能公開向媒體表示以封鎖平臺為要脅的，大概只有中國、俄羅斯及印尼等少數國家了。

部長的強勢其來有自，在印尼，現任總統佐科威是假新聞的受害者；加上一．四三億網民中，屬於中間選民的年輕人占了多數，政府如此積極地處理社交網站上的不實資訊，可能有其政治目的。但平臺與政府在處理不實資訊時的責任歸屬的界線該怎麼畫，這是一場範圍擴及全球的拔河賽，政府過於強勢，對使用者來說可不是個好兆頭。

印尼KOMINFO部長魯迪安塔拉（ITU／P.Barrera）

政府企圖對平臺施壓，可能損及言論自由

專研全球網路平臺可靠性的史丹佛大學網路與社會中心研究員伯拉塔（Joan Barata），近年在歐盟、馬來西亞、印尼、柬埔寨、拉丁美洲間，觀察各國如何建立與平臺間的合作關係，並給出政策建議，他在視訊電話裡對我直言：「政府試著要恐嚇平臺，是有風

險的。」全球政府幾乎都在對網路平臺施壓，在網路治理機制仍不明確的狀況下，包含不實資訊的管控等議題，還沒有標準答案。但印尼以封鎖平臺為施壓手段，不但不符合比例原則，也容易成為未來執政者迫害言論自由的序曲。據KOMINFO中不願具名的顧問指出，部長常收到宗教領袖或保守民代的要求，要將LGBT相關組織下架。

平臺不願合作的原因可能有很多：不願分享數據，可能與平臺的商業原則有關；不願擔起辨認真假的責任，則與自我定位有關。政府要求平臺在不實言論的問題上負責必須謹慎，不然很容易就變成把權力託給平臺業者。「如果把刪除內容的權力給了平臺，平臺會不會成為審查制度的代理人？會不會是國家卸責，把髒手（dirty）的工作丟給平臺？」伯拉塔以「審查制度的代理人」進一步形容，如果平臺真的「配合」政府，過度執行言論審查，更不是使用者樂見的後果。伯拉塔說，政府如果真的期待平臺解決不實資訊的問題，應該針對廣告透明化、資金透明化等平臺商業模式進行要求，也可以促使平臺業者與民間核實團體合作，才有辦法真的改善問題。一昧要平臺負擔責任，那只是政府挑了最簡單的做法回應問題罷了。

「在東歐，那些政府也都說要保護人民免於俄羅斯的影響，要平臺業者配合做些什麼，我都先問它們，『你們的媒體環境夠自由嗎？資訊夠多元嗎？』」伯拉塔說，政府透過強力要求網路平臺管控不實言論，很容易導致傷害言論自由的結果，如果真的是為了保護民眾，就應該培養消費者對政治宣傳和不實資訊的免疫力。而第一步，就是確保媒體跟資訊環境夠多元、品質夠高，才能培養閱聽人的素養。「能夠閱讀的資訊品質愈差愈單一，人們的免疫力就愈低，資訊素養也會不夠。」畢竟，「你不可能活在一個沒有不實資訊的世界啦，除非你在北韓。」

政府除了不該強力要求平臺，更不該自己「下場」打假。印尼政府引以為傲的戰情室其實是個大問題。在多方查證後，戰情室裡的機制連印尼媒體都不清楚，當我們把機制告知其他印尼媒體、民間組織，各方紛紛表示憂慮：所謂人工智慧如何運作？哪些關鍵字需要監控？爬梳出來的不實資訊，會不會以保護執政團隊為優先？如果機制的透明度不足，打假工具轉身就可能成為政府審查言論自由的工具。加上KOMINFO的前身，正是印尼三十年獨裁統治中管控資訊的單位，以上種種，都讓即使提供了核實資料做為對照的政府打假報告，被貼上問號。

核實的效果有限，加上與平臺的合作不順，印尼政府為速效，甚至開始納入警方的力量。透過《刑法》、《資訊傳播法》中既有法條的延伸，以保護宗教、管控色情內容、誹謗等名義，由警察帶頭，大舉對散布資訊者進攻。尤其在二〇一七年，反對前雅加達省長鐘萬學的大型抗議後，警方接連以散播不實資訊等罪名，對擁有三十萬社團成員的穆斯林網軍（MCA；Muslim Cyber Army）Facebook社團，及結合駭客與機器人程式的大型網軍集團Saracen開罰；但同時，各地也傳出人權分子、異議人士、LGBT民眾，因網路言論而接連入獄，或網路被封鎖。

二〇一四年底才入閣、碰觸政治的魯迪安塔拉不肯評論警方的作為，他只說他接手KOMINFO後已經修法，不只調降最高刑期，且按照新法，警方不能在未審問前直接逮捕。「以前是不用的……這些改變是一六年，以言論自由為前提，由政府發起的，」他特別強調了言論自由四個字。

藏在一般社區裡，與其他非營利組織共用一棟平房的印尼媒體法律救助中心，是許多被「打擊不實資訊」之名打擊的媒體、記者求助的地方，執行長瓦優丁（Ade Wahyudin）告訴我，對於網路不實資訊，印尼需要一部全新的法律。他認為，既有法律定義不清、詮釋模糊，已成特定人士互相攻訐的工具。立新法的過程必須由公民團體、平臺業者參與，且全程透明，對於網路上仇恨言論和不實資訊的管理機制，兩者不能混為一談；而如何賦予清楚的定義、畫下執法的分界，是第一個挑戰。

遠在歐洲的伯拉塔也提出相同的觀點，當各國政府都走向立法一途，必須注意的是，一切必須建立在有足夠資訊的辯論之上，邀集各方利益相關人，過程透明公開，並且引入國際組織。伯拉塔以馬來西亞為例，馬國前任納吉政府在選前快速祭出具高度爭議的打擊假新聞法案，不僅在國際間換來臭名，隨後，反納吉的勢力組成新政府上執政，反映民意重新展開修法諮詢，等於一切重頭來過。

對長期研究網軍產業的里納爾迪來說，這套新機制，還需要獨立機關進行管制。提供政策建議的他透露，由印尼議會領銜的立法過程，一開始，在特定勢力的介入下，一度曾參照馬來西亞那部被認為會侵害言論自由的法案；但在民間團體的強力反對下，如今朝著德國的《社群網路強化執行法》方向，講求劃分平臺責任、明定平臺上問題言論定義，確保執法過程透明公開可受公評等原則進行商討。

印尼政府對於打假展現積極決心，但在里納爾迪眼中，「政府能做的、最該做的，不是自己下場，而是打造生態系。」在這個生態系裡，不僅是平臺、政府間必須對話、協調，還需要公民社會，包括核實組織、人權組織等，對立法、不實資訊核實等過程提供專業協助，確保平臺業者與政府提出的最終政策可信可責。

他的話，印尼政府是聽進去了。在假新聞小姐、百人核實、AI抓謠言、修法判刑等措施後，政府開始出錢支持生態系的培養。離開政府大樓，我在大學校園間，看見一場由下而上長出來的草根運動，在政府掏錢資助之前，這些人已經在自發性地打造生態系了。

網紅學校如何為民眾補上「網路素養」課？

二〇一九年四月的一個週六上午，我在距雅加達兩個小時車程外的大學，看東尼（Donny B.U.）如何為全印尼補一堂網路素養的課。

課名是「網紅學校」，網紅講師們逗得現場上百名大學生哈哈大笑，同時要學生們都在網路上發揮正向影響力，當網路公民（Netizen）。「即使我們只有二十個追蹤者，我們還是可以發揮自己的影響力，當一個意見領袖（influencer）啊！」

這是一場已走過五十二座城市、全國參與人數達十三萬的民間啟蒙運動，「網紅學校」是近百個跨部門單位開出的多項課程之一。這項由民間發起，結合政府、企業、民間組織與教育部門的運動，取名為SiberKreasi，是印尼文「網路」與「創造」二字的結合。二〇一七年發起時，由二十五個民間組織合作，到我與他們相見時，已有九十七個跨部門單位，出錢、人、力，要在各地重建網路環境。「很多人都以為自己很懂得使用網路了，但當你看到他們的行為，你只想搖頭。」公民團體出身的東尼是這場啟蒙運動的主事者，一路將運動拉拔長大，後被政府特聘為顧問。

這場運動的課程包括網紅學校、親子數位教養、教師教學手冊、傳統產業數位化等學程，供各地民眾依需求選擇。數位教養是最熱門的課程之一。講師從網路使用對小孩子大腦的傷害談起，他們先是檢視父母的網路使用行為，然後針對親子、夫妻間，對數位裝置的使用時間、習慣、生活公約等，一一盤點，確保數位裝置不會在家庭生活裡造成衝突或隔閡，而後再談數位上癮、社交網站濫用，以及假新聞等議題。

另一例是網路衝突的處理，由非政府組織「尋找共同點」（Search For Common Ground）擔任講師。他們把真實世界的衝突與社交網站上的對話做對比。「要接受衝突，衝突一定存在，但不一定伴隨著暴力，」尋找共同點計畫專員普特莉（Hertiana Putri）解釋，網路上的言論，常因匿名性或彼此間沒有真實的人際關係，出現火爆爭執，甚至連好朋友，也會因社交網站上的溝通問題而不再往來。課程中他們帶領學員重頭檢視在社交網站上的對話，分析不同的網路留言，看出不同的對話模式，包括競爭、迴避、妥協、合作、順應等等。講師提醒他們，最好能從對話目標回推，重思自己對話時所採取的模式。

像是一場大型補課，SiberKreasi走訪各地，提醒人們網路怎麼用。他們連地震災區都去了，東尼說，「是在地的人要求我們去的，最脆弱的地方，最容易受謠言影響，」但站在第一線的他們，也必須回應人們對他們的政治臆測，領有政府補助、網路企業贊助的他們，總是在活動的一開始強調，「我們不是要告訴你要投誰，而是不管你的投票和各種決定是什麼，請確保你不是受謠言影響的。這是為了保護你自己的權益。」

面對滿天飛的謠言戰，東尼坦承，教育需要長期投入才能見到成效，「人們常常挑戰我們：『辨這些活動有什麼用，人們還不是照看（謠言）？』」「這是一個長期的投資，這是給人們聲音，建立夥伴關係，然後影響政策制定者，」他說。透過SiberKreasi，平臺業者、政府、民間組織、教育部門，終於坐下來對話，而且對彼此的資源、業務、立場，也透過輕鬆的活動，進行真正的交換跟理解。同時，民眾就在眼前，人民的聲音、反應，可以直接傳進企業、政府耳裡，所謂的「生態系」正在生成。

這場運動的背後推手是一群老師。二〇一三年，政府從課綱中砍掉資訊教養的課程，理由是不需要再教民眾如何使用電腦、網路。「政府以為數位教育，只是技術上的教學，」東尼解釋。老師們開始集結為壓力團體，在各部門遊說；直到假新聞議題燒到總統，政府才真正開始重視數位教育中的素養議題。

政策的形成，民間總是走在政府前，而當各種網路應用開始實際影響社會，政府就會遇上治理的急迫考驗。這一點，東尼很有經驗。二〇〇二年，當印尼還只有一千萬個網路使用者時，東尼就已在街上號召群眾要重建網路。當時，網路方興未艾，網上色情、賭博，搶走印尼民眾的眼光，政府不知道該怎麼辦，竟喊出封鎖網路的口號，引起家長們的共鳴。東尼在路邊擺攤到處演講，呼籲人們看見網路發展帶來的其他好處，並請政府重新思考政策。十七年之後，他的聲音依然還在，頭髮已灰白的他，這次與SiberKreasi的老師們聯手，試圖將政府的作為拉回正軌。

這場來自印尼民間的運動，成績相當亮眼：印尼二〇一九年三月通過修法，數位素養重回國小、國中、高中課綱。不但SiberKreasi的課程內容即將出版成書，在累積了多方教學資源、各地需求後，SiberKreasi也成為印尼二・七億人的數位教養教育舵手，由他們打造的教材，成為校園中的正式教材。

對東尼來說，SiberKreasi最大的貢獻，是以一場場的活動，證明了民間團體在網路治理討論裡的重要性。在強勢的印尼政府和遠在美國的平臺業者間，補上民眾的聲音。SiberKreasi最大的成功，則是向世界各國證明，即使是在印尼，由民眾發起的運動，也能拿回使用者該有的話語權，坐上談判桌。

3 與假新聞捉對廝殺的「記者」群

我面前的這群人，許下的願望，是希望自己的工作消失。「不過這是不可能的啦！」才剛許完願，他們又大笑起來。七個人、八臺電腦，擠在三張辦公桌、約十坪不到的辦公室裡，他們是印尼最大線上核實團體MAFINDO（Masyarakat Anti Fitnah Indonesia）的核心團隊，「希望工作消失」，對他們來說是笑話，但那句「不可能」，則點明了印尼假訊息大戰的有多麼激烈，連年的選舉有如春風，讓謠言滿地生。

MAFINDO：印尼最大線上核實團體

他們的職稱是謠言獵人。每天，Facebook社團裡有一萬多人向他們回報可能的不實資訊，獵人們每天核實五到七則，訊息一旦被他們標示為謠言，Facebook就會把觸及率調降八〇%，蓋上不實資訊標章，附上MAFINDO的核實報告。過去四年，獵人們已完成一座涵蓋二千八百一十一則謠言核實結果的資料庫。資料庫對大眾開放，Google、Facebook、印尼政府都是受惠者。他們還有專屬App，供民眾回報及查閱。他們也在實體世界打假，十五個城市裡共有兩百名以上的志工，他們舉辦實體活動教民眾使用核實App，或玩親子遊戲帶大家認識不實資訊。

這麼大的組織，辦公室卻擠到只剩僅容一人走動的空間。這是因為他們必須不斷搬家、「躲起來」。採訪前一天，他們才傳給我辦公室地址，這個月的容身處，是個共同工作空間的分租辦公室，網站上寫的是假地址。「沒辦法，我們常被威脅，」MAFINDO核實團隊召集人薩斯密托（Aribowo Sasmito）邊道歉邊解釋。

二〇一五年起，MAFINDO的創辦人們在Facebook建立社團，讓民眾上傳可疑謠言，彼此互助查證。四年過去，社團裡已有上萬人加入，在企業、政府資金挹注之下，他得以全職聘用七名謠言獵人。這七個人都是記者出身。每天，他們處理大小謠言，運用各種數位工具、網站查證。他們也學習數位鑑識、辨識照片，有時還需要採訪、上圖書館查核。與我見面當天，他們破解的謠言算是簡單——某張照片裡，兩名包頭巾的女穆斯林舉著一張支持重婚的海報，替某候選人造勢。而這張引起女性選民怒火的照片，上頭的字樣當然是後製的。

找出真相、比對事實，對記者出身的他們來說不難。真正的挑戰，來自在網上發布核實結果之後。「只要我們戳破支持總統的謊言，我們就被貼上在野標籤；隔天，我們戳破在野陣營的說法，又被說我們是官方派來的，」核實者海西（Muhammad Khairil Haesy）說，核實者是被動的，核實的過程並不刻意選擇謠言的主題或主角，但印尼國內的謠言並不多元，當攻擊總統的數量偏多，MAFINDO核實的成果看起來就會有「為總統服務」的錯覺。

MAFINDO希望仰賴群眾來解決公正性的問題。一萬一千人的線上社團，以及各種回報不實資訊的管道，是他們希望增加被核實謠言多元性的方式。但他們漸漸發現，特定勢力嘗試滲透臉書社團，刻意回報單方面的訊息，或攻擊其他社團成員，甚至以大量假帳號在社團裡攻擊MAFINDO的公信力。他們只能訂定社團規則、只接受成立一年以上的帳號，甚至出動噤聲做為違反社團規則的懲罰。他們點開社團管理頁面，不符需求、試圖進入社團的不明帳號就有近三千個。

在被撕裂的國度中，真相不受歡迎，遇上選舉，核實者甚至成為公敵。不只是貼標籤，有些人直接把他們留下的核實結果刪掉，更有人翻出MAFINDO成員的背景，指他們的發言不可靠。私訊辱罵、人身攻擊，都是這份工作的日常。

在這個比聲量的時代，留言數量、按讚數、凶狠程度，才是訊息「真假」的關鍵。他們說，核實的過程，像是近距離觀看「留言區戰爭」，人們在上面爭取「真相」王座。

MAFINDO每個人都收過網路上的攻擊，最驚險的一戰，是他們與三十萬人大軍，穆斯林網軍的衝突。穆斯林網軍（以下簡稱MCA）是一個Facebook社團，是印尼近年極端伊斯蘭興起後的線上大本營。他們鼓吹伊斯蘭至上、穆斯林治國，並持續以宗教為題，在網路上發動一波波排他式的價值宣傳，更以得到政權為目標，攻擊現任總統。

MCA對MAFINDO發起攻勢，是因為他們散布的留言被戳破了。核實報告一出，說謊的MCA大軍隨即上膛，除了以私訊攻擊MAFINDO成員，還把薩斯密托與家人的合照發送到陌生人群組裡；薩斯密托不是沒有被威脅的經驗，但把他的家人與孩子當作箭靶，卻是第一次。

薩斯密托的反應是什麼？他又戳破了另一則MCA所發出的謠言。這一次，他把結果交給警方。在證據確鑿下，六名MCA成員被警察逮捕，Facebook社團管理者被罰得最重，必須坐牢。「接下來的兩個星期，我們閒了好一陣子（指沒有謠言），然後他們應該是找到新的人了，我們就又忙起來了。」薩斯密托苦笑。

坐在這間擠到我要把腿收起來的辦公室，平均年齡不到三十歲的年輕人把一則一則的故事告訴我，每個故事相對於他們過去的記者工作來說，都多了許多不必要的麻煩。過去，把事實寫出來、刊登，就是他們的工作，但現在，他們一邊在Facebook上破解謠言，因此飽受威脅，一邊還得管理Facebook社團、制訂對話規範，以事實查證的文獻或數據回應網友的指控與挑戰；即使對方是假帳號、機器人，一樣要耐著性子回覆。我問他們，四年來，為什麼願意繼續這樣的日子？他們說，正是因為那些留言。「人們都忘記自己罵的、對幹的是真實存在的人了，」海西說，網路謠言靠人們的恐懼、憤怒而生存，所謂核實，便是一種衝突：與被騙者的認知衝突，與散布者的利益衝突。不要以為衝突只會留存在線上世界，「有些案例爭吵到最後，約出來把對方殺死了，」海西說，監控謠言、張貼核實結果，就像慢動作觀察社會撕裂的過程，他們說，救一個、是一個。

「我們還是覺得自己在當記者，只是產出的不是新聞，」海西解釋。記者有時報導事件，不是因為知道有人愛看，而是為了追求真相。相對來說，有時社會不願接受的一面，怎樣都要寫。MAFINDO的實體活動也好、線上對話也好，「我們就是想做，不管有沒有人要來（參加）。」有次，MAFINDO到其他城市直接成立地方應變中心，用五個月時間專門處理海嘯發生後的眾多謠言，只為讓民眾安心。尤其對只有行動網路、沒有穩定網路連線的鄉下地帶，許多民眾想到上網，直接等同於登入社群媒體，他們看到犯罪時，第一個反應不是報警而是打卡。在這種情境下，在社群媒體上進行核實並提供正確的資訊，可能比傳統媒體更能貼近使用者的需求。

「有時候，我們覺得家裡的人現在更需要我們了，以前家人聽到我是記者，反應好壞不一，現在我在家庭群組裡像是智者一樣，大家遇到問題都問我『這是真的還假的？』」海西笑談家人的反應。

核實，一個看似單調的工作，在他們眼裡，「是幫印尼找到一個更好未來的方式，我們怎麼比二〇一二、二〇一四年（指選舉）更好？人們因為謠言而去分敵我，（但）我們想讓人們團結起來，我不想讓這個國家被謠言分裂。印尼是很多種膚色、很多色彩組成的國家，不同族群間的差異，是上天送給這個國家的禮物，我們必須擁抱這份恩典。（彼此之間的）差異不代表是壞事，它可以是好的，關鍵是我們怎麼認識彼此。」海西說。

相比創立的頭四年，大部分印尼人還沒聽過什麼是假新聞；四年後，MAFINDO成為眾人集結的中心。政府、學校、網路平臺，都找他們合作，我在媒體的國際會議，或是網路平臺舉行的跨國核實工作坊，都見到他們的身影。四年過去，他們也發現好消息：二〇一九年的謠言大多玩不出新哏，他們的堅持讓核實變得容易許多；而當他們在網上被貼標籤，留言區會有網友替他們發聲：「他們是中立的啦！」

由二十四家印尼媒體合作成立的核實平臺CekFakta

謠言獵人如今不需要再多解釋自己了，因為謠言海嘯淹進每個人的動態牆、群組裡，印尼人對謠言的反應不再只是盲信，而是愈來愈仰賴核實。以調查報導出名、曾參與巴拿馬文件（Panama Paper）的印尼媒體集團TEMPO.co網路總編輯瀘米卡（Wahyu Dhyatmika），對此有最直接的證據。他是印尼國內號召二十四家媒體齊力成立核實平臺CekFakta的發起者，透過雲端資料庫，各家媒體分頭協力核實並共同分享成果。這個記載各式謠言並核實的網站，流量在二〇一九年大選前攀升，離選舉愈近，流量愈高。另一個證據，他說，是這個網站被駭了。總統大選的其中一場辯論，CekFakta網站出動各家記者針對雙方發言即時核實，沒想到卻遭駭客攻擊。「我們還是不知道誰是凶手，任何人都有可能，」瀘米卡笑說，但他們知道，這計畫確實有影響力，必須做下去。

媒體在網路時代，有內容產製和收入驟減兩大挑戰，為什麼還要撥出記者、資源，投入核實工作？「在印尼，人們對媒體的信任還是高的，我們必須要對大眾的期待有所回應，」瀘米卡說。二〇一七年，一則捏造的訊息，喚起百萬人上街，甚至造成首都雅加達省長選舉翻盤。到二〇一九年，網路謠言組成的攻擊，以及沒有下限的謠言戰，讓他驚覺，媒體必須合作才有機會與海嘯抗衡，在還擁有社會信任時必須做點什麼。瀘米卡表示，媒體擁有人才、技能以及版面進行核實，也能讓結果被大眾看見。

更重要的是，媒體必須要把核實工作從政府手上搶過來做。「它們的限制是，它們自己就是賽局的一部分，」瀘米卡以印尼政府為例，「如果它們是（謠言的）受害者，它們很有效率；但當謠言攻擊的是在野陣營，它們消極被動，」瀘米卡認為，不能讓政府涉入內容真假的判斷，否則等同放手讓政府掌控訊息。他承認，如印尼政府這般積極介入不實資訊的議題，有可能是出於善意，「即使如此，這還是相當危險的。」

他舉例，「印尼解密」（IndonesiaLeaks）曾釋出一份文件，證明警察總長貪汙。但警方隨即介入，立刻指稱該訊息是謠言，並動用《刑法》誹謗罪，要將「印尼解密」解散逮捕，還好印尼獨立機構媒體委員會（Indonesian Press Council）介入，以「印尼解密」是媒體為由，擋下警方動作。然而，警察總長至今依然在位。

對濵米卡來說，核實是一塊社交網路時代必須補上的拼圖，媒體是最適合人選。他要求網路平臺業者加入計畫，也與MAFINDO合作，要在WhatsApp上建立機器人程式，讓民眾加入回報的行列，「這是參考臺灣團體Cofacts的！」他笑說。濵米卡還不知道未來CekFakta會長成什麼樣的平臺，但他明確知道，民眾正在面對資訊失序的挑戰，傳播假新聞只是症狀之一，更重要的是媒體如何從中發現自我的新價值，重塑與讀者的連結與信任，「否則，下場就可能會被淘汰、消失。」

在網路上堅守伊斯蘭的真正教義：網路媒體Islamic.co

藏身在某個上千戶集合式住宅社區的伊斯蘭網路媒體Islamic.co，便是從不實資訊挑戰中，重新探索媒體價值的例子。創辦人阿里（Savic Ali）是網路媒體出身的記者，特點是愛談流量，從數字中確定媒體價值，但他談的方式，跟商業媒體不太一樣。

一間小公寓裡擠了七個成員，Islamic.co本來只是社群志願性的共筆部落格，在二〇一七年才正式登記為非營利組織，兩年不到，他們已經成為印尼這個世界最大穆斯林國家（以人口計）中，第十大伊斯蘭相關網站，每個月不重複瀏覽人次近百萬。阿里透過三張網路流量表，告訴我什麼是新時代的媒體價值。

三張表分別是三個時期的印尼前二十大伊斯蘭網站排行榜。「以前，前十名全都是排他、訴諸暴力的伊斯蘭組織，現在，我們搶到愈來愈多關注了。」阿里在跟極端的訊息對戰，媒體必須把事實講得有趣，把目光搶回來。近三、四年來，極端伊斯蘭組織跟著社交網站在印尼四處茁壯，根據二〇一六年反恐國際中心（The International Center for Counter-Terrorism）調查，極端伊斯蘭組織至少擁有九萬個社交媒體帳號，傳播仇恨訊息。阿里要跟它們比賽搶目光，等於在跟數以萬計，由組織、機器人帳號組成的網路比拚。

「現在是印尼的轉變期，如果大多數的穆斯林選擇跟隨排他（的價值觀），這會是國家的災難，」阿里說。同時身兼印尼最大伊斯蘭組織「伊斯蘭教士聯合會」（Nahdlatul Ulama）網站總編輯的他，選擇不用仇恨、恐懼來打這場流量戰，那雖然是社交網站上的必勝法則之一，卻不符合他所認知的伊斯蘭。Islamic.co用漫畫、影片、懶人包，與網紅聯手，重新用年輕人的語言，講述伊斯蘭教義。他也邀請過去從未使用新科技的意見領袖，試著當網紅，讓非極端化、真實世界中的伊斯蘭傳統價值，能透過螢幕重新連結都市裡年輕、孤單、亟需認同的年輕人。

阿里解釋，他們在對抗的是全球性的趨勢，都市化、全球化、個人主義三者相加後，成為年輕世代成長的環境。在都市裡成長、工作的年輕人，沒有上個世代擁有的家庭、宗教組織等人際支援系統；他們在都市裡面對不同文化間的碰撞，當精神上出現空虛與陪伴需求時，網路便成為出口。極端伊斯蘭組織抓準這點，從二十年前蘇哈托政府下臺後，在學校、網路開始建立網絡；社交網站的普及，更成為極端者尋找到彼此、互相串聯，進而放大聲量的工具。Islamic.co所做的，就是在同個場域提供不同的選擇。「至少在搜尋引擎上，能有不同的結果跑出來吧，」才剛跟Facebook代表見面的阿里說，網路平臺也因為「壞內容」苦惱，謠言跑太快了，平臺需要更多可靠、優質、正面的內容。

Islamic.co用海綿寶寶講述教義，邀世界各地的寫手分享各地穆斯林的生活。在二〇一九年三月十五日造成五十人喪生的紐西蘭恐攻後，印尼極端伊斯蘭在群組上號召聖戰，Islamic.co的寫手，卻寫出紐西蘭社會中對穆斯林的陪伴，清真寺被非穆斯林群眾擠滿，穿著頭紗的穆斯林女性，不斷被民眾詢問需不需要陪伴同行。漸漸的，Islamic.co抓住年輕人關注，Facebook上累積一千五百萬人次收看，Twitter上的觸及也超過一百萬人。

阿里坦言，Islamic.co是在彌補前三、四年媒體人的集體疏忽。當有心人以宗教、族群為由，以網路媒體為媒介吸引粉絲時，同樣也是生產內容的媒體必須省思，是自己傳播訊息的方式跟不上需求？還是報導的視角與題目，沒有回應到社會中各族群的多元興趣？

阿里認為，這跟媒體不中立、在政治光譜上選邊站的分眾化很有關係：「我們必須要回到為民眾找到真相的本質。」他認為，機會在眼前，經過三、四年的洗禮，沉默的大眾如今開始有意識地主動選擇媒體。

Islamic.co與其他核實團隊一樣，都因戳破謠言受到威脅，ＩＳＩＳ的勢力是他們經常要應付的威脅來源。「前幾天，我們同事回家時還被堵……對我是不敢啦，他們都知道我是誰，不敢對我怎樣。」阿里指著他兩位同事，腳上、下巴都有疤，而他自己，他則滑開Instagram，給我看他和警察對峙的照片。

一九九八年，金融風暴席捲印尼，被前任印尼強人總統蘇哈托極權統治了三十年，民眾按捺不住的怒火終於燃起。當時還是學生的阿里，就先以大學報紙揭發總統親人貪汙的紀錄；槓上政府後，他成為學生運動的核心成員之一，組織上街。當年也是蘇哈托辭職下臺、印尼走向真正民主制度的轉捩點。「至今，民主制度都還在挑戰中掙扎，如果我（現在）不做些什麼，之前所有的努力都白費了，」阿里說。

從解放後的言論自由，走到了仇恨言論、網路謠言鋪天蓋地的現在，讓阿里反思記者在報導上的疏忽和編輯室的多元性問題，也重新定位媒體在網路時代中的角色。核實、創造好看的「好內容」，不僅抓住市場需求，對擁有行動者跟記者兩種使命的阿里，核實，還是他繼續推動民主運動的一步。

4 最真的假總統候選人

二〇一九年總統大選落幕不到半年，印尼爆發一九九八年以來最大規模的街頭抗議遊行。上萬人示威接連在雅加達、日惹、萬隆、泗水、班達亞齊等大城上演，以高中生為主的遊行，後來獲得農民、工人團體聲援，警察用水炮和催淚彈反擊，鎮壓過程奪走兩名學生生命。人們抗議的對象，是順利連任的佐科威和新國會，後者大動作修法，學生們提出七項訴求[1]，要求佐科威出面對話。

怒火沖天，因為修法一旦過了，未婚者同居、同性性行為、批評總統和政府，都將

1 印尼學生的七項訴求為：1.要求停止《刑法法典修正案》、《礦業法》、《土地法》、《懲戒程序法案》、《勞動法案》修訂；撤回《印尼肅貪委員會法》和《自然資源法》；通過反性暴力法案和家庭僱工保護法案。2.要求撤換眾議院選出的印尼肅貪委員會領導人。3.禁止印尼軍隊和警察人員擔任民政公職。4.結束巴布亞和其他地區的軍事管制，立即釋放巴布亞政治犯。5.停止對社會運動人士起訴。6.撲滅加里曼丹和蘇門答臘的森林大火，嚴懲相關企業並吊銷其許可證。7.切實應對侵犯人權行為，對侵犯人權者——包括最高政府官員進行審判，立即恢復受害者的權利。

入罪；曾揪出國會一．七億美金貪汙案的肅貪委員會也將被降等，不再享有獨立審查的地位。選舉時，青年世代在政治利益的交換中被忽視，選後，佐科威不但沒守住改革承諾，還放手讓保守勢力將印尼推向保守的一端，失望加溫成憤怒，釀成大規模的衝撞，學生高舉「Reformasi Dikorupsi」（腐敗的改革）、「Mosi Tidak Percaya」（不信任運動）等標語，抱著向一九九八年學運致敬的決心站上街頭。社會裡對農民議題、巴布亞族群問題的不滿也同時引爆，對佐科威第一任期的改革失望和對第二任期保守勢力興起的不滿，交疊而成的集體憤怒如炸彈般爆炸開來。

我在電腦前，盯著街頭抗議的直播，學生們頭綁字條拿麥克風的模樣，我想起四月大選中，那名叱吒風雲的大學生，和假的總統候選人。

被抹黑的理由：他們太好笑了

從印尼首都雅加達飛了一個半小時，經歷四臺計程車拒載，我好不容易被第五位司機載往一個半小時車程之外的農田。司機把我放在軍人檢查哨，我絕望地隔著步槍槍口與軍人對看，終於，揉著眼睛、穿短褲拖鞋的二十一歲青年艾德溫（Edwin，化名），騎著爸爸的摩托車出現了。

他就是世界第三大民主國印尼，史上第一個虛擬總統候選人的創造者。

住在軍人營區附近，與牛圈、羊圈一條田埂之隔，這位青年在他的午睡床墊上接待我，幾天後，這張床墊還將接待日本NHK、英國BBC記者。「等我一下……嗯，我們就坐這裡吧。」他把客廳還溫熱的床墊立起，示意我在米、拖鞋、玩具之間坐下。這間平房的二分之一是他家，另一半由其他幾個房客分租，採訪時，小孩和工人們走來走去。

他拿出他的Android手機，「就是這樣，我們只有便宜手機跟預付卡，沒什麼龐大的團隊，沒有要支持誰。」他說自己快受不了了，總統的支持者、反對方的支持者，全都是印尼最有權有勢的政商軍警大老，都在追捕他，甚至派記者發動輿論攻擊，說他鼓勵廢票、破壞民主。他受不了抹黑，「所以我們決定要露臉了，等一下你們可以幫我拍照。」從來沒有在印尼以真面目示人的艾德溫，選擇在國際媒體上揭露他的身分，在試過印尼媒體的受訪後，他只相信國際媒體。我是他第一個願意露臉受訪、拍照的記者。

「我是不是應該要穿個長褲？」他抓抓頭問道。

二十一歲的艾德溫和另外七位身處印尼各地的大學生，沒有殺人，沒有犯罪，他被各方利益緊追的理由是：他們太好笑。

他們被印尼人稱為選舉中的「新鮮空氣」，幾個年輕人在線上搞笑社團裡相遇、熟識，他們從二〇一八年中開始討論，聖誕節那天，正式宣布「參選」，總統候選人名字是Nurhadi，副總統候選人則為Aldo，合起來是假陽具（Dildo）之意。社群網站上立刻瘋傳。這組候選人連臉都是借來的，總統候選人的臉來自一名五十歲按摩師，副總統候選人的臉則是合成的。

在他們的社交帳號上，有與川普、金正恩的「合照」。為了照顧農民、保護農業，他提出當選後農民將有公務員身分；國家建設方面，他貼出海嘯消滅器和地震氣墊的設計圖；他也提出大麻合法化的訴求。但最受爭議的，還是他為同志發聲，在超過八成民眾信奉伊斯蘭信仰的印尼，這根本就是政治自殺。

人們看得好開心，Nurhadi-Aldo的選舉標語是：

做為被喜愛的候選人，我不能承諾你任何事情，我們就是一起經歷這些。

我承諾我不貪汙，但如果我打破承諾，我會另外再想一個。

印尼「虛擬」總統候選人Nurhadi與美國川普總統的合成圖片。（取材自網路）

農夫們會前途無量，他們的孩子不用再進城了，因為農夫會變成公務員。

他們的人氣之旺，讓競選連任的總統佐科威同意與中年按摩師（虛擬總統候選人Nurhadi的臉）合照，截至選前，在各大社交網站上，Nurhadi-Aldo共計有八十二萬名追隨者，粉絲們自主替他們印選舉海報、四處張貼，甚至複製Nurhadi-Aldo為名的社交帳號，散播、製作競選宣傳。Nurhadi-Aldo是印尼選舉史上出現的第一個虛擬組合，選票上沒有他，人們稱他為三號總統候選人。「我在路邊吃飯時，聽到旁邊的人在聊天，他們說自己是投三號的，證明自己是有獨立思考的中間選民。」艾德溫邊喝媽媽拿來的鋁箔包飲料邊竊笑。

二〇一九年印尼大選，被視作印尼選舉史上最醜陋、最多衝突與謊言的一次，兩位總統候選人從上屆就開始對戰，老面孔、老口號，改變的只剩選戰工具——

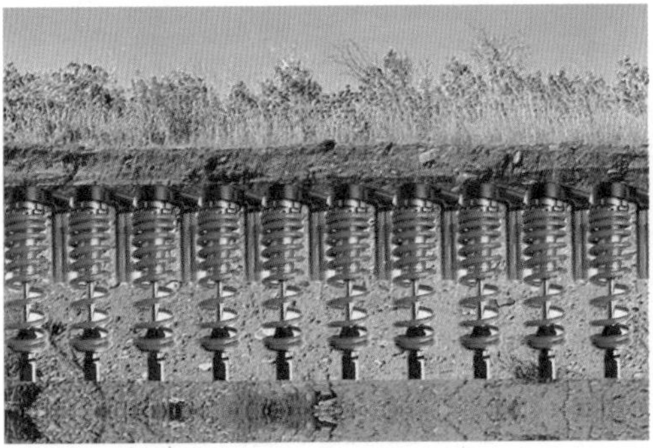

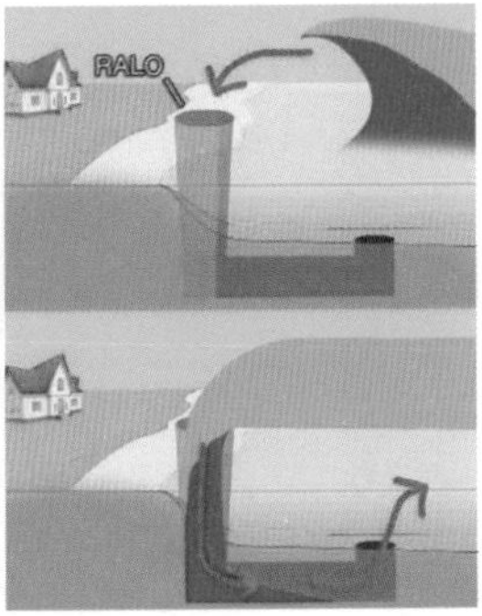

Nurhadi-Aldo團隊的兩大政見哏圖，
左為地層避震器，右為海嘯消滅器。（取材自網路）

網路。每個月四、五百則謠言大打網路資訊戰。艾德溫與其他七位十七到二十三歲的大學生，都是受不了政治的人，把「Dildo for Indonesia」當競選口號，社交網站上的標籤是#McQueenYaQueen（更相信）。Nurhadi-Aldo競選活動開跑那天，#McQueenYaQueen即刻登上Twitter的火熱話題，與兩大陣營齊名。

Nurhadi-Aldo用各種諷刺、政見、時事評論，讓選舉迸出新意，年輕人製作搞笑合成圖、性暗示笑話。例如，在總統候選人辯論之後，貼出「地層避震器」以及「海嘯消滅器」兩大政策，諷刺候選人只顧口水戰不顧民生，在天災之國竟對防災政策一字未提。「他們總是在吵架，但都不是為了我們，」艾德溫說他們不想只「看戲」，他們想在政治計算的遊戲中，有人能夠代表自己。但印尼的民主並不真的透明開放，政黨不會給他們機會，出口只剩社群媒體。

總統選舉中的兩個組合都讓他們失望。一號總統候選人，現任總統佐科威，在上次還是年輕世代的首選，這一次，卻為了向國內超過八成的伊斯蘭信仰示好，選了七十五歲的伊斯蘭領袖阿敏（Ma'ruf Amin）為副手。年齡還不是真正的問題，關鍵在於阿敏支持保守的伊斯蘭教令，打壓國內宗教少數、LGBT、瑜伽。

二號總統候選人蘇比安托（Prabowo Subianto），是印尼前強人總統蘇哈托的前女婿，做為曾於極權統治時掌權的退役將軍，他對過去侵犯人權的紀錄絕口不談，一再提出調漲公務員薪水來壓制貪腐的政見。

兩方的共同點，是強打「認同政治」，宗教、族群的操作遠大過於政見本身。「他們使用仇恨的方式跟川普一樣，都說如果你不投他們，『印尼就會變成中東』，或『共產黨就會回來了』；他們用恐懼去吸引民眾的支持，這完全不對！不能再這樣下去了，我們需要具體、有創意的計畫，告訴我們未來在哪裡，」艾德溫連珠炮地說，「可不可以不要再嚇我們？不要再讓人們充滿恨意？……我們幾乎都失去過某個誰，我們的朋友、家人、同學，」艾德溫說，候選人用網路謠言、社群媒體在人與人間點火，結果由人民承擔。上次總統大選，艾德溫為了佐科威和同學翻臉，但選後，他卻對佐科威失望。「我才發現，我挺身為他，但他不會真的為我爭取什麼。」

與各民主國家相同，印尼青年對政治現況失望。根據印尼媒體Opini.id統計，印尼青年只有二二％關心政治。但印尼與其他國家有個不同之處：十九到三十五歲的選民占全部選民超過四成；各政黨雖然大玩網路宣傳，卻多淪為表面功夫，印尼知名YouTuber西亞罕（Pangeran Siahaan）觀察，「兩個候選人都掉入了『瘋傳』跟迷因政治，可是如果你仔細看，那些東西什麼都不是，只是政治人物的化妝品而已。」

貧富差距，是選民失望的另一原因。雖然佐科威已將脫貧預算從個位數提高到一三％，但二〇〇〇到二〇一四年印尼吉尼係數（Gini）從三十一一路成長至四十一，即使佐科威的第一任期（二〇一四至一九年），吉尼係數開始下降，卻還是無法讓人民有感。

印尼巴查查蘭大學文化研究學院語言學系研究生拉赫迪（Hesti Raisa Rahardi）分析Nurhadi-Aldo的競選文宣，認為除了搞笑之外，他們的文宣說出選民對未來的無力、對現實的憤怒。就Nurhadi-Aldo的人物設計而言，視覺上以穿穆斯林傳統服裝的中年男子為代表，反映印尼政治的保守與單一，選舉標語的選擇，也精準點出政治人物長期貪汙、不遵守承諾（甚至不承諾）、忽視農民等陋習。「人們本來只是用好笑的態度看它，但Nurhadi-Aldo挾帶的訊息，其實真實反映了政治現實。它反映出過去幾年印尼政府的治理，以及生活在印尼的現況。例如就業，政府必須創造對就業的多元想像，而不是單一地鼓勵成為公務員、軍警，否則失業率不會下降……從Nurhadi-Aldo的出現，我們也能看出年輕世代在乎印尼的未來，他們對印尼是有批判性思考的，特別是與政治相關的時候。」拉赫迪的研究中特別強調，「年輕人的懷疑態度，來自兩大陣營支持者在社交網站上的對戰，仇恨言論、謠言因兩方的攻擊在選戰中暴增。」在垃圾語言充斥下，人們真正的聲音、反映現況的公共討論，反而在選戰中缺席了。「年輕人靠著虛擬的候選人，才讓政治菁英現身在公共場域，接受民眾的挑戰跟質疑。」拉赫迪寫道。

搞笑背後隱藏的溝通與建言

訪談的時候，艾德溫的父母以洗衣服、曬衣服、搬東西為由，不斷地經過我們旁邊，最後他們終於忍不住問，兒子是做了什麼事，讓一個臺灣記者大老遠飛來這裡？

「你沒跟爸爸說？」艾德溫搖頭，「這個要怎麼說啊？」他反問，於是我和攝影師，幫他跟父母交代了兒子在網路上做的事。我其實不確定做爸媽的有沒有聽懂這些社群媒體上的東西，總之，攝影師靈巧地幫他們全家在田中間的泥土道路上拍了全家福，說是家庭的驕傲。

艾德溫的爸爸曾去韓國當了五年移

艾德溫與爸媽在農地前合影。家庭因徵收失去農地，家中長輩因為農業政策改變不得不去國外工作，這正是他開始關心政治的起因。（報導者／吳逸驊）

工，姑姑在臺灣工作則已是第十一年了，我們透過電話，跟姑姑聊了一下，姑姑的中文相當流利。

全家福後面的田地，是在城市裡修讀教育的艾德溫關心政治的原因。父母這輩在國外掙錢，但艾德溫的祖父母其實都務農。艾德溫的祖父是「被失業」的農人，祖母的農田則被徵收。談起農業，艾德溫收起笑容。「（佐科威）說要扶植國內的農產，說要保護糧食自主率，那你進口那些廉價農產品幹嘛？這些農地全都不見了，國家的安全哪裡來？農人都失業了，要地方上的家庭怎麼辦？」幾年前，一個新的機場開發案落在艾德溫家鄉，因為劃設範圍包括了大量農地，且在海嘯第二級警戒區，開發案延宕了五年，沒想到，佐科威一上臺就批准動工。

祖母的田被徵收，政府以集中式的新房補償，又是蓋在另一大片農田上。「政府看見的只有土地的價格，沒有看見（開發案之後）社會、文化、結構的改變……我不是反對機場，但為什麼一定要蓋在這邊呢？」艾德溫說。他一邊解釋佐科威選舉時大打的糧食自給戰略是如何破功，又一邊惦念土地交易中被犧牲農民的生活，Nurhadi-Aldo會談農業，不是沒有原因的。艾德溫就是看過家人失去務農的依靠，曾經用一畝地養家的日子，如今爸媽必須出國打工，家庭被迫搬遷，而艾德溫必須去城裡學教育，因為父母要他當老師，或當公務員。

「那另一個政策呢，大麻合法化，與你有關嗎？」我問。

這是Nurhadi-Aldo最受爭議的政策。很多人以為這是Nurhadi-Aldo的惡搞政見，但艾德溫卻說出一則印在他心裡的新聞：一名丈夫為了罹患罕見疾病的妻子，在農村裡栽種大麻以緩解病情，被發現之後，丈夫入監，妻子獨自身亡。艾德溫從這則新聞看到的是階級問題，他說，「達官貴人不是都在吸毒嗎？為什麼他們沒事，而平民百姓卻落得這種下場？」

政治讓他失望。他一度以為自己的國家可以更好，可以因為民主選出非傳統政治人物的佐科威，而讓一切更好。但他失望了，十九歲那年，他陷入輕度憂鬱。

他告訴我，那陣子他花很多時間獨處、在大自然中尋找平靜。那是他開始攝影的第一年，有時一小時、有時三小時，他在街頭拍下被遺忘的人如何生存、拍下發展中的城市被忽略的角落。攝影機是他第一次跟爸爸開口要的禮物。

他滑開手機，讓我看他的另一個身分。原來，他以攝影師的身分，在網路上小有名氣，在觀光大城日惹念書，他以城市為題不斷發表作品，可是，他說日惹有很多不漂亮的地方，他必須拍出來。貧窮線下的人、撿回收的人、在路邊乞討的孩童，或是在路上辛苦工作的老年人。「我要拍下來，才會有人看到。」

仔細看Nurhadi-Aldo的各種笑話，原來，那些掰出來的哏圖，以及這組虛擬候選人，都是艾德溫與這個社會對話的方式，都是他來自心底真實的建言。有時，你會在低俗搞笑的插畫或貼文底下，看到他們為選民整理的資訊，例如各大智庫、環保團體、公民組織的連結。有一次，Nurhadi-Aldo與土地被工業汙水排放所汙染的農夫聯絡，把Nurhadi-Aldo享有的媒體光環，分給受害的他們。

「我們也提醒那些號稱要保護女性的候選人，LGBT裡有更多人需要你的保護啊！」艾德溫說政治人物都支持禁止重婚，因為這會傷害女性，但他們卻對接連發生的同志入獄事件毫無聞問。

二十一歲的艾德溫，坐在農田裡、喝著鋁箔包飲料，一支手機、一個帳號，一個以假陽具為名字、按摩師的臉孔為容貌的虛構人物，終於讓他能被聽見，但在選前，他的「廢票也是公民權」之說，卻踩到紅線。

網軍即刻襲來。一號跟二號都稱Nurhadi-Aldo是另一邊派來的，為了要降低己方的得票率。各種醜聞、抹黑纏上他，甚至連讓民主倒退的標籤都貼上來了。同為年輕人、二十四歲的印尼傳播及資訊科技部部長幕僚，知道我要見艾德溫，特地要我問他，為什麼要這麼說？「他不怕傷害民主嗎？」艾德溫再說一次，廢票是公民權的一部分，兩個都不喜歡，不一定要被迫二選一，「他們（一、二號）與其怪我，為什麼不在競選時凡事三思而後行呢？」艾德溫問，明明是「真的人」選戰打得令人失望，選民才投出廢票，如今在還沒投票前，竟先把責任推給「假候選人」？

我問他怕不怕露臉後可能有其他麻煩。他想了想問我，在臺灣當記者有沒有生命危險？他說記者是他真正志願，攝影師只是他的B方案，但新聞說在印尼當記者會被殺。

網路聲量像是現代魔戒，二十一歲的艾德溫的確也因此有了野心，但那不是破壞國家的計畫，他說：「我們的確想對全國、全世界的年輕人發出邀請，你們為什麼不跟我們一樣，開心、好笑地一起討論政治呢？我們不要恨，我們要一起想像；我邀請所有人，包括印尼之外的人，創造你們自己的候選人。」

採訪結束後至今，我仍跟他保持聯絡。他有時到我Instagram的帳號按讚，我則透過他看見日惹。他有時會問，臺灣有沒有工程師能幫忙架網站，有沒有其他進修的機會，讓他能跟民主運動團體接上線。我很慶幸，失望沒有把他抓回深淵，一組假的候選人，讓他感受到社會裡有一群跟他一樣求真、想要變好的人，沒人會因為他的出身、他的年紀，不讓他張貼照片。他形容自己，要成為民眾認識弱勢議題的羅盤，並透過群眾的力量，試著找到彌補社會不正義的方式。身為對社會失望、曾感到孤獨無助的青年，我慶幸艾德溫的家庭裡有擁抱，他在田地裡扎下良善的根還在。至少，在我遇到他時，他還不是都市裡需要以極端伊斯蘭做為寄託，或是布魯塞爾、巴黎，那些需要以暴力或愛國行動才能證明自己存在的青年。

一件事我不得不記下。訪談談到太陽下山了，艾德溫的爸爸主動要載我們到計程車找得到的隔壁小鎮，讓我方便叫車。途中，爸爸問我們什麼時候會再來，我說這次都沒時間多看看，希望儘早能再來一次。艾德溫的爸爸說，沒問題，新的機場到時候說不定就蓋好了，「應該會更方便、更發達，希望有更多人願意來我們這玩！」

PART 4

2019 @德國

統一三十年，
德國能否再次讓高牆倒下

二〇〇九年十一月，柏林圍牆倒塌二十週年的紀念活動，那是我第一次到柏林。每年的這天，德國都會費盡苦心準備不一樣的慶祝儀式，提醒眾人過去的分裂，以及牆倒之後人們為統一和縫合付出過的努力。二十週年是個大日子，時任美國國務卿的希拉蕊和德國總理梅克爾，盛大慶祝所謂民主自由的勝利，比人還高的巨型骨牌站在過去圍牆的痕跡上，包括我在內的群眾，看著骨牌一張張向前倒下。十年之後，柏林慶祝圍牆倒塌三十週年之際，我第六次以記者身分回到柏林，這次卻是為見證新的牆怎麼站起。

德國權威民意調查機構阿倫斯巴赫研究所（Allensbach Institute）的長期追蹤報告指出，二〇一九年，東德人的區域（東德）認同再次超越國家認同，那道東西之間的牆又回來了。不僅東西德間認同差異的問題，仇恨暴力也在此時攀上高峰。從三月起，至少上百封死亡威脅信寄向德國各級官員，一名地方市長甚至說有半數地方市長都被要脅。六月，德國黑森邦卡塞爾區首長呂貝克（Walter Lübcke），被極右派分子行刑式槍殺在自家陽臺上，只因他為梅克爾的難民政策辯護。德國總統史坦麥爾（Frank-Walter Steinmeier）緊急召見全國十四位曾被攻擊的官員安撫人心。根據德國國家安全單位的數據，與極端政治意識形態有關的暴力事件，在一八年已超過萬件，一九年隨時準備施行暴力攻擊的右派極端分子有一萬二千七百名，逼得刑事警察局新增超過四百個職缺，聯邦憲法保護局增加三百個職位。

牆、暴力、種族仇恨，種種十年前人們無法預料的負面進展，背後都與一個極右派政黨相關：德國另類選擇黨（AfD：Alternative für Deutschland）。二〇一九年，德國陷於衝突與流血，AfD卻忙著收穫，在地方和中央選舉接連創造得票紀錄，AfD以納粹後最強極右政黨之姿，在梅克爾執政超過十年後成為國會最大反對黨，諷刺的是，他們同時也是德國聯邦憲法保護局監控的極端分子。

在此危急時刻，德國該怎麼慶祝統一三十週年？他們選擇了特別的裝置藝術，利用虛擬實境，在圍牆路經的柏林市區讓人們穿越時空，透過網路互動看到腳下的這塊方寸，在過去是如何因意識形態的對抗而失去自由，搭配虛擬景象的是實體街道上順著圍牆遺跡的重複問句：「我有多自由？」（WIE FREI BIN ICH?/ HOW FREE AM I?）彷彿在詰問人們，即使實體圍牆倒下，活在社群媒體同溫層的我們，又有多自由？

慶祝典禮上，梅克爾也不再滿滿自信，甚至沒有慶祝的歡喜，她慎重強調：「再高的牆也有倒下的一天」，以回應社會裡的不安，她叮囑人們別放棄信念、從歷史找到希望，「我們需要繼續為民主自由而戰、我們能夠再讓牆倒下。」而之中的關鍵，不是外來的敵人，而是「德國內部需要對話」。

1 德國另類選擇黨黨主席默爾騰和他的「好政治」

從默爾騰（Jörg Meuthen）教書超過二十年的德國凱爾應用科技大學，開車只要二十分鐘，就能穿越邊界、到達位在法國史特拉斯堡的歐盟議會。

二〇一三年，年過五十的他，被德國另類選擇黨（AfD）的演說感動，決定從杏壇走入政壇，「我可沒想過要搞出什麼大事業，我只是想來幫忙的。」「來幫忙」的他，不僅成為黨主席，還是歐盟議會裡十二國極右政黨聯合黨團的副主席。這段從教授到歐盟議會議員的路，默爾騰雖稱是無心插柳，事實上，卻是他賠上婚姻、友情，或許還丟掉從政初衷所換取的成果。

二〇一九年，我在歐盟議會的大樓裡與默爾騰相見，「一個臺灣跑過來的記者說要見我，這真是稀奇，我很高興能見你一面。」我告訴他我的德國親人是AfD支持者，知道我將與默爾騰相見，親人要我捎來問候與支持，這讓默爾騰開懷地笑了出來。

從仇恨與難民議題中進行政治套現

「選舉之夜我們玩得很開心，我們（成立）才六年，從來沒有一個年輕的政黨可以如此成功，」默爾騰說。長期而言，德國國內屬於極右意識形態的人口約低於一〇%，但AfD在東部三大邦的大選，都拿下近三成選票，近年在西德也多有斬獲，默爾騰將勝利歸因於德國民眾的覺醒，「我們都說西邊的人是在睡覺的綿羊，他們不知道我們國家變得愈來愈危險了。他們（西邊選民）總說，我們過得很好啊，我們有足夠的錢、有個小房子，我們可以一年度假兩次，不用太擔心啦！但政治這件事，是在打造你的未來，（照這個方向下去的話）德國未來是極度危險的。」

綿羊的譬喻，並不是隨口舉例的可愛兒童寓言，而是希特勒愛將、納粹宣傳部長戈培爾（Joseph Goebbels）愛用的說法；當時納粹以國家宣傳機器鼓吹德國人別再當羊，要秉著狼性精神為統領而戰，打造德意志帝國。AfD善於在言語裡不經意地喚出德國歷史的黑暗面，對準心裡的國族主義煽風點火。而默爾騰所謂的失去自由，是指不能講政治不正確的事，不能批評穆斯林，這讓AfD和其支持者認為自己被欺壓了。

呼喚國族主義、打破主流政治的規矩，是AfD政治人物近年慣用的手法。例如，AfD前共同黨主席高蘭（Alexander Gauland）曾說「希特勒跟納粹，在德國一千年輝煌的歷史裡，只是鳥屎般大小的小事」，不用在意。在選戰中的場合，高蘭呼喚人們「獵捕梅克爾！」「完成革命！」後者也是納粹當初的口號。他們的另一位夥伴霍克（Björn Höcke），則倡議把猶太大屠殺的紀念碑取消，他告訴眾人德國正遭蒙國難：「我們必須記得，逃過來的敘利亞人還有敘利亞，阿富汗人也還有他們的阿富汗，但我們一旦失去德國，我們再也沒有家了！」默爾騰的其他夥伴，甚至在競選時的臺上，手舉希特勒的照片，回憶祖父時代的「美好」，稱「德意志族群正在被入侵的難民滅絕，非洲化、東方化、伊斯蘭化！」

這些在過去屬於德國政壇禁忌的語言，近年隨著AfD的活躍再次浮上檯面，默爾騰驕傲地說，他們不過是說出了選民們內心的恐懼和想法，他向我解釋如何用巧妙的話術得到選民的支持，他告訴我，這就是當代政治人物的成功方程式，以及他認知中的「好政治」。

但在二〇一九年的德國，大部分政治人物是笑不出來的。當AfD從仇恨中套現，社會衝突持續攀上新高。就在慶祝柏林圍牆倒塌三十週年的前一個月，一名二十七歲的男子在猶太節日帶槍「起義」，直播屠殺。他以德、英語穿插向世界宣示，要殺猶太人、外國人、女人。他說二戰中六百萬猶太人大屠殺是假的；女性主義導致德國低生育率；政客藉機引進大量難民，是為實踐人口清洗，白皮膚的德意志民族即將滅絕；在這一切的背後，猶太人與梅克爾是頭號共謀。凶手試圖打開上鎖的猶太教堂大門未果，他又試圖以爆破裝置破門而再度失敗，手持自動步槍的他沒辦法奪走門後超過五十條猶太人命，決定轉身尋找移民來殺害，最終，一位路過的四十歲女性，一位土耳其餐廳裡的移民，成為他槍下的亡魂。

攻擊事件後，德國情報局主席霍登文（Thomas Haldenwang），接受《明鏡》（*Der Spiegel*）週刊訪問，以「新一波的仇恨浪潮」形容當前德國，他解釋，極右思想一直是德國社會現象的一部分，過去，要動員這些極端思想的跟隨者，必須有完整的思想論述，但現在，只要餵養足夠的情緒、仇恨、謾罵就能號召行動。他形容這些根據情緒打造的政治言論像是誘餌，召來一群需要情緒出口的人群，讓他們陷入特定世界觀，深信自己必須立刻做些什麼；AfD便是四處發放誘餌的人。

屠殺之後，位於德國哈勒（Halle）的猶太教堂立起紀念碑，哀悼死去的人們。
（Datesa／Wikimedia Commons）

我告訴默爾騰，他口中現代政治人物的成功之道，被視為召喚仇恨的元凶，AfD被視作使德國陷入險境的凶手。

他沒有直接回應我，轉而說，德國的危機來自移民，德國人覺醒了，才投給AfD，他熟練、戲劇性地向我解釋：「我們這個時代最危險的是『移民危機』，我們有超級、超級多違法的移民進到我們國家，這個數量的外來人口是不可能融入我們國家的。我們的暴力事件（因為移民而）增加了，社福系統的支出超量，因為這些人不會語言，連字母都不認識，也沒有什麼超級科學工具可以幫助他們，所以他們沒辦法進入勞工市場，靠著社會系統來支持他們的生活，這讓人非常失望！」事實上，德國的犯罪率並沒有因移民而提高，但近幾年，凡有犯罪事件，人們必先問凶手是哪個種族，然後將與移民相關的犯罪事件放大檢視。

默爾騰沒說錯，人們的確是因為「難民危機」而投給AfD。從二〇一五年的百萬難民潮開始，加上伊斯蘭國的支持者在法國、比利時、德國接連發動的恐怖攻擊事件，本是邊緣小黨的AfD

AfD黨主席默爾騰於二〇一九年德東薩森邦的選舉之夜
（Sandro Halank／Wikimedia Commons）

由黑翻紅，他們緊抓人們的不安跟恐懼，透過社群媒體製造不實資訊、搗亂人們的認知，把難民移入、恐攻事件等事實，詮釋、誇大成「難民危機」，製造出的急迫情緒成為AfD在選舉中的選票。

以另類事實影響選民

這套默爾騰所謂現代政治人物的成功方程式——創造另類事實而讓選民支持自己，透過社群網站提供的數據分析與廣告投放，已是具體可行的政治行銷服務。從二〇一七年德國國會選舉起，AfD與曾協助美國共和黨政治操盤的數位廣告公司Harris Media合作，他們分析AfD既有的三十萬Facebook粉絲，從數據上認識他們是誰，年齡、區域、職業、興趣、消費品牌等。這樣的數據分析能讓AfD清楚看見是誰在支持他們，而全德國還有多少與這些粉絲相似的人群，接著從Facebook平臺上撈出更多的「準粉絲」，並透過廣告投放，讓AfD成為他們能按讚的選項。在那場選舉中，美國顧問替他們找到三十一萬準粉絲，他們將潛在支持者分為包含媽媽、企業主、勞工、工會成員等七種類型，為每種類型分別打造政治宣傳，透過Facebook精準投放廣告。針對媽媽，他們強打移民帶來的治安問題與恐攻疑慮；針對勞工，則投放外國移民來搶工作機會的廣告。

二〇一七年的選舉中，AfD還建立「Oath Breaker」（誓言背叛者）網站，塑造梅克爾「背叛者」的形象，他們製造了各種圖片，散布至各大數位平臺，圖片中梅克爾被與恐怖攻擊死傷者放在一起，指控梅克爾不關閉國界的決定，違背德國總理為國服務的誓言等等。透過社群媒體，這些就像廣告傳單被散播到選民的社群網站動態牆上。二〇一九年的歐盟議會選舉，這樣的數位攻勢更純熟，根據美國非營利組織Avaaz調查，一九年歐洲議會選舉中包括德國等六個歐洲國家的極右政黨，利用假帳號、資訊操作，把小議題炒大。六個極右政黨粉絲數不過兩百萬人，卻利用約五百個可疑的Facebook粉專跟社團，將不實與惡意資訊廣傳，三個月內觸及五億五千三百萬人次。

AfD從此穩坐德國政壇在社群網路上的霸主地位；靠著一則又一則貼文，他們在選民心裡建起隱形的仇恨之牆和對AfD的忠誠。坐在我面前的默爾騰，所有的回答，都緊跟著他們在網路上散布的論述，「那些非洲來的難民，他們腦中帶著對天堂的想像來到這裡，你有免費的車、到處都有很棒的高速公路，所有事情都是美好的，然後他們發現並不是這樣的，於是他們就掉入極大的失望中。」我告訴他，我從二〇一五年開始採訪德國國內的難民，除了有心理創傷者，大部分人，都在設法求生、學德文，連大夜班都願意做。我把文件與數字拿出來，告訴他德國的難民申請數量已從一五年的八十九萬人，降到一八年的十六・二萬人，我告訴他幾項德國民調中，民眾最擔憂的危險都是極右派暴力。

遇到「事實」擺在眼前，以教授形象包裝自己的默爾騰還是使出民粹政客的慣用話術，他說我被「德國媒體」騙了，政府頒布的數字不可信，人民的感受才是真的。「我們的選民害怕移民，怕社會失控，我現在五十八歲，十年後我就沒辦法工作了，我的世代，占人口分布中很大的一群，年輕的人口少多了，他們未來要承擔我們這個世代退休後的缺口，社會福利系統會非常脆弱，而那些投給我們的選民，就是因為看到了這些事情。」他意圖讓我開始懷疑自己，他口口聲聲「選民」、「支持者」、「人民的聲音」，不斷強化他的公信力，把自己從被稱為暴力來源的凶手，變身成人民的希望。

說說暴力吧，不能否認暴力事件的存在吧？

他說暴力的確存在，連他都怕，他把手機拿出來，給我看他存著的一支影片。「我跟你說清楚我的國家的現況好了，媒體上都不提的，（拿出手機照片），這是我們AfD的車，在街上被燒，都沒有媒體報導啊！」我問他這是哪裡來的，他說「網路」。

「人們變得愈來愈極端，我自己都很擔心。我得說清楚，政治的競爭是用論述，不是用暴力，我到每個地方、上電視，都是這麼說的。我們有左翼暴力，有很多對我們的暴力，是被這個社會默許的，我可以給你看很多照片，看我的同事如何被攻擊、傷害的。」

他的答案是，他們也是受害者。

為權力展現彈性

即使用英文回答，默爾騰的語速依然飛快。很難想像，二〇一六年他第一次參選地方議員時，上臺前手會抖、需要在家面對鏡子苦練講稿。

「權力跟關注會改變一個人。」紀錄片導演艾伯哈特（Marc Eberhardt）如此形容默爾騰的轉變。二〇一六年二月，艾伯哈特記錄默爾騰加入AfD之後的第一次選舉，四個月的選戰艾伯哈特都跟在身旁，還是學生的他想知道，自己位在西德的家鄉，即使生活富裕、失業率低，人們為什麼還支持AfD。影片最後命名為為《默爾騰的派對》（*Meuthen's Party*，Party也為政黨之意）。

當時，默爾騰每天只睡四個小時，沒錢聘助理，自己開車，載著艾伯哈特到處跑，「那時的他，就是個五十歲、中年危機，對未來沒什麼好期待的中年男子，人性就是這樣，當你嚐到權力跟被關注的滋味，什麼都變了。」艾伯哈特以「一個沒人會注意到的、鄰居般的男子」來形容選前的默爾騰，「你想想，這樣的男子參加AfD第一年就當了副主席，這根本上改變了他的人生。」

默爾騰慢慢抓住選民的胃口，知道怎樣能被他們喜愛。「這明明是地方選舉，討論的不該是交通啊、都市規劃啊、樹啊這些嗎？那時他每次上臺，都是談移民。去錄電視節目，開播前主持人還開他玩笑，說他第一句話一定是要講移民吧？」

「有天，他突然很激動地跟我說，他一天收到一百八十封電子郵件！他超得意的。另一件他津津樂道的事，是我們在街上遇到的兩個老婦人，她們抓著默爾騰的手，說每天都為他祈禱，希望他能勝選！」

艾伯哈特口中的默爾騰，跟默爾騰告訴我的自己很不同。他說自己從沒想要過權力，當初只是看不慣歐元政策想來幫點忙。默爾騰在婚姻與權力中選擇了後者，與從政前結婚的第二任太太離婚後，再娶尊敬他、崇拜他的學生做為第三任妻子。「他討厭任何一個比他權力還小的人，喜愛任何一個權力比他大的。」這是艾伯哈特給紀錄片主角的橫批。他也不吝給予肯定，稱默爾騰的核心能力是為權力表現出的彈性。

的確，訪談中默爾騰毫不吝嗇地展現自己的彈性。首先，是為了**爭取選民注意力所展現的彈性**。我問他，既然是因為歐元議題而投身政治的，為什麼滿口只有移民，而不提歐元和他理想中的經濟自由主義？

「你有讀書、我有讀書，我們知道貨幣制度是怎麼回事，但要讓一般人聽得懂歐盟的問題、歐元的問題，不是不可能，只是需要更多時間……你電視上最多就是兩三分鐘，國會發言最多十分鐘，這不可能去解釋，太複雜了！」「移民（議題）簡單多了，你就說現在『這樣不行，而且還有更多、更多、更多非法移民正湧向德國』。而且人們在路上看得見，每天在市區就看得到，『我的國家怎麼了？』他們心裡會有這個疑問，你可以感覺到、看得到，但你看不見貨幣的問題，這就是關鍵。」

他又以二〇一七年歐盟議會選舉為例，「其他所有的成員國都想要更EU（歐盟），想要更中心化的管理，一個準國家形式的歐盟政府……在我們這個團體（指極右派聯盟），我們要的完全相反……其實核心的問題是，你要更多還是少一點政治？」「我們當然要少一點政治！讓人民決定……我們要人們自由！」於是歐盟改革議題，就被簡化為少一點政治、多一點自由。像一條生產線，默爾騰把複雜的政策與選民心中不滿的情緒相連，給出一個非黑即白的簡單口號，讓選民的情緒找到出口。

整個AfD也採用一樣的戰略，緊抓選民想聽的議題，用簡化的方式，創造社群媒體上海嘯式的聲量，擊垮其他政黨的能見度。根據調查，反歐元起家的AfD，在二〇一五年一月到一八年五月間，透過Facebook、Twitter、Instagram等發出的訊息，與移民有關的內容是經濟相關議題的三到五倍；它在四大社群平臺上得到的關注，是德國政黨之冠。以Facebook貼文為例，調查的四十一個月間，AfD貼文取得四百一十七萬個讚，總理梅克爾所屬的德國基督教民主黨（CDU）只獲得四十八．四萬個讚，留言也呈現近一百萬與二十七萬的差別，分享數為二百八十九萬比十五．三萬，相差近二十倍。

第二，**面對有票房的極端勢力的彈性**。二〇一五年以來，我參加過幾次AfD與其盟友的遊行，他們的語言、旗幟、徽章處處有納粹與希特勒的蹤跡。事實上，AfD地方領袖霍克，還出版過一本被當地學者形容為「另一本希特勒自傳」的書（*Nie zweimal in denselben Fluss*，意為「你無法踏入同一條河兩次」），他明白寫道，為解決德國當前的危機，「暫時的血腥」是難以避免的。早被德國情報單位列為危險分子、放上監控清單的霍克，被內政部長錫霍佛（Horst Seehofer）直指為極右派謀殺案的推手。這樣一名召喚仇恨與暴力的魔手，卻也是帶領AfD在圖靈根邦創下最高得票率，以一．三個百分點之差打敗梅克爾所屬基民黨的戰將。

在默爾騰的認知中，能帶領德國走出「危機」的新政治人物，也包括霍克嗎？

「又是他！（深呼吸），天啊，每次都是他！每次（採訪）都提到他，他是AfD在圖靈根的領袖，在政治光譜上，他是最極端的那個，但他不是極端分子，他有些演說，是創造了一個他可能是極端分子的印象，但他不是，他的立場不代表我，但在每個政黨，只要有點規模，都會有這樣的差異，但他再極端一些，就會越線了。現在還在界線內。」

AfD在圖靈根邦議會的黨團主席
和發言人霍克
（Sandro Halank／Wikimedia Commons）

默爾騰很清楚，AfD的成功，在於檯面上以保守價值的燈塔自詡，吸收德國的保守勢力，但同時要與極端者撇清，票才能愈拿愈多、愈往主流靠攏。但實際上能為黨拿到選票的，是那些煽動的極端語言與思想。默爾騰聲稱，他希望AfD在圖靈根的得票能少一些，否則極端勢力在黨內的聲勢將會更大，「我們對內、對外都要說清楚，我們不能跟極端組織合作，我們的定位是右派的保守政黨，不是極右翼的極端分子，這是我每天都在努力的事，你可以清楚看到，這些愚蠢的極右派完全就是笨蛋！他們不是我們想要接觸的人……我們（AfD）必須要向中間靠，才能獲得政治上的成功。」這番話是AfD需要默爾騰的原因，也是他在數次鬥爭中還能守住黨主席之位的理由，除了他，其他大部分知名的AfD政治人物，都是他口中「愚蠢的極右派」，沒辦法拉攏中間票。

默爾騰或許可以在面對記者時切割各種語言、地方的事件，但AfD與極右派的各種組織，例如與被視作暴力分子的「認同運動」（IB，Identitäre Bewegung）彼此僱用、共同造勢、共用青年幹部，甚至透過同個智庫進行思想培訓等，都是無法抹滅的事實。長年報導德國右派組織發展的《時代線上》（Zeit.online）記者梅克（Henrik Merker）告訴我，AfD有如一把傘，傘下是眾多極右勢力的集合。德國右派組織以分層、並進的方式在政壇攻城掠地；AfD做為檯面上的政黨，以選舉為主戰場，保持政治地位；其餘各極端組織依地域、年齡、運動方式在地方上號召與動員。AfD與各組織關係綿密，地方黨部、國會議員甚至不避諱惹議，聘用極右政治光譜上各極端組織的成員。在思想上、金錢上，他們如根系相連。

默爾騰的第三種彈性，**就是否認事實、忍受謊言的彈性**。

在近期的歐盟議會選舉中，大勝的除了AfD，另一個是以氣候變遷為主訴求的綠黨。默爾騰坦承AfD慢了一步，沒跟上這議題，「大部分記者都是綠黨，有八成吧！都是記者在幫綠黨的啊，他們在電視臺，說情況很危險、很危險，如果我們現在不停下，整個星球沒有未來！」他說氣候變遷是「敵方」（進步派與媒體）一次成功的策劃行動。「容我說一句，這全都是狗屁！根本就瘋了！如果有二氧化碳的問題，可能吧，溫度上升個一、兩度，這我們可以承受啊。」他們做為另類選擇黨，這時必須要成為另一種選擇，才能拿到對主流不滿的票，即使這代表忽略事實、公然說謊。

「我們給這個問題（氣候變遷）另一種答案。」他批評德國近年來對氣候變遷的相關能源轉型進程：「（政府）每年都不一樣，我們先推減碳，關掉所有的東西（指工廠），然後不要核電，現在又不要煤，什麼都不要，同時間中國、印度在建造數百計的發電廠，我們不能再這樣下去了，這必須改變！」

怎麼改？

「如果你要改善現況，不是蓋風力發電，那樣會毀掉土地，而且沒有風的時候，你的能源安全就出問題了。（笑）有時就是豔陽天，沒有風嘛，普通的能源是三百六十五天、二十四小時供應的，風力發電沒有啊，所以我們需要石油、天然氣、煤，如果需要，我不介意重啟核電。」風力發電會破壞土地的說法，當然只是部分事實，但卻打中農民對風車的未知與恐懼；而對於能源供給安全的攻擊，也不符現實，只是為煤礦區選民創造反對的理由罷了。

在社群媒體上操作極化

所謂的彈性，讓AfD成為各種不滿情緒的寄生宿主，憤怒選民把渴求向它投射。默爾騰告訴我的「好政治」，聽起來不太像選賢與能，比較像在社群媒體上小編貼文時必須掌握的祕訣：抓對時機、激起互動（按讚分享）、言簡意賅，最好配上重口味的照片。只要能拿到支持，誰管群眾是不是極端勢力、言論是否真實。

但民主不是按讚，或至少，艾伯哈特是這麼想的。

「默爾騰被權力誘惑到原則盡失的程度，你說他是不是真的極右派？我持保留態度，但我看見他為了權位，什麼原則都可以拋棄，對任何事情總是保持曖昧不清的態度。」

艾伯哈特認為，社群媒體普及後，每個人的個人帳號與媒體的公共性界線已失，人們在

「自己的帳號」上的發言，過去被認作私領域的言論，現已成為現代人的媒體、公共討論的一環。艾伯哈特舉漢娜・鄂蘭所言：「民主要可行，公眾與私人發言要分開。」如今，每個人把自己所在的同溫層、言論泡沫，視作「公共」，把沒有根據的情緒性發言、未查證或編輯過的各種社群媒體貼文，視為媒體報導，成為自己生成公共政策認知的一部分。「數位化之後，人們真的還能交換彼此不同的看法、理解對方的論述嗎？」艾伯哈特問。

歐洲議會（European Parliament）在二〇一九年三月發布報告[1]，稱此現象為「被操作出來的極化」，該報告觀察近年歐盟國家裡民主政治運作與科技運用間的關係，發現社群媒體的設計，除了讓使用者更極端化，更關鍵的是人為的操縱，把社群媒體化作撕裂社會的工具，且能夠發起有效人為操縱的，不僅限於國內的行為者。「社群媒體操弄已成政治言論根深柢固的一部分，讓不分國內外的行為者，都能依此影響一國政治。」報告裡比較各國的情勢發展後解釋，利用社群媒體建起數位之牆之所以可行，前提是使用者數據的倍增，讓選戰操盤手、廣告投放者在傳遞訊息時，能夠透過數據進行個人化的精準投放與心理側寫（psychographic profiling），如同AfD針對不同背景使用者打造文宣，社群媒體讓個人化的政治宣傳成為可能。同時，社群媒體與大部分網站平臺皆以廣告為盈利模式，代表著它們皆在爭搶使用者的注意力，民粹與極端言論正好符合數位平臺的需求，在注意力驅動的媒體生態系中，兩者共生，各自獲得經濟或政治上的利益，於是平臺成為讓極端少數聲量放大的關鍵，過去的邊緣言論，也因此得以影響主流公共討論。若再加上機器人程式、假帳號、專業網軍的操作，結果就是艾伯哈特所說的，理性公共討論不復存在，留下分裂與衝突的社會。

「這不是希特勒再起，這是全球政治風潮的開始，是一個新政治年代，每個議題接下來都會有極右派的觀點，每個領域的公共辯論都會受到影響，而且其他人（指政治人物）也不知道怎麼拿回這些選票，」艾伯哈特提醒，AfD的意義不在於支持率、得票率等數字，更重要的是支撐他們的力量。那些對全球化無力、對未來徬徨不安，因為數位化、貧富差距和年金改革而失去既有資產的各種族群，一旦不再相信體制，他們都會找到自己的AfD，催生出更多默爾騰。

從教授成為黨魁，如今在歐盟的權力核心中享有一席之地，我好奇默爾騰對政治的體悟，現代民主給了他什麼啟示？

「你必須很謹慎，必須很有耐性，你必須有意願而且能面對極大的挫折。」他自剖自己步步收穫權力的能耐。「就像我在這裡（歐盟議會），我們極右黨團七十三個人，他

1 EPRS_STU(2019)634414_EN.pdf (europa.eu)

們六百八十人，我說什麼他們都不會聽，但學生會啊，學生說我很有趣、腦袋清楚，但他們不是，他們他媽的反對我啊！（They are fucking against me!）說『你是極右派！』『是極端分子！』」

「我當然不是，但他們（提到我）一定提到這件事，說我滿口謊言。（深呼吸）OK，我只能接受他們怎麼談論我，我只能接受我的朋友都不再跟我聯絡，是啊！他們都相信電視上說的話，他們不相信我，他們說『你在極右派政黨求名得利，追求自己的政治前途』。我說，哎，我的朋友啊，我們認識三十年了，你真的認為我會變了一個人？他們說『只要你是AfD的一員，你就不是我的朋友。』就是這樣，他們是綠黨的，這很傷人，但沒辦法，人在江湖嘛（part of the game）。」他頓了一下，和自己的黨員一同建起牆的默爾騰，搖搖頭嘆道這堵牆為他帶來的苦果：「只是要接受這件事蠻不容易的。」

2 來自德東的極右派青年軍馬倫基

打新的仗，需要新的部隊。除了外國來的顧問，AfD和極右派也大力栽培自己的青年軍。二十八歲的馬倫基（Alex Malenki）便是一例。「抱歉，我們教授剛剛拖了一點時間，我剛考完英文的畢業考……終於！」氣喘吁吁的馬倫基背著背包小跑步出場，我們在萊比錫廣場上的漢堡王相見，我才知道，他已是兩個孩子的爸了，因為英文補考沒過，一直還沒畢業。

即使如此，他過的是許多年輕人的理想生活。金髮、蓄鬍、戴著鴨舌帽的他，上過《紐約時報》、BBC，平時喜好健身、拳擊、武術，在他還有Instagram時，他用後花園耕種、養蜂的影像打造健康的小農形象，或用森林裡面扔斧頭和收集刀具的照片，替自己妝點傳統、陽剛的男性氣息。他當然也跟上潮流，提倡環保、有機。修讀商管的他，甚至與朋友成立自己的啤酒、服飾品牌和電子商務網站。

他有自己的簡易工作室，太太負責幫他拍照，兩個朋友負責拍片、剪接，經營兩萬多人追蹤的個人頻道，以及一個五萬人觀看的節目。為了賺錢，他們還經營付費會員平臺，只要在平臺上用金錢贊助馬倫基，就能提早觀看影片，或實體見面，和他一起健身、練武、健行等。「有些人會付我們錢，要我們多做一些影片，」他笑得靦腆，卻藏不住得意，兩年前他成立YouTube頻道，累計至今已有一百七十萬觀看人次。

即使他的生活聽來是年輕人憧憬的模式，但當天，三個小時的採訪中他十句有六句不脫整個世界怎麼打壓他。

就在我們見面前不久，他的Facebook、Instagram帳號都被刪了。平臺業者先是向馬倫基發出警告，不久，他的名字就消失在兩大平臺。帳號之所以被下架，是因為馬倫基除了網紅身分，還是被國家情報單位列管的極端組織——「認同運動」（ＩＢ）的成員。經過德國聯邦憲法保護局觀察三年，二〇一九年七月，聯邦憲法保護局正式將其列管為有暴力危險的極端組織。情報單位從此可以維護安全為由，對其成員進行監控。

「德國情報單位是政治工具，是那些左派政黨攻擊政敵的工具。這是德國跟俄羅斯、中國學的，」馬倫基大聲控訴，說德國的民主被總理梅克爾與左派聯手毀了，如今人們可以支持同性結婚、支持多元文化，卻無法喊出「德國人滅亡中」、「德國血統必須是德國民眾中的多數」等訴求。他說，整個國家包括憲法都被左派影響，國界開放、包容移民等政策，正在威脅德國的生存。

讀商的馬倫基，說自己的政治啟蒙是二〇一五年的百萬難民潮，他從那年開始加入認同運動。ＩＢ起源於法國，後在西方國家蔓延，這場成員平均年齡不高的極右運動，在德國約有六百名成員。人數雖少，但他們是右派中網路應用能力最強的新組織，能創造出不成比例的網路聲量。

打開馬倫基的YouTube頻道，在帥氣的濾鏡、慢動作、潮流logo等嶄新包裝背後，裝的都是舊酒。《認同運動網絡》（*Das Netzwerk der Identitären*）作者史拜（Andreas Speit）指出，ＩＢ最厲害的就是藏起真面目，試圖改造大眾對於右派極端的刻板印象。比起排外運動，ＩＢ更像年輕人的社團，有自己的集會

馬倫基除了網紅身分，也是被德國情報機關列管的極端組織「認同運動」的成員。他說他的政治啟蒙源於2015年的百萬難民潮。（報導者／王文彥）

所、酒吧、健身房。只是，若翻出他們的私人照片，便會發現他們穿著納粹制服、站在「移民離開」的大旗前，更不用說他們攻擊記者、恐嚇威脅民間團體、集體鬥毆等行徑。

「我（用網路）分享我的生活、觀點，很多年輕人會被吸引，媒體都是用法西斯、新納粹來形容我，但年輕人覺得可以當我的同伴、跟我一起運動，」馬倫基不諱言，「（他們）慢慢地會接受我們對移民的觀點，慢慢加入我們的『愛國政治行動』，」馬倫基澄清，這些發文背後是真誠的情感交流，不是政治算計，「我只是想要發貼文，想要說我自己想說的。媒體把我們形容成偽裝的陰謀，來靠近年輕人。但年輕人就是會接近年輕人啊！我用直播、Instagram去跟他們聊天，比七十歲的男人有吸引力吧？」話雖如此，馬倫基卻告訴我，他很羨慕我能見到五十八歲的默爾騰，而他還想見超過七十歲的美國總統川普、和AfD另一位國會議員，超過七十歲的高蘭。

馬倫基兩個頻道各有兩萬、五萬訂閱者其實不算厲害，IB的眾青年領袖中，最多的有十萬名追隨者。他說，這是場資訊戰，他要突破被左派把持的所有媒體，提供給民眾真實的資訊來源。

什麼是真實？他說，敢把「族群清洗」，穆斯林摧毀德國血統說出來的，就是真實。

數位平臺上不斷擴張的極右派生態系

事實上，馬倫基雖然強調要關閉國界、拒絕難民，但他的太太就來自斯洛維尼亞，他也有許多俄羅斯、東歐裔的朋友，他在意的「外國人」，就是穆斯林。他用淪陷區來形容科隆、法蘭克福、慕尼黑等西德城市，稱其被土耳其移民等攻陷，「西德有種族歧視，只要你是德國人，你會被打、被罵、被搶、被歧視，尤其在學校裡非常嚴重。」自稱從沒離開東部的馬倫基，把他透過極右媒體認知的西部現況說給我們聽，這與大部分人認知的西德不相符。

他堅稱自己沒有種族歧視，也稱自己不如納粹一樣講求種族、血統至上，他只是說出人們的聲音。與善於算計的默爾騰不同，從小出生東部的馬倫基，說的就是他所認知的，他的腦袋裝著一個與我極大部分德國朋友完全不同的西德，或許還有一個完全不同的梅克爾，透過這些另類事實，他腦袋裡有另一個世界觀。

透過位於倫敦、專研極端主義的戰略對話研究所（Institute for Strategic Dialogue）在二〇二〇年提出的研究報告，我們得以理解這世界觀是如何建成的。該報告以一個完整的「資訊生態系」形容德國極右派所打造的新型態宣傳機器，人們常用的社群平臺、網站，只是這生態系的一角，極端社群還在我們看不見的網路廣場中集結，為了避開官方對於

極端組織使用的替代性平臺

1. 8chan：在 4chan 因為對女性記者騷擾言論而關閉Gamergate討論板後創立的平臺，用來談論「爭議性」議題。
2. BitChute：影音分享平臺，專為分享Youtube等大型平臺所刪除的內容而建立。
3. Discord：遊戲App，極右派團體在此籌劃、聯絡以執行行動。
4. Gab：社群媒體平臺，以「言論自由」為成立宗旨，做為臉書、推特的替代品，吸引許多極右使用者。
5. Minds：整合群眾募資、加密貨幣交易機制功能的社群平臺，去中心化的社群平臺設計，強調使用者隱私。因為對於平臺上的內容、發言沒有限制，成為極右使用者愛用的平臺。
6. Reddit：美國網路論壇，是流量僅次於Google、YouTube、Facebook以及Amazon的第五大網站，其中的次論壇成為另類右派、川普支持者的聚集地，也成為對其他政治人物發動攻擊的集合場。
7. Telegram：加密式通訊軟體，號稱能避開政府管控，被極右派與ISIS慣用。
8. VK：由親俄國政府商人主導的俄羅斯社交平臺。
9. Voat：沒有張貼內容限制的多媒體網路論壇。

（資料來源：The Online Ecosystem of the German Far-Right）

平臺極端訊息的控管，這些極端組織及其信奉者，至少有九個替代性資訊平臺，悠遊在他們專屬的資訊流中。

透過對替代性平臺上超過三百七十個頻道、群組的追蹤，戰略研究所觀察了大約一萬五千到五萬個德語極右派使用者，分屬極右光譜上的不同團體，涵蓋反穆斯林、新納粹、認同運動等。他們最普遍的話題，就是馬倫基、默爾騰掛在嘴上的那些：關於移民的攻擊性言論、移民的非法行為、種族清洗的陰謀論、攻擊左派政黨等。

值得注意的是，這些替代性平臺，其實不是為極端右派量身打造的，它們存在的目的，許多是為了守護言論自由、提供匿名討論的空間，甚至許多平臺的創立者，正是極端右派門口中邪惡的左派支持者，他們認為言論自由需要被守護。

這些平臺，成為極右派聚集的地方，他們的聲量不成比例地高。戰略研究所細緻地以「種族清洗」、「伊斯蘭化」等陰謀論為例，比較十七個替代性平臺／媒體，和十三個主流平臺／媒體的相關內容。在替代性平臺上，提到前述陰謀論的貼文，占總體貼文的六％，但在大眾平臺上，相關貼文只有〇．五％。「在選舉時，替代性平臺上發現大規模支持AfD的選舉動員。」戰略研究所在報告中強調。

戰略研究所以「數位兔子洞」形容極右派的網路資訊生態系，一般人看不見的私密平臺或群組是地底下的樹洞，成為他們討論、共鳴之地。「面對這些去中心化、非組織化的極右線上社群，該怎麼處理這些合法、非暴力，但可能造成極端化的內容，將是未來的最大挑戰。」報告最後指出：「雖然大部分內容沒有直接鼓勵暴力，但集中呈現移民所帶來的負面問題，創造出急迫感，要使用者挺身而出，為自己所屬的群體行動。可視作極端恐怖主義的序曲。」

同樣在德東出生，因為小時看著極右派對朋友暴力相向而決定長年追蹤德國右派組織發展的《時代線上》記者梅克，與馬倫基一樣住在萊比錫。他以自身成長經驗提醒我，極右派的資訊生態系，除了能生成另類事實，最重要的功能是建立認同。過往，極右派便是靠著在東西德合併後，從校園、社區、運動俱樂部裡建立陪伴網絡，在同儕效應壓力之下進而形成次文化。如今靠著網路，他們有機會打破地域，接近年輕人、陪伴他們。

極右團體的手法細緻，他們一路進化，從過往走進校園，如今進入討論課業的網路論壇、架設網路商店或線上電臺，還建立YouTube播放清單、化身Instagram美食部落客，甚至以希特勒自傳《我的奮鬥》為名建立App，想方設法在網路上接觸潛在支持者。他們提供有趣、新潮的資訊，讓對方漸漸擺脫傳統媒體，溫水煮青蛙式地讓極右語言、思想變成使用者生活中的一部分。例如，馬倫基在極右派專屬的健身中心運動，或美食部落客在盤子裡用香腸排出極右派logo，還有極右團體用米老鼠拿槍的照片配上「Refugee not welcome」（不歡迎難民）字眼，素食烹飪網路節目的主持人，戴上極右派暴力分子的軍裝頭套，抑或是足球俱樂部轉貼反移民、反同志的笑話等等，讓其他地方不被允許的圖像、言論，成為使用者每天碰觸的媒材。

以陪伴和客製的內容與支持者建立認同後，開始長期灌輸陰謀論，讓支持者不再相信外界資訊。研究仇恨言論的德國阿瑪杜・安東尼奧基金會（Amadeu Antonio Foundation），分析二〇一六年四月到一七年二月間，包括AfD在內的極右派Facebook粉絲專頁人氣最高的貼文，從一千零六十三則貼文中，歸納出七種陰謀論，每一種都在形塑德國危在旦夕，必須趕緊行動的氣氛。在這些貼文描述的世界裡，梅克爾、西方、歐盟、猶太人、綠黨、知識分子，是危險的、毀滅德意志的手，他們推廣多元文化、性別平權、國界開放，是為了滿足資本主義以及猶太人的陰謀，救世者則是普丁和AfD，要拯救德國，所有事情都必須趕緊停下，每個人都不能聽政府及媒體的謊言，真正愛德國的人都必須即刻行動！

但，即使數位樹洞再廣大，這些「另類」世界觀總是會與現實中的「主流事實」相遇，我想知道，浸在另類事實裡頭的馬倫基會如何面對。我問他是否真的與口中「萬惡的移民」互動過，在我們見面的廣場上其實就有一些，我甚至約他一起去聊聊，他斷然拒絕。

「他們強暴人、搶劫鬧事，我從來沒跟他說過話，我會願意啊，但我不會想要跟他們辯論，我要說什麼？有什麼好說的？他要住在這，他們可能有些人想要從德國拿到錢，我到底該跟他們說什麼？我不知道，我心胸很開放啊，但我從來沒跟難民說過話，」馬倫基說。一九九二年出生的他，被數位樹洞建起的同溫層保護著，保護的並不全然是他心中的德國，更是他自己。

他沒有一般人認定的東德受害者情節，事實上，他以東部為榮。他說，東部撒克森邦擁有全國最好的教育，即使是德東邊界上的城市，硬體、環境都建設得相當好，讓人可以放心在此安身立命。

對同樣在東部長大的梅克來說，馬倫基一邊覺得日子過得不錯、一邊卻認為社會對真正的德國人不公，這種矛盾來自從小被培養起的認同。他與馬倫基同為兩德統一後成長的那一代，當時，極右派在東部快速地建立起網絡，透過校園、社團、民間社會等，把極右思想植入當地，成為年輕人流行的次文化和自我認同的一部分，與西德所代表的全球化、資本主義等強勢主流價值分庭抗禮。如今如數位樹洞般的資訊生態系如此廣闊，他們在網路上享有自由、擁有彼此，還能保護自己面對西德價值觀成為國內主流時的失落。「在這種情況下，一旦他們覺得自己被群體推選出來參加政治了，他們就要帶著這份光榮，為自己的群體說話，甚至戰鬥。」梅克形容。

於是馬倫基是不可能去跟難民做朋友的，因為那代表的是他可能要放棄一整個群組所相信的另類事實，與其冒險，他選擇留在數位樹洞裡，並享有意見領袖的光環，馬倫基稱繼續為自己的群體發聲是他的志業與使命。「我有責任要分享正確的資訊，我也要繼續分享我的生活，繼續說笑話……我對社群是有責任的，如果對他們說謊，他們就不會追蹤我們了。」大學剛畢業的馬倫基不顧「外界」對他散布仇恨言論、歧視語言、煽動的批評，在他眼裡，他對「自己人」負責。未來，他說要好好練習英文、用英文傳播「真實」觀點，要練習開直播，讓他的「愛國政治行動」繼續擴張……在採訪最後，他滿懷朝氣地告訴我他的下一步。

他要我們好好替他拍照，鴨舌帽、髮型必須跟平常的形象一致。那是他個人品牌的一部分。「我要跟我的大學（老師）說，我被臺灣記者採訪了，這是我做為政治運動分子的里程碑，我之前是普通人的時候，不會有人會理我的，現在我用英文受訪耶！」三小時採訪之後，馬倫基依然興致勃勃、精力十足。再一次的，在他身上我又見識到權力與關注的魔力。

3 不懂好政治的代價——被十萬比特幣懸賞人頭的模範市長霍爾斯坦

當從政經驗相對「資淺」的默爾騰和馬倫基，舉著「難民危機」四個字要人們起義救國，從政已二十年的阿爾特納市（Altena）市長霍爾斯坦（Andreas Hollstein），卻在各級政府間奔走，為他執政二十年、人口數一萬七千人的城市，爭取多一些難民配置名額。對這位連任四屆市長的地方政治人物來說，移民不是危機，而是盼望已久的轉機。

與我見面的前一天，霍爾斯坦臨時被瑞典駐德大使館邀請分享經驗，於是我們的會面從小鎮移至柏林使館區。著全套西裝的他，隱約還能看見脖子上的疤，那是他積極協助難民融入社會的代價，是他心中德國真正的危機。

被德國聯邦政府、聯合國頒獎肯定的德西市長，如何變成凶殺目標？這不只是霍爾斯坦的個人故事，而是數位之牆建起後政治人物集體面對的挑戰，「我從沒有看過人這麼憤怒，」回想二〇一七年的那天，霍爾斯坦不自覺觸碰脖子上的疤。

故事必須從二〇一三年講起，那年，連續攀升十年的抵德難民人數，讓平靜的德西小鎮都有了感覺。移入的難民大幅增加，市民和教堂反應最快，最先對被分配到市鎮上的難民提供志工協助。「俄羅斯、南美洲、非洲、阿拉伯地區……這些剛被分配到鎮上的移民，語言不通、人生地不熟，卻在安排之下都擠在一棟建築裡，生活起居很容易起爭執。直到不會煮菜的非洲移民把烤箱弄壞、發生火災，大家才正視這些人生活環境的問題。」霍爾斯坦、市議會和志工團體一起坐下來，本來只是被動接辦難民安置的他們，自發性地要創造一套「小鎮的辦法」。他們盤點鎮上空房、進行志工與難民的配對，設法打散難民的安置處，讓一間公寓裡只住一個新移民，如此一來，新移民們就算語言不通，也被迫要與德國人互動，除了減低集中住宿的管理負擔，也不會讓原來的住民有過多壓力。霍爾斯坦也讓有經驗、有組織的志工團體，與官方的資源搭配合作，政府提供場地、資金，讓民眾組織活動、工作坊、語言課程等，幫助新移民在小鎮上能更多互動，也希望能幫助他們克服語言障礙，及早進入勞動市場。官方、民間一起努力的結果，超過上百個當地居民成為難民的生活學習夥伴。每週，政府與民間一起開出十四堂由當地居民擔任老師的德文課，「我們的社會融合，不是從一堆文件開始，是從人跟人的認識和見面出發，」霍爾斯坦說。這樣的安排，不僅消除外來者的不安，也讓在地居民認識新來者，更重要的效果可能是解除在地社群對陌生人的恐懼。

從歡迎變成恐懼，德國人對於難民的心理轉折

相較第一線居民的快速反應，二〇一三、一四年，難民議題根本登不上德國主流政治議程，大部分來自非洲、中東地區的難民，即使湧向歐洲，也停留在南歐的希臘、義大利、西班牙，德國政治人物深諳這些非洲、伊斯蘭背景的難民背後代表的政治風險，即使人道組織再三發出警告，難民議題仍進不了德國政治的優先處理名單。像霍爾斯坦這般積極處理難民融入議題的政治人物，是異類，他只能試著和其他德國市長、希臘的地方官員組成合作聯盟，交換彼此的需求跟經驗，「我們要回饋給上級的決策者，看大家（歐盟、德國、希臘）該怎麼合作，否則希臘撐不住。」

歐盟處理難民議題的政治意志，遲遲等到敘利亞男童屍體趴在希臘海灘的照片，才真正浮現。

「照片實在太驚人，那種景象竟然出現在歐洲，那種畫面是你不想傳給下一代的，這是歐洲殘酷的一面，我覺得做為政治人物，雖然只是一萬七千人的市長，與歐盟這麼遙遠，但我是有責任的。」這份責任感，也與霍爾斯坦的德國國籍有關，「難民的社會融合是西德過去三十年都在做的事情，一波、一波的不斷來到，這是我們本來就在做的，只是數量從來沒這麼多。」接收難民是本來就在做的事，這是事實，卻極少從德國政治

人物口中聽見。因為兩次世界大戰，德國人與難民並不陌生，許多人為了躲避戰火逃往國外，甚至敘利亞也曾接收過德國難民。冷戰之後，德國一分為二，人們開始在自己的國家內當難民，東德人在發現經濟無法持續、人權迫害愈加嚴重後，想方設法以難民身分逃往西德。當初共產東德之所以建立一百多公里的柏林圍牆將西柏林完整圍起，就是為阻擋東德民眾投奔自由。這些德國人共同擁有的歷史經驗，應該更能對難民同理，但為什麼演變至今，談到難民卻避之唯恐不及呢？

霍爾斯坦回憶，在政治口水投向難民議題前，在阿爾特納市市議會裡不分左右、顏色的各政黨，是以再平常不過的口氣、就事論事地討論難民議題的解方的，這讓他們有機會協助難民成功融入，逆轉小鎮人口老化的趨勢。長年來，阿爾特納的學校、醫院、商店一直關，公車班次愈來愈少，若不是有難民成為新住民，最後一間幼兒園也要關了。霍爾斯坦因此向其他城市推廣「阿爾特納模式」，並爭取更多難民配額。他想，一萬七千人的市鎮如果能成功幫助超過百位難民融入當地，人口八千萬的德國如果有更多地方展開這樣的嘗試，造福更多新住民與德國總體發展的機會必定存在。可惜，其他地方政府、聯邦政府不是不信，就是因為官僚體制的僵化擋下了霍爾斯坦的建言。二〇一五年，因為遲遲無法引進更多難民，霍爾斯坦甚至受到市議會責難。

二〇一五年夏天後，霍爾斯坦所代表的德國社會包容力，卻經歷了致命轉變。東歐、南歐國家不堪負荷，一路把難民隊伍送往德國國門，加上德國國內的人道壓力，讓德國總理梅克爾半被迫宣示，德國將繼續人權價值的立國精神、貫徹歐盟的邊界政策，不會關起德國國界，將盡可能接收需要協助的難民。隨後，光是一五年，德國就有百萬難民湧入、有近九十萬人提出難民申請，受考驗的不只是德國陳舊的行政系統和硬體設施，更包括民眾的心理。德國社會在一個夏天內，對難民從歡迎變成恐懼。一五年十月，我在德國，看見在零下氣溫中難民們因不堪一週、一個月的排隊而跳樓自殺，也看見一起德國女童失蹤案，快速捲起對難民的敵意浪潮（此案後證明為德國籍嫌犯所為），在網路上，極右派建立數位地圖，標明即將成為難民收容所的地址，並搭配難民就是恐怖分子、他們是來吃垮德國等不實資訊與論述，讓恨意與恐懼先於難民在德國國境散布，收容所都還沒開張，就被破壞。

二〇一五年至一六年的跨年夜，決定性的事件發生。科隆火車站發生大規模性侵，主要為移民背景者在跨年夜近乎占領式地在火車站建築內，隨機性侵路過女性，加上警方的遲緩和無能反應，造成大規模傷害，種下人們對難民及體制的不信任。整個社會的風向不再樂觀，加上一六年歐洲多起由伊斯蘭國恐怖分子發起的恐攻，每次攻擊後，極右派和AfD再狂發不實資訊，一路順風收割，收穫茁壯至今。

難民議題從此不再是當初市議會裡人們看著數字、就事論事的議題，數字背後，是國民的情緒及對體制的信任問題。「我記得很清楚，兩個難民家庭在我休假前來到阿爾特納，他們來我辦公室時，我還告訴他們，他們住的是很好的街區。」霍爾斯坦回憶二〇一五年十一月，火如何燒向阿爾特納，「隔天，我在假期中收到消息，兩個難民家庭的家都被放火了。」調查結果說明，兩名縱火嫌犯被社群網站激化採取行動，他們的手機裡有希特勒的照片，「我沒看過人們這樣叫囂，」那是霍爾斯坦首次看見，自己認為的典範之舉，在另一些人的世界裡卻是罪行。

阿爾特納陷入困境，提出增加收容難民名額的申請該繼續嗎？投入官方、民間心力的跨部門計畫，各方意見是否如初？霍爾斯坦說明當時他堅持繼續推動社會融合的理由：「我覺得政治人物必須堅定，因為人心總是不定，這是我們的責任（堅持執行對的政策），民眾的權利和角色，則是透過民主制度監督我們，或是下次就不投給我們。」「民眾有權利要你停止，但你也有責任帶領人們走過不確定、實踐所承諾的政策。」

霍爾斯坦不是第一次推行不討喜的政策。過去，因為人口老化、減少，他為了維持財政健康，關閉兩間學校、一間市政廳的酒吧、減少公務員的數量，還犯大忌地減少對老人運動社團過多的財政補貼。其中，酒吧一事惹來三千五百個民眾連署要市長收回政策。霍爾斯坦細數自己不受歡迎的事蹟，「他們每五年有一次機會，不喜歡我就不要選我，我只是想在這小小的鎮上改變一些事情，我只想在鏡子看見的我，是我能夠認同的那個人，我必須是能抬頭挺胸走路的自己啊！」一九九四年是霍爾斯坦第一次參選，以五十票之差落選後，一九九九年他再被基督教民主黨推為代表，以五八％的得票率意外當選，二〇一四年，他拿下六九％得票。

雖然得票數一直上升，但他說政治不該看民調做事，政治家是「有脊椎」（有原則之意）的人，真正好的政治是不同意見的黨派能互相溝通，贏取大眾的信任，而後為大眾而服務。「對政治人物來說，你就是得把你的頭放在桌上，選民不滿意就可以殺了你，這就是現實！」他所指的是民主中的可責性概念，只是我注意到他不時撫摸頸上的疤，用「殺」這個字，對霍爾斯坦來說，絕不是誇張。

兩年前，他從市議會開會完，如往常一般，前往土耳其餐廳吃飯。嫌犯直接衝進土耳其餐廳，看見霍爾斯坦就問「你是市長嗎？」正在跟老闆聊天的霍爾斯坦知道這句話代表什麼意思，但他不知道對方背包裡有一支三十公分的利刃。

「我要殺了你！就是你讓我挨渴，你讓我沒有水喝！」他拿刀向霍爾斯坦劃

積極接納移民融入德國社會的市長霍爾斯坦。
這是在他遭受攻擊後兩天拍攝的，脖子上還可看見包紮傷口的紗布。
（Superbass／Wikimedia Commons）

去，躲不開的霍爾斯坦決心迎戰，兩人扭打起來，但霍爾斯坦並沒有成功奪走刀子，他的脖子還是被刀重重刺傷，傷口離大動脈只差一公分，若不是土耳其老闆及時相救，霍爾斯坦可能就無法親口告訴我這個故事了。

調查報告稱，凶手有心理問題、婚姻糾紛，又因付不出水費而被停水，同時在社群網站上，被大量AfD宣傳給洗腦，他在攻擊霍爾斯坦時大喊：「你不給我水喝，卻讓兩百個難民來拿錢」，這正是假新聞的內容，阿爾特納真實的難民配額只有一百出頭。

半年後，凶手就被假釋，霍爾斯坦每天跑步、騎腳踏車上班，偶爾還會遇見他。

我問擁有三個小孩的霍爾斯坦，做為地方官員，他大可以被動式地按照聯邦、邦政府的政策行事即可，為什麼明知有風險，卻仍繼續推行難民融入的政策？家人對此沒有任何微詞嗎？

包括他的家人、他身邊的市府工作人員，以及他自己，都仍持續收到死亡威脅，每次這個小鎮獲獎、霍爾斯坦被表揚，死亡威脅就更多一些，網路上有一則貼文，用十萬比特幣懸賞霍爾斯坦人頭，要他活不到二〇二〇年。

「他（嫌犯）不是唯一一個極端分子，我也不會是唯一一個受害者，我停下，或是他消失，不會解決問題。」霍爾斯坦表示，二〇一七年，全德國有一半的地方首長收到死亡威脅，「我如果停止，他們就達到目的了。我要用我的故事，告訴這個社會什麼是應該做的事。」霍爾斯坦說。

仇恨在數位與實體世界中不斷蔓延

霍爾斯坦連慢跑的路徑都沒變，但德國的政治在變，願意參政的年輕人愈來愈少，在德東許多地方，參選人素質下降、甚至出現空缺，社群網站上，仇恨更具體上升。柏林科技大學學者莫妮卡・舒華茲—芙莉索（Monika Schwarz-Friesel）從社群網站上搜集二〇一四年至一八年間，三十萬條與猶太人相關的訊息，結果看見大量「毒瘤」、「爛貨」、「白癡」等字眼。舒華茲—芙莉索指出，極右派透過網路傳播的效率跟規模，是史上未見，煽起的仇恨不僅影響猶太人，更影響整個社會。

仇恨在實體世界更為明顯。二〇一九年我走訪德國五個城市，在柏林，極右派學生建起監視網，以即時上網檢舉，威脅老師不許說出任何對極右派的「不友善言論」。幫助難民的商家、拒絕極右選舉文宣的母親，被潑漆、砸窗、縱火攻擊；西部大城科隆，極右派支持者向穆斯林發放印上納粹符號的傳單，上頭寫道「德意志人民正在覺醒，你們是敵人！」德國全境八處反右翼暴力的紀念碑，有五處被破壞。被攻擊後的霍爾斯坦，雖決定堅守信念，但他卻說自己能理解凶手所代表的不滿情緒來自何方。「凶手只是工具，」他說，「真正要負責任的是散播那些不實宣傳、想要破壞民主的人。」霍爾斯坦認為，政治人物、政府與民眾溝通的方式，受到社群媒體的衝擊，過去「好政績就有支持度」的定律被徹底打破，取而代之的是AfD創建的模式，利用社群網站與「加工過」的資訊，把選民圈進牆裡，事實不再重要，以情緒宣洩為上。會有這樣的轉變，除了新科技出現，還源於體制的失信、對未來的不安，以及孱弱的媒體識讀能力。

德國國內極右思想人口長期存在，長期追蹤德國政治意識形態的調查顯示，大概占總人口的五%到八%。一直以來他們被主流社會邊緣化，透過教育、媒體、政治人物的發言，社會塑造了一個共同的「德國價值」，但如今，傳播資訊的門被打開了，在缺乏守門人的狀況下，公眾言論的劣化在德國特別明顯。「過去二十年，那些崇拜希特勒、支持暴力極右的，是教育程度低、經濟弱勢和生活遇到問題的，但現在一切都變了，這不只是德國，全歐洲都是。」霍爾斯坦說人們對於全球化下浮現的複雜問題，都已失去耐性，中間、溫和派的政治主張，這些年來沒有滿足人們的期待，包括知識分子、律師、學生等，人們愈來愈急著要一個簡單的答案，「這是真正的危險。」

來自一個一萬七千人的市鎮，霍爾斯坦懂得失望的滋味。在自己的家鄉當了二十年市長，但卻看見家鄉在自己任上不敵全球化和城鄉差距，逐漸沒落。雖然與在位十四年的總理梅克爾同黨，但霍爾斯坦直言，過去至少十五年，德國政府並不重視城鄉差距，至今，阿爾特納的寬頻網路普及率只有五成，以鋼鐵產業為主的經濟也遇上因應氣候變遷的政策、人口結構改變等根本性問題。「在這裡的年長者覺得自己是被拋棄的一群，醫院關了、大型超市關了，公車要等上一個小時，」霍爾斯坦說，「有些地方的人，覺得未來是有希望的，但在德國的其他地區，看到的未來是黑暗無光的。」他提醒，在氣候變遷政策之下，未來傳統煤礦產區的市鎮，將貢獻更多絕望、憤怒的選民。

向AfD學習陪伴

在東德長大的記者梅克也認為，AfD成功的最大關鍵，是「把梅克爾在位十幾年來的不滿聲音，都成功變成它的選民了」。擔任國家總理十四年，梅克爾被稱作「解決問題的人」，她以務實、沉著著稱，習慣在各方利益中找出解方，與不同黨派結盟籌組內閣的手段，確保權力、也讓政策得以執行。從數據上來看，德國經濟連十年成長，失業率創三十年新低，但梅克爾的做法卻長年受到保守勢力的批評，認為來自東部的她，不但沒為東部說話，還讓所屬的基民黨愈來愈向中間靠攏。他們看著過去被視為政治對手的綠黨所支持的反核、婚姻平權等主張在梅克爾手裡一一實現，而平均薪資只有全國水準八一％的東德人，卻眼睜睜看著自己在全球資本的競爭下被邊緣化和忽略，AfD於是抓住機會接收這群保守、憤怒的群眾，將人們的不滿「套現」。

七十餘歲的退休工程師薛勒（Scheller），正是近年轉為支持AfD的德國選民。住在德國西北小鎮的他說，即使AfD推出的政策有許多問題，引起的暴力攻擊也讓他擔心，但梅克爾執政十四年數度與左派結盟，讓他覺得自己的主張被忽略了，穆斯林移民的湧入、數位浪潮、氣候變遷等新議題一直襲來，他需要能代表自己聲音的政黨，而不是高高在上、遠在他方的菁英集團，投給AfD，「是要讓那些人（執政聯盟）聽到我們的聲音！」

除了接收不滿，AfD也用社群媒體創造不滿、擴大憤怒。「德國使用Facebook的群眾以三十到六十歲為主，他們沒有受過網路素養的教育，不太能分辨自己看到的是什麼，」持續追蹤的記者梅克說，極右派團體甚至隨意將一名難民指稱為偵辦中的少女命案凶手，完全不符事實的貼文還是獲得大量、快速的分享。

「那些過去支持難民政策的人，現在都沉默了，這是很讓人難過的一件事。」不擅於使用社群媒體的霍爾斯坦，十年前開設臉書帳號，發現那與真實世界的選民溝通相差太多，沒多久就刪了。他稱自己是幸運的，在自己出生的地方當市長，人們對他的信任不是網路謠言就能動搖，但他開始害怕，社群媒體製造的沉默螺旋，會讓難民政策等議題被極端聲音綁架。

刪除社交帳號不代表放棄，從政二十年的霍爾斯坦稱自己仍有政治人物該有的野心，除了與巴賽隆納、倫敦、哥本哈根、雅典、巴黎、米蘭……等各地首長學習，他也試著向敵手AfD學習。「如果東德與西德可以互相學習，東德也能感覺到被認可，」他認為，三十年前東西德合併，西方體制主導一切，整個統一的過程錯過太多讓東德民眾獲得認同跟尊重的機會。三十年後，他說或許該學學AfD與民眾溝通的方式。「大眾媒體說東德都是排外分子，但東德人眼中看見的是AfD有情有義的陪伴，覺得AfD懂他們。」他強調，他不是贊同AfD的行為方式，他只是喜歡解決問題，「我面對犯罪的移民青年，跟面對犯罪的極右派青年是一樣的，幫助他們解決問題、負起責任，讓他們合法地存在這個社會中。」他的目標，是「讓民眾不需要（極端）政黨的存在來表達他們的抗議」。

與霍爾斯坦的訪談在二〇一九年末，當時的他以迷惘形容自己，稱社群媒體讓他昏頭。但接連被歐盟、OECD、德國聯邦政府表揚的他說要退休，連太太都不相信。二〇二〇年，寫書稿的我試著確認霍爾斯坦退休的消息，發現他真的不再競選連任小鎮市長了，但他沒有忘記脖子上那道疤給他的使命：他真的離開了家鄉，繼續競選德國第八大城多特蒙德（Dortmund）的首長。

他在聲明中說：「我不能只『談論』那些用仇恨言論摧毀國家的人，而不選擇奮戰。要解決社會失序，必須展現勇氣和堅持信念。」

4 成為穿牆人

有人用新科技建牆，也有人試著用新科技拆牆。靈感，來自於交友軟體Tinder。

透過視訊，《時代線上》網站副總編宏恩（Sebastian Horn）和他的團隊共四人，從柏林、漢堡共同接受我採訪，聽到臺灣這邊有人有興趣，他們在忙碌的選舉報導行程中硬是抽出時間，想告訴我該怎麼完成。

《時代線上》不只是德國最大質報的線上版本，他們還試圖以多媒體的方式嘗試媒體的可能性。二〇一七年德國國會大選，選戰把整個國家鬥得烏煙瘴氣，在假新聞蔓延與網軍的操作下，社群媒體上的政治討論快被仇恨言論掩蓋，坐在《時代線上》網站編輯室裡的他們想為此做些什麼。他們認為報導的效果可能穿不過牆，沒辦法知道同溫層外的人想法，不同意見的人也沒辦法交流，或許，就來挑戰這道題目吧——「讓人們不被牆困住，看見彼此」。

以交友軟體為原型的「我的國家能對話」（My Country Talks），是他們給出的答案。

透過科技，讓意識形態相反的人彼此對話

說是新科技，其實沒有太新穎的技術，基本概念是交友軟體的「配對」，只是與「交友」邏輯不同，他們希望讓人們找到的是跟自己政治傾向相反的人，帶人們看看同溫層外的世界，讓仇恨彼此的人們相遇。

他們先讓有意參加的使用者，回答七個德國社會裡最具爭議、最分裂的題目，按照回覆的內容，每個參與者被歸類，演算法會幫他們找到一個意識形態完全相反的他者，「情不投意不合」的兩人接下來會收到彼此的聯絡資訊，完成「配對」。《時代線上》訂下全國對話日，由配對成功的雙方自行約定地點，全國各地的「異溫層組合」，同時進行兩小時的對話，之後上傳合照，完成實驗。

二〇一八年推出的活動，全德國有二萬八千人參加，「很多人最後還是沒能跨出那一步。」宏恩坦承，參與者的招募過程有超過十家媒體參與宣傳，每天加起來至少百萬人次的曝光，但最終參與的人數仍然有限。即使如此，這樣的數量，還是足以讓學者從參與者的反饋中做出分析。

德國發展不均與行為研究所調查發現，見了面，神奇的化學作用就能啟動。有近五千位參與者願意接受追蹤研究，研究員史托澤（Lasse Stötzer）解釋，對話前後，他們向

受試者發出兩份問卷調查，理解受試者的變化。例如，進行對話前，受試者是這麼形容政治意見與自己完全相反的人：「自私」、「愚笨」、「關於政治議題的知識不足」。但兩個小時的見面後，人們回頭看之前寫下的字句，有些人看見自己的偏見，有些人則對對方改觀。他們在問卷上填答，認為與自己意見相反的那一方沒這麼糟糕，受試者重新相信對話的可能，願意相信不同政治意識形態的人。總體來說，受試者對社會能夠和諧共處的信心在見面後大幅上升，有九成的受試者說，自己還想與異溫層的人多見幾次面。

史托澤認為，人們需要的是理解不同觀點的機會。「這在過去五到十年，變得愈來愈難。」史托澤說，因為取得資訊方式的改變，加上社群媒體演算法造成的同溫層效應，讓人們出現「情緒極化」(emotionally polarized)，大部分人在真的接觸到對方前已有成見。聽到他者與自己政治立場不同，情感上會先直覺否認對方；接著，社群媒體上同溫層傳來的資訊，不論真假，在情緒上又加強、支撐了自己的偏見。現代人彷彿用濾鏡在看世界，只看得見同類，看不見同溫層外其他人的本色。

史托澤強調，社群媒體上資訊流動的方式不是極化誕生的元凶，而是催化劑，扮演使其放大、惡化的角色。但因社交媒體的可操縱性，能透過買廣告投放、製造不實資訊等人工介入，使製造偏見、加重偏見、脫離現實、植入陰謀論都有可能。任何有資源的一方，皆能編織資訊流，進而在人們心裡築牆。在德國，過去十年間，社會不均逐漸拉大，世代之間、東西之間、不同教育程度與貧富間的各種不均，形塑出不同生活型態和世界觀，高牆四處樹立，社群媒體則讓這道無形的牆沒有地理限制，被牆隔在兩端的群體，漸漸失去對話的動力，在實體世界看見彼此前，已經先相互憎恨，深信彼此水火不容。

這當然不只在德國。「情緒極化」的概念，最早由史丹佛大學政治傳播實驗室主任艾揚格（Shanto Iyengar）提出。他一路觀察美國政治傳播的模式，從媒體到社群網路時代，人們愈來愈喜歡與自己相同立場的人，也愈來愈討厭另一方。過去五十年來，美國分屬不同黨派的夫妻數快速下降，只剩二〇％的夫妻是跨黨派組成的。五十年前，人們對

柏林市中心的熱門餐廳裡，顧客自發貼上自己的照片。
有時，主動與異溫層接觸，就能找到重新對話的可能。（報導者／王文彥）

於孩子與不同政黨的支持者結婚，沒什麼意見，但如今，三分之一的民主黨人和近半數共和黨人，表示對此會「非常苦惱」。二〇一六年美國總統大選後，美國人對支持與自己不同黨派的他者，評價下滑到史上最低點，根據皮尤研究中心（Pew Research Center）調查，四五%的共和黨人和四一%的民主黨人認為對方「非常危險」，這已是對國家發展的威脅。刊登於《哈佛商業評論》上一篇一七年的研究報告，發現「情感兩極化」（affective polarization）的背後，不只是政治認同與社會認同互相影響，也進而發展出黨派歧視。這種歧視，滲透進商場、職場，人們對與自己政治傾向不同的人，會有不同的期待或偏見，對待他人的態度，也會依彼此的政治傾向而定。艾揚格認為，政治認同逐年與個人認同合流，穿著、飲食、消費品牌等，都是自我與政治認同的一部分，為了守護自己的認同，許多人直覺性地否認另一陣營，這成了操作不實資訊或民粹政治人物趁隙而入的空間。當「認同」的重要性超越事實，操作出來的資訊牆就有可能把人給關住。

他說，解方就是「我的國家能對話」中的人際接觸，「我的國家能對話」的實驗隨性、無壓力地創造了開放、包容的公共空間，因為是陌生的兩人，不真的有社會連結，對話的可能性反而因此打開。這就是破牆，打破跟另一方之間各種間接的媒介，直接、親身、面對面地感受與理解另一個人，重新主導自己的認知。

在開放的情境下面對面，還有另一個好處，人們不會像網路上一樣極端，除了見面三分情，人們也自然而然「代表」自己所屬的認同群體跟對方說話，彰顯自己的良善面，雙方之間的關係因此也有了曙光。

所謂的開放公共空間，艾揚格認為最常見的便是工作場合，而史托澤則提出學校、酒吧、具包容性的宗教場合，公共服務如當兵等，關鍵是讓人們能遇見不同背景的人，建立更開闊的認知體系。除了透過公共空間互動，艾揚格也提出更積極的做法，他認為如果人們已因特定議題陷入對立，不妨丟出一個各方都還沒有定論的新題目，或許就能打開對話。

「我的國家能對話」實驗的發現，其實正是德國民間許多草根組織所努力的方向，他們在家鄉、在歷史古蹟之中，尋找開啟對話的契機，在網路之牆建起來之後，讓穿牆成為可能。

我們陪你，你不再需要牆了

從柏林搭高鐵到德東大城萊比錫之後，開車兩個小時，才能來到鄰近德國、捷克邊界的東部小鎮施瓦岑貝格（Schwarzenberg）。一群愛聽搖滾樂的東德年輕人，在極右派的大本營，用辦演唱會、市集、露營的方式，想讓家鄉的牆倒下。

人口外移、老化嚴重的施瓦岑貝格，星期日的下午，除了旅館中零星的旅人，街頭上只有一間小辦公室有人聲。十幾個青年聚在那裡，有的人滿是刺青、耳垂是一顆五十元硬幣大的黑色耳環，有的是教堂新派來駐點的傳教士，還有木匠、社工師等，他們都在德國東部土生土長，但在家鄉，他們卻只有在這個房間內感到溫暖。有人開了一個多小時的車，就為了參加這場聚會。

大部分的他們畢業於鎮上同一所高中，如今四散各地工作，只能用下班時間，無酬回到母校所屬的施瓦岑貝格，進行他們的「地方再造」。

「到底為什麼呢？」跟著他們開會，過程堪比公司會議的嚴肅與細緻，人們甚至數度辯論。他們就這樣無酬工作七年，我一邊翻桌上厚厚的相簿，一邊看他們嚴肅開會的模樣，每翻幾頁活動照片，就好像在看這群年輕人過去七年來，從孩子變成大人的追夢過程，只是，照片裡所呈現出來的絕對不輕鬆。

「我們只是想提供另一個選擇，不想要東部的年輕人跟我們過去一樣。」今年三十一歲的海芬泰格（Eric Heffenträger）說。「我們小時候，只要你是龐克、同志或支持綠黨的，到晚上你就得躲起來，不然不會有好下場，」他從七年前開始與四、五個朋友辦活動，這成為後來的非營利組織另類議程（AA：Agenda Alternativ e.V.）。我問在場十幾位平均年齡不到三十歲的他們，過去，是什麼樣子？成長過程中是否真遇過極右團體的暴力？

他們每個人都點頭。

其中一位刺青的年輕男生，臉上掛著「問這不是廢話嗎？」的表情。

支持環保、不排外、不夠陽剛、支持性別平權的青年，在德東很容易成為霸凌的受害者。為了不被邊緣化，許多在東部長大的人，從小就加入極右團體在學校、酒吧、運動社團建立起的網絡，「除了加入足球隊、義消外，這裡的年輕人真的沒什麼社交選擇，」海芬泰格說，過去七年，ＡＡ舉辦演唱會、工作坊、足球比賽、小旅行、讀書會等，讓十五到二十五歲的新世代，有新的選擇和陪伴。他們不再因為需要爭取同儕認可，而放棄德國憲法上所寫的包容多元、尊重各種宗教等民主價值。

長期耕耘東德的綠黨政治人物舒伯特（Franziska Schubert）以「弱民主」向我解釋這個現象，二戰後東德在共產體制統治之下，自由的公民社會沒有空間茁壯，關於公民權、代議制、政治參與和民主價值觀等，都亟需投入資源強化。柏林圍牆倒後，東德地區相較西德，又是文化、經濟、政治上的弱勢，加上二〇〇三年到二〇一五年，政府因債務壓力，大量削減教育、治安預算，接連經歷兩次劇變的東德民眾，就如此在不安全感中學當「新德國人」。

對ＡＡ的年輕人來說，他們念過大學、離開家鄉工作，甚至出國，能看清操著民粹式語言的政治人物不是解方，但對沒離開過東德的民眾，對民主的不熟悉，加上不安全感和不被認可的情緒，正是民粹孳長的沃土。以近期的氣候變遷議題為例，東部正面臨煤礦停止開採的挑戰，此時亟需關於能源與經濟轉型可行的政策提案。號稱為東部發聲的AfD卻選擇在社群網站上喊出「拯救石油」、「綠黨要殺掉德國人民的汽車」等口號。

大學主修政治的海芬泰格認為，唯有改善東部的「弱民主」，選民才能真正解決問題、成為代表東部利益的政治代理人。但如何在弱民主的地方談民主呢？AA用辦演唱會的方式，讓跨世代的人一起參與音樂祭中的議題工作坊，談性別歧視、排外、足球隊裡的極右思想等被忽略的議題。一年一度的AA演唱會經過七年的發展，已成為兩天一

Agenda Alternativ（AA）由一群來自德東的年輕人成立，試圖用演唱會、足球隊、園遊會，讓德東孩子在成長時有機會培養公民素養，有走向極右之外的社交選擇。（圖片提供／Philipp Lindenau）

夜、包含露營的音樂祭。除了在地人參與外，演講每每吸引數百位東部青年返鄉，邊聽音樂，邊與家人討論政治。

他們也擺攤、辦小旅行、參觀集中營以及不定期的小聚，用素食香腸、雞尾酒吧、饒舌表演等，拉近大家與「政治」的距離。AA的代表作之一，是邀請二戰屠殺的生還者與土耳其裔的饒舌歌手同臺表演，小小場地塞滿一百五十人——在德東談德國二戰時的罪行，這大概是最有創意的方式之一。

這些活動，創造一個公共空間，讓人們因音樂、食物相遇，也讓正在培養公民素養、吸收資訊與知識的年輕世代，有啟動思考的機會。其中一位二十出頭的女生，曾邀請自己支持極右思想的媽媽一起來聽搖滾樂，她沒料到，媽媽帶著男朋友來，而男朋友的棒球帽上，就寫了支持極右的標語和標誌，被現場民眾要求拿下。「我媽的男朋友就生氣了啊，我想對話是失敗的吧。」女孩苦笑，但她繼續說，隔年，媽媽一個人背著男朋友，默默站在臺下，聽女兒聽的音樂，以及歌詞裡包容多元的訴求。

在東部創造政治的對話，年輕人們也得為家鄉付出代價。演唱會多次被極右派鬧場攻擊，高舉納粹照片，極右派團體甚至在同一時間、地點，提出演唱會的申請，逼得政府縮手，不再對他們開放場地租用。海芬泰格說氣氛的確在變，德東的另類選擇黨支持率達到三成，這是無人能預料的，但他們舉辦的活動規模擴張也是事實，他們認為自己站在歷史的關鍵點，要改變自己的家鄉，給年輕人不一樣的成長環境，他們必須繼續。「以前不會有人敢公然說出『外國人走開』、『關閉邊界』這種話，」海芬泰格說，AfD崛起之後仇恨與歧視言論組成的「新日常」，正是他們堅持下去的原因。「否則再幾年，（二戰）生還者接連過世後，經歷過二戰的記憶會被遺忘，我們的工作就會更困難了，」海芬泰格憂心忡忡地說。

看看過去，當時，我們也都——

練習穿牆，柏林大概是最好的場域。

德國曾在此「具體」地裂成兩半，人們第一次，以一個、一個磚頭砌起的速度，看著一座城市、一個群體、一條街道甚至地鐵被裂解。一百六十八公里的牆把西柏林包起，成為共產東德境內的孤島，這道牆正是以意識形態區隔敵我的政治力量所留下的具體足跡。當我們談論社群網站上的牆，當時人們所面臨的，其實更艱難、更致命。

在柏林市中心的伯瑙街（Bernauer Straße），一段一．六公里長的柏林圍牆仍在，以露天博物館的方式，展示二十八年間失去的自由，人們在此撫摸當時被區隔的歷史，參觀者透過照片看見試圖跨越圍牆而喪生的面孔，聽在地居民的口述錄音。每年來自世界各地上百萬人來此參觀、獻花，十四種語言的導覽，帶現代人走回過去。

這道牆，本來是要被拆毀的。

「當時一九八九、九〇年所有人都在拆牆，」柏林圍牆基金會（Stiftung Berliner Mauer）公共關係專員漢娜・貝加（Hannah Berger）告訴我，人們大肆慶祝，被分隔的人們沉浸於重逢的喜悅，整個國家興奮地準備再起，牆，是最掃興的東西，每敲一錘就是一次勝利的滋味。貝加一邊帶我看當時的史料，一邊試圖讓我瞭解，這面座落在柏林中心的牆，如何成為人性、都市發展、商業價值上的瘤，既然兩德統一、準備重回歐洲中心地位了，瘤除得愈快愈好。除了被開發商視作眼中釘，更有人認為國家既然統一了，就該大步向前，不必再留下遺跡，避免傷痛回憶。眾聲紛擾，政府對此遲遲未決。

「如果不是（社區）居民挺身而出，當時許多人都不想再看到這面牆了。」在柏林圍牆倒下後隔年，當地教堂和地方居民就組成工作小組討論如何保存圍牆，這群柏林人，在近三十年間，被分成兩個國家的人，他們曾一起上教堂、一起上學、使用同一座墓園，但圍牆在伯瑙街站起後，他們就成了兩個敵對陣營，在冷戰中互望。牆倒之後發起的這場社區運動，後來促成了德國中央與柏林政府對柏林圍牆遺址的保留與管理政策，這群居民至今仍是博物館的顧問。

居民們用十六年與官方討論，中央與地方政府才頒布原則性宣示，決定以去中心化的方式紀念柏林圍牆，在伯瑙街上保留約一公里的牆面。

在我兩次採訪博物館人員以及現場的展覽中，他們認為，隨著時間推移，這道被留下的圍牆給當代社會的意義也逐步擴大。

第一，保留歷史遺跡，幫助東西德人互相瞭解。居民們認為，兩德統一來得突然，需要保留一些事物，讓東西德人們能表達自己的感受，看見兩地的異同，特別是如何跳脫西方主導的歷史詮釋，讓柏林人和所有德國人真正理解彼此。兩德的統一速度太快，東德人民大部分只能被動接受資本主義陣營的「西方生活」，許多人其實並不全然厭惡東德治理下的某些生活層面，但他們沒有機會訴說，這面牆的存

柏林圍牆博物館的影像裝置，紀念當時被分隔的歲月。（報導者／王文彥）

在，給他們一個開口的機會。

第二，從歷史出發，促進公民對現代政治的參與。貝加表示，他們的工作目標是讓歷史能連結到當下，「這是必要的，」她強調。因此，這裡的導覽安排不只是聽故事，也包括由當地居民、屠殺生還者帶領活動，目的是帶領大家理解歷史，討論當代政治。「這是在歷史場域的特點，你會感受到直接的情緒，然後展開討論……很多受害者當時跟他們（參觀學生）年紀是一樣的。」這當然極具挑戰，貝加坦言，讓各國訪客對德國以及二戰歷史進行討論，是等到歐盟建立後，在共同體之下出生的年輕世代出現的近十年，才變得不那麼困難。「只是現在我們又開始聽到過去的用語、敘事，因為你剛剛提到的那個黨（指AfD），都回來了，」貝加說。

「這是為什麼『方法』是重要的，要用什麼方法讓大家討論政治。在德國，我們花了很多的功夫建立人們的共識，我們都同意歷史很重要，保留歷史成為對話的起點……只要教的方法適切，（與史蹟的）距離、（經過的）時間，都不是考驗。」貝加說，博物館館藏包括大量附近居民提供的史料，博物館也與德國各地的歷史老師們保持聯絡，隨時參與各地教育課程的調整和安排，一場社區運動，成為課堂、街坊、公共討論裡對話的起點。

柏林圍牆基金會還進一步協助管理柏林南邊的難民中心，同樣由民眾自下而上保留做為難民中心博物館（Erinnerungsstätte Notaufnahmelager Marienfelde），這裡曾是數百萬東德民眾投奔西德的窗口，人們必須在那裡經過十二道手續，以及法、英、美三國情報單位的審核，才有機會申請政治庇護。難民中心裡保留了當初難民被審核的空間，申請者在小小的房間內，隨時可能被美、英、法以各種理由拒絕或是監禁。

有趣的是，在難民中心博物館後方，現在仍是運作中的難民收容所，來自敘利亞、非洲的難民進進出出，一邊看東德難民走向西德的程序，耳邊響起的是敘利亞孩童的玩樂聲音。

二〇一五年以來，是否接收難民、以及何謂德國人的討論，再度主宰德國的政治議程，但難民中心博物館大膽地把敘利亞難民照片和逃難時的物品放入展覽之中。「攻擊很多啊，」貝加苦笑，這些大膽涉入現代政治討論的策展方向，都是當初發起運動的居民參與決定的，引來的批評從未停歇。有人怒指博物館腦袋不清，怎能把德國難民與其他難民放在一起，貝加卻說，「我們一致認同，這麼做，只會把事情說得更清楚，」難民博物館裡發出的提問是，人們的生存權利由誰決定？他們能否申請政治庇護由誰審核？由誰來判斷眼前的人是敵是友？這些辯論至今依然重要，不管是東西德時代西方列強間對難民的管控，或是如今來自非洲、中東地區投奔歐洲的難民。如何運用過去兩德間的歷史場景，激起跨越時空的對照跟思考，正是歷史的價值。

管理兩處博物館的基金會，有如面對德國國內對東西德差距、難民議題歧見的最前線，社群網站造成的不實資訊亂流與極端化言論，他們每天都能感受到，就連公認的事實，如今都必須被民眾以網路聽來的陰謀論所挑戰。面對這道當代的仇恨之牆，貝加從過去得到什麼啟示嗎？

「就像當初柏林圍牆倒下，其實不是單一事件，而是連串事情接連造成的，」貝加認為，即便如今分隔彼此的不是實體的牆，但每個人都有能力對話，每個人都該試著讓高牆倒下。

結束與貝加的訪談之後，我沿著圍牆的足跡觀看三十週年特展，一張老照片讓我駐足好久，那是在西德那側，人們寫在柏林圍牆上的塗鴉，「看著你逐漸斑駁、出現洞，是多麼令人開心的事。」原來，當牆如此具體可見、限制人們的自由與視線時，人們反而如此急於讓它倒下，就算僅憑著雙手都要鑿洞、都想當穿牆人。

PART 5

2020 @中國

官民一體，網路牆國
向全球灑下宣傳天網

「西方主要媒體左右著世界輿論，我們往往有理說不出，或者說了傳不開。這個問題要下大力氣加以解決……要著力推進國際傳播能力建設，創新對外宣傳方式，加強話語體系建設，著力打造融同中外的新概念新範疇新表述，講好中國故事，傳播好中國聲音，增強在國際上的話語權。」

二〇一三年八月，中國國家主席習近平如此宣示，「講好中國故事，傳播好中國聲音」，從此成為習近平講稿裡的常見句。只是，二〇一三年的習近平無法預料，在二〇二〇年要把中國故事給說好，「牆國」要面對是從反修例運動開始，香港人對當權者如「水」一般的反抗；同時，又要與人類從未遇過的強大病毒對抗。當疫情從武漢傳向全球，中國政府要如何改寫事實？

透過越洋採訪，我從中國網路長城內的軟體開發者、香港被駭的抗爭者以及來自加拿大、澳洲、美國、臺灣不同研究團隊的調查成果，拼起中國政府向全球製造真相的方法。當中國審查與宣傳機器面向全世界，資訊操縱不再只是針對一場選舉、一個國家。從二〇二〇年開始，全球共同見識並記錄著，中國政府如何從法律規範、輿論、心理三個方向，檯面上以中國政府官員、官媒為首，將另類事實投放在全球面前；檯面下，則以外包、資訊攻擊等手段，欺騙無知民眾，對異議者恫嚇使其噤聲。

要向全球說「中國故事」，中國以國家力量扶持「輿情引導產業」，培植不同膚色、語言的網紅來改寫事實，在臺灣、香港甚至世界各地，透過外包公關公司和扶植在地協力者，把中共打造的事實銷往各地，種下懷疑與分裂的種子。於是在世界不同角落，人們對中國的COVID-19疫情、新疆再教育營、香港反修例運動等事實，出現完全不同的認知，也讓世人開始正視海外的中共意識形態支持者、中國製科技軟硬體被武器化的可能。種種證據讓世人看見中國政府的網路長城如何走向世界、塑造事實，所謂假新聞之亂，正式成為攤在陽光下的資訊戰。

1 網路長城內：疫情、平民英雄和中國「天網」

二〇二〇年一月二十三日，擁有一千一百萬人口的中國湖北省武漢市，因為新冠肺炎疫情而宣布封城。從那天起，被稱為「老計」，一名三十出頭的外賣員，在中國的網路世界「火」了起來。

封城後武漢街頭空蕩，繼續送貨的老計，每天透過微博發布「封城日記」，照片搭配文字的紀錄，成為許多人理解武漢境況的窗口。連武漢當地人，都留言表示，不能出門的他們，透過老計的貼文，看到每天上班的路途如今變得鬼城一般，看著看著就哭了。

封城來得突然，老計甚至得幫寵物的主人餵貓，意外發現新生貓兒屍體的他，也擔起「送行」的責任。有貓兒逃跑了，他又幫忙抓貓。老計的眼，也看見封城時刻人們的絕望與互助。例如他替街上的流浪漢戴上口罩，或是收到無名訂單，要他向醫院送上大量熱食。

「我為什麼願意分享這些呢？因為這也是我療癒自己和做心理建設的一個過程。所以微博上面我大部分記錄的都是相對比較溫暖、向上的東西，悲傷的東西我不太愛寫。

當然在現在這種特殊時刻，難免會碰到一些讓人心情複雜的事。比如前幾天，我經過武昌醫院的時候，在路口看到一個中年人手裡提著一袋片子，背著一個年紀稍長的人慢慢地走過，背上的人一動不動。很平靜，周圍站著的人、後面的保安、馬路旁的醫護、身後商店的老闆，都很平靜，我卻覺得好像有一座山向我壓過來。」

除了老計的文字，還有一名二十出頭的外賣小哥趙彬，透過影音的方式記錄在武漢送貨的過程。二月九日，趙彬的影片登上《人民日報》在各平臺的帳號，成為激勵人心的正能量內容。《人民日報》如此寫道：「看到淚目！#九〇後外賣小哥鏡頭裡的武漢：武漢人不會輸！疫情爆發後大家都戴上了口罩，街頭也不再熱鬧，趙彬沒有停下工作，也沒放下相機，他記錄下疫情下的武漢令人動容的一幕幕。『春天來了，櫻花就要開了，一切都會好起來。』」

封城之後，包括《新華社》、《人民日報》等國家媒體，將鎂光燈打向趙彬、老計等平民百姓，《新華社》在發布的新聞中，以一張送上食物的外賣小弟照，寫上「在疫情防控路上，他們用自己的方式，傳遞陽光和溫暖，守護著他人。」《人民日報》也在社交平臺上發起 #我不是英雄只是有人需要我# 的串聯活動，透過漫畫，畫出醫護人員、外賣小哥、快遞員等疫情期間人們互助的故事，配上「因為需要，他們就成了英雄，就是遮擋不住的黎明曙光！」的文案。這則激勵人心的微博，在四十八小時內得到一．二萬個轉發、十四・八萬個讚、六千八百七十三條評論。

面對世紀大疫，中國宣傳機器全力以赴，將燈光打往正能量的內容，要人民當英雄並為英雄鼓掌，但疫情擴散，人們除了網路、新聞上可以看見的正能量，身旁是千真萬確的生離死別與恐懼。於是在正能量的貼文之下，出現令人意外的回覆。「李文亮也不想當這個英雄。」《人民日報》的貼文下，第二熱門的評論如此回覆。「普通人說真話就是英雄」，另一條熱門評論這麼說。

軟體工程師曉武（化名）既不想當英雄，也不想接受來自官方的正能量故事，在疫情最險峻的時刻，我跟他聯絡上了，因為他所做的網站：「武漢・人間」。

人民的聲音需要被記住

二〇二〇年二月十日，外賣小哥趙彬在新聞中被當成英雄播放的隔一天，中國官媒央視的一則新聞抓住了曉武的眼。新聞大意是：截止到二月九日，武漢一共排查了三千三百七十一個社區村，按戶數算……排查的百分比達到九八・六%，人數排查百分比達到九九%。螢幕上，後來被免職的武漢市市委書記馬國強鄭重宣布檢測武漢肺炎疫情的新進度，他說，至二月八日，武漢有確診重症患者一千四百九十九人尚未入院，經過兩天努力，一千四百九十九人都入院了！央視同時在社群媒體使用了#武漢人數排查達到99%的hashtag，上了熱搜。

曉武把目光移回央視之外的世界，在新浪微博上，從一月底開始，有數以千計的求助訊息在跳動，訊息來自武漢，卻看似發自煉獄：

五十二歲的聶麗華，呼吸困難已經四天，需要吸氧，一人在家、無人看護，至今未能做核酸檢測；三十二歲的秦小月反覆發燒，但封城之後沒有車、沒有公共交通，求助電話打遍了都沒有用，她問：「該如何去醫院排查？」五十二歲的曾迪與六十二歲嚴重心臟病患者浦宏連，高燒八天，無醫院收治；九十歲的黃仁強病情嚴重，在家中倒地不能起身，還沒來得及確診；五十七歲的汪平，親人於一週前死於武漢肺炎，全家跟著染病，高燒不退但無醫院收治，社區與隔離酒店互推不管，已有三天未進食、呼吸困難……

這些，都是由病患的家屬或本人貼在微博上的公開求助訊息。按照微博二〇二〇年二月五日的說法，全中國社會各界共發布十九．五萬條求助微博，包括四百七十三家醫院院方，都只能透過微博求助。「慘，太慘了，而且和新聞完全『對不上』，」曉武告訴我，這些求助貼文，包括了姓名、電話、地址，甚至看診單等真實資訊，「這些是最真實的故事，而且人民的聲音需要被記住。」曉武稱自己在家沒事，就花了約二十個小時，架出「武漢・人間」網站，將二月三日起的一千三百多條訊息保留下來。架起網站，曉武

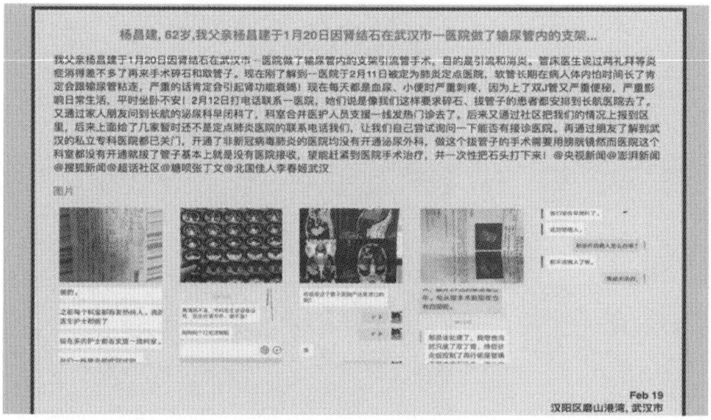

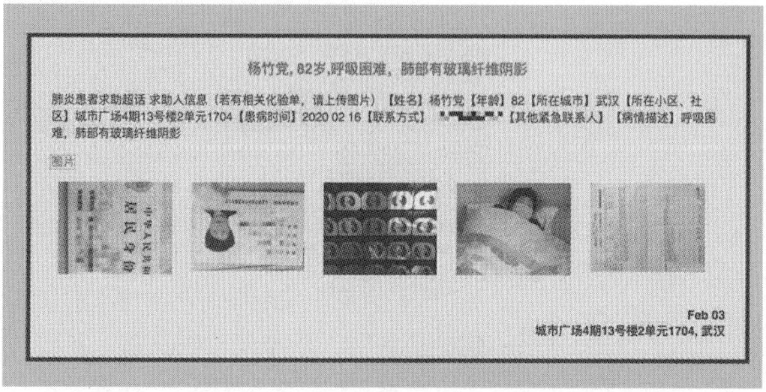

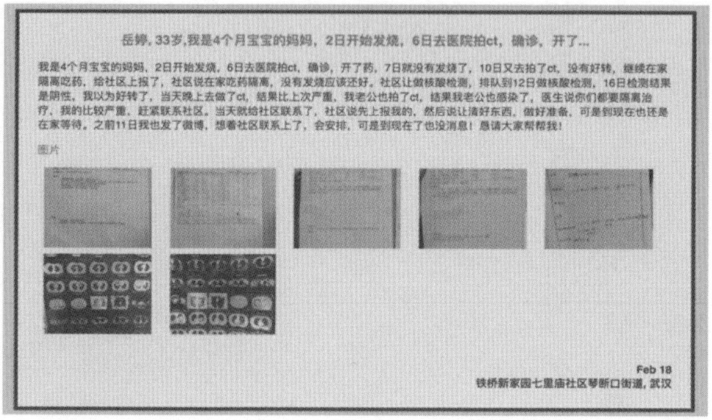

圖片來源：「武漢・人間」資料庫截圖。

「武漢．人間」試圖保留在微博上發出、關於疫情的一千多條求助訊息，希望更多人能看見他們所經歷的事。（圖片取材自網路）

才被網友告知，這些求救訊息正從微博上消失。自從微博官方二月三日發現「肺炎患者求助超話」的存在；在上頭，一天內的求救訊息從三千多條跌到一百四十二條。對此，平臺稱有超過八成的求助訊息屬無效，因而刪除。

「我個人還是希望更多人能看到這些個體的故事，他們絕不應遭此劫難；而我們每個人，都不能說是無辜的，」曉武意有所指地說。他坦承自己不是第一次做具有「社會意義」的專案，以安全為由，不肯對我們透露更多關於他的個人資訊，人在中國的他也因疫情在家，他說自己的起心動念不複雜，反正在家沒事，所以動手做了這個網站。

這次疫情，他看見走投無路的人們，連最後的求救訊息，都被平臺以限流甚至封號的方式，減低曝光，他認為自己必須做些什麼。網站架好的一週，他每天都修正一些，才能睡得著覺。

「我希望網站可以讓更多人關注和感受每一位患病的同胞，做為一個和我們一樣的鮮活的人，通過他們第一人稱的口吻，體會到他們面對的困難、痛苦、絕望、生離死別。」

像是從森林大火中試圖保留一片綠林，曉武的網站，雖然已有超過十萬人瀏覽，有網友幫忙備份、有網友來信要出力幫忙，但也抵不上中國政府傾國之力打的輿情戰。因為他對上的，是習近平下的戰令。

網路審查，嚴重影響全球對疫情的判斷

「要加強輿論引導、加強有關政策措施宣傳解讀工作。」一月二十五日中共中央政治局常務委員會針對疫情召開會議，習近平清楚指示，啟動官方所謂的疫情、輿情、心理三大戰場。會議當天，微信安全中心跟著發布「關於新型冠狀病毒肺炎相關謠言專項治理的公告」，違規者最高判七年有期徒刑。微信上「封號」聲不斷，許多人因不明原因，帳號突然間不得使用，封號一度成為微博上的超級話題。還有人發明摩斯密碼貼文的方

法，或是以「翠」（習與卒字的結合）、皇上駕崩等圖代稱習近平，試圖躲過封鎖。

審查加上輿論引導，這是中國資訊控制的既有做法。但特別的是，COVID-19是一種新興疾病，與其相關的字詞本來並不存在，自然也不存在於北京審查的清單中，透過中國的資訊控管機器，世人反而能視其為證，證明在中國正式承認人傳人的疫情前，經歷了多長時間的隱瞞、刪除了多少該被世人所知道的醫療緊急訊息。加拿大多倫多大學的公民實驗室報告就發現，關於疫情的封鎖，其實從二〇一九年底，醫師李文亮在群組中提出武漢肺炎警告後，就已開始。

「研究結果發現，在中國官方正式公布疫情（編按：二〇二〇年一月二十日，醫生鍾南山於央視受訪）以及人傳人的可能性前三週，社交平臺就開始封鎖相關字眼，而這有極大可能代表在疫情散布的早期，平臺就收到政府要求進行封鎖，」公民實驗室在報告中寫道，在二〇一九年十二月三十一日，也就是李文亮在群組中發出警告訊息的隔天，中國直播平臺「YY」的言論審查清單，就新增了四十五個關鍵字，大部分與武漢地方政府組織、生鮮市場、不明病毒、SARS症狀相關，只要用戶的訊息裡包含P4病毒實驗室、海鮮市場等字眼，就發送不出去。

而在近十億人使用的微信平臺上，公民實驗室則從中國疫情最嚴重的二〇二〇年一月觀察到二月中，發現審查名單上至少新增了五百一十六個關鍵字組合。以中國電話註冊的使用者，只要發出的訊息裡含有這些字詞組合之一，就無法送出去。細看這些新增的字詞組合，有近兩百個與中央領導有關，包括習近平、李克強等，對於他們失能的批評，如習近平總書記＋形式主義、習近平＋問責、習近平＋喊口號；或對他們是否親自到了武漢、火神山醫院、懸崖式下跌等討論，都會被封。再來則是關於政府角色與政策，對於地方政府的批評、對紅十字會的不滿、「被狗吃了」，甚至連諷刺語「官狀病毒」也都上榜。

另外值得注意的是，臺灣的口罩禁止出口政策，香港林鄭月娥不肯封關和香港醫護人員罷工，也都成為被封的字眼。除了李文亮，從香港反送中運動「借鏡」的光復武漢、關於疫情的五大訴求和其他關於公民運動的字眼，全都上了審查名單。

公民實驗室研究員洛特絲．盧昂（Lotus Ruan）告訴我，這次的大規模封鎖，與中國政府於兩會期間、特定敏感時刻如六四等會進行的網路審查，沒有太大不同，但關鍵在於武漢肺炎疫情是影響全球的公衛危機，中國的審查卻連中性的名稱、事件、描述都封鎖——當微信已成為中國國內甚至國際主要的訊息傳播平臺時，這會嚴重影響疫情的判斷與發展。她舉例，被封鎖的關鍵字組合中，包括了封城、隔離，法院公告、美國疾控中心、冠狀病毒、西醫療法等相當中性的字眼也都被封。「科普性的、知識性的訊息沒辦法流通，不管在哪個地方都是（處理）公共事件、衛生事件很大的問題。」盧昂說。

公民實驗室在微信上的測試方法，主要挑選來自中國媒體的話題關鍵字，由於微信帳號分為中國用戶與國際用戶，實驗室把可能被封鎖的字眼，透過國際帳號傳向中國用戶，結果訊息只會出現在國際用戶端的螢幕上，另一端中國用戶則看不到。

中國社交平臺承受來自政府的壓力

雖然無法拿到內部公文，但長期觀察中國言論審查的公民實驗室指出，「我們知道公私部門是一同『管理』事件的，但觀察下來，連被報導過的（政策、事件名）都被審查。可能是平臺業者怕無法控制言論，所以擴大範圍。」盧昂解釋，能在中國媒體上刊登的文字，已通過第一關審查，但連這些字眼的各種排列組合都會被封，代表平臺認為同一議題或字句在社交平臺上的討論，有可能不被官方認可，或討論熱度太大無法控制，「為防失控，乾脆審查，」盧昂形容。

透過過去的文件及研究，公民實驗室指出，在重大事件或敏感時刻，中國社交平臺企業都會收到政府壓力。即使無法明確知道中國政府對企業的具體指令，但這份研究報告的結果指出，平臺最早可能從二〇一九年十二月底，李文亮吹哨隔天，就收到官方的指導方針，展開審查。中國所謂的「輿情戰」，包括審查與宣傳。「宣傳與審查是一個硬幣的兩面，在中國，這製造了長久以來的矛盾，審查是由私營部門實施的，」盧昂指出，這次廣泛的審查，可能來自中國網路審查機制由官、民兩個層次組合下的結果。官方負責公布法令，指導方針，而後由民間企業投入資源、技術、人力進行審查，若內容違法，結果由平臺自負。其中，企業的行為與政府指令會存在時間差。當企業自覺跟不上政府管理輿論的速度，或覺得得不到清楚的指令，為了自保，就會加大審查的力道。

企業端加大力度，是因為上頭施力。在二月五日，中國中央網絡安全和信息化委員會辦公室（網信辦）發布公告，要對網路平臺實施立即懲罰，包括應用程式下架、依法約談業者，如平臺違法，要進行「全面深入整改」。這份公告直接點名新浪微博、騰訊、字節跳動（抖音母公司）等平臺進行專項督導。公民實驗室的報告，也是從二月初開始觀察到大量關鍵字被封鎖，微博也在同時間開始管制求救訊息。根據《紐約時報》和美國獨立媒體ProPublica在二〇二〇年底揭露的外洩文件中，中國網信辦在COVID-19疫情初期，向當地的政治宣傳工作者和新聞媒體發出超過三千兩百條機密指示和一千八百多份的備忘錄，企圖隱瞞疫情的嚴重程度。而根據中國網信辦後來透露的訊息，在二〇二〇年一月至九月間，中國政府關閉了近十三萬個社群媒體帳戶和超過一萬兩千個網站。

在一波強力審查後，中國官方也開始啟動宣傳機器，自二月底開始，把自己從疫情的輸出國，形塑成世界抗疫的教科書，宣布計劃出版《大國戰「疫」》一書，全書十萬字，以五種語言向世界輸出經驗，「用科學的態度和平實的語言，客觀講述中國有力有效防控疫情魔鬼的真相和事實」、「展現中國積極與國際社會合作、共同維護全球和地區公共衛生安全的巨大努力」，官媒《新華社》如此介紹。

美國最有影響力的外交智庫外交關係委員會（Council on Foreign Relations）亞洲研究負責人易明（Elizabeth C. Economy）接受《紐約時報》專訪時表示，隨著病毒在全球傳播，習近平面臨國際社會的審視跟批評，是故大打輿情戰，「重塑形象似乎是習近平為推卸責任、避免國際社會要求公開真相的孤注一擲之舉。」

但習近平的孤注一擲，成為過度廣泛的資訊審查，可能讓疫情的控制與公共健康跟著陪葬。盧昂指出，此次中國對於資訊的「管理」竟然連客觀事實都加以封鎖，對於疫情的影響著實令人不安。她提醒，在公共危機時，對於資訊的管控，包括事實查核、對抗陰謀論、給予正確的訊息等，不是不能做，但必須在透明可監督的狀況下進行。中國的言論審查不但不透明，連談論事實也都封鎖了，「限制一般民眾的討論、實際資訊的交換，有完全相反的效果，並限制大眾（對疫情）的意識，也限制民眾的回應。」

輿情戰中可見極權者的慣行手法

著有《網路安全與網路戰爭》（*Cybersecurity and Cyberwar: What Everyone Needs to Know*）一書的現代戰爭專家辛格（Peter W. Singer），也發表專文指出，中國此次展開的輿情戰，是極權者慣用的手法：審查、轉移焦點、謊言。他點明，「中國使用這三項手段的方式，清楚展現為了維權展開的網路戰，如何反向傷害公共健康，」他指出的正是這次公民實驗室報告所證明的，在李文亮吹哨隔天，中國如何選擇先審查，而不正面處理公衛危機，「這揭示了極權政府心中真正在意的是什麼。」辛格說。

跟著中國政府的輿情戰豪賭的，不只是中國人民的公共健康，更包括全世界。

在二〇一九年十二月三十一日，除了李文亮提出的警訊，全球傳染病防疫系統「全球疾病警報地圖」（HealthMap）、ProMED、BlueDot等組織，都公開發布類SARS疾病在武漢出現的警訊。

這些透過人工智慧運算來預測全球疫情的系統，在武漢肺炎前，已成功預測伊波拉、禽流感的發生，SARS發生後，資料科學與公衛專家們透過醫療、保險、消費、飛航、地方新聞及社交網站等公開數據，希望加強全球預警機制；但中國試圖刪除、管理、掩滅非「正能量」的網路內容，卻為全球預警系統的成效埋下地雷。曾運用Twitter資料追蹤流感應用、並發表文章的加州聖地牙哥大學HDMA（Human Dynamics in the Mobile Age，行動時代的人類動力學）中心主任鄒明祥告訴我，社交平臺上的內容，對於災害防治的準備、反應、恢復與長期的應變都有幫助，決策者可以透過這些數據，即時理解政策效果、民眾反應，並且掌握疫情。

他以武漢求救訊息為例，數千名來自武漢各區的求救訊息中，地理位置可供政府判斷哪裡需要增設新的偵測點，中國網路實名制的設計，也可能讓政府進一步掌握人口分布情況。求助訊息的數量，也可以理解政策的效果，例如方艙醫院的設立，有沒有成功降低求救的數量？最重要的是，這些求助訊息，對於未來傳染病傳播預測模型的建立，相當有幫助。

但在中國發生的事情完全相反，絕望的人透過網路平臺所發送出來的求救訊號，不但未成為政府治理疫情的即時數據，做為民眾最後一絲希望的求救管道，還在二〇二〇年三月中被網路平臺關閉，民間發起的救援團體所發布

微博管理员
昨天 16:06 来自 微博 weibo.com 已编辑
#微博社区公告# 新冠肺炎出现以来，1日29日微博开通了肺炎患者求助。2月4日，联动武汉地方政府和@央视新闻 @人民日报，开通肺炎患者求助专区。接收武汉地区新冠肺炎患者及家属的求助信息，并反馈给相关政府部门，让患者得到及时妥善的安排和救治。
武心援团队
WEHANDS/武心援
2月21日 12:25 来自 iPhone 6s
号回来后，发现走不太动了～限得厉害，超话里能搜到我们的朋友估计也越来越少，私信里的求助数也处于跌落状态。兴许，能劝慰自己，是真的少了，我们也想下岗。
收藏
6
24
37

圖片來源：微博截圖

的訊息遭到壓制甚至封鎖。架設「武漢．人間」的曉武寫道，這些求救訊息，必須透過平臺業者審查後才能被看見，最終只有約五分之一的訊息得到曝光；同時，平臺也透過演算法，降低這類訊息的曝光，有時連該使用者的朋友都看不見。但即使已有這麼嚴密的控制了，最後平臺還是決定關上頻道、封鎖hashtag，把民眾求救的管道徹底關上。

鄒明祥回憶，二〇〇三年也發生過一樣的事，當時，SARS的疫情因中國政府延後回報，國際社會錯失第一時間反應的契機。SARS後，專家們另尋他途，希望建立全球性自動化的數據分析系統，對未知疾病的傳播進行預測。但系統的成效仰賴資訊透明、分享的程度。多年後，人們的確有了新技術，但此次疫情卻又被老問題耽誤。

「（COVID-19剛爆發時）很多中國傳來的訊息一下就不見了（指被審查刪除），在疫情的早期來說，這樣的資訊是關鍵，能夠愈早知道，擴散可能就不會這麼嚴重。像伊朗，就有類似的情況又發生，」鄒明祥認為，透明化、公開化，才有機會發揮集體智慧，加速找到疫情的解方，這不只是一國之內妥善應對疫情的關鍵，全球對抗疫情也同樣仰賴各國間資訊的透明與共享。「如果有特定區域、國家封鎖資訊，我們就沒辦法知道疫情的現況、起始點或來源，沒辦法進一步得知傳播效率、建立未來可能的預測模型，也沒辦法分析各地區的差異，找出影響疫情傳播的條件。」鄒明祥解釋。

「如果資訊能夠共享，人們集體在一起合作，做的決策會勝過寡頭政治、菁英政治，也許才會真的照顧大多數人的利益，」鄒明祥說。只是，二〇二〇年三月一日，鄒明祥接受採訪當天，也是中國最嚴格網路管控法規《網絡信息內容生態治理規定》正式生效的日子；加上「健康碼」軟體的實施，中國當局將民眾健康資訊與警政系統相連，試圖以新科技嚴格控制民眾的言論與行動自由。中國式的抗疫似乎決心與開放、透明反向而行。

不僅如此，二〇二〇年四月，《中國社會科學》雜誌刊登的〈著力提升因應外部對華輿論攻擊能力〉[1]一文，我們可以看見隨著疫情從中國往世界擴散，中國的資訊操縱，也因為這場疫情正式向世界進攻。文章寫道，疫情下中國必須加強對世界說好中國故事的決心與手段，要擴張人才培育、加速科技發展、更要與各地外國記者與行銷團隊合作，對抗西方國家為主的「反華輿論陣線」，「我們不僅要敢於發聲亮劍……還要探索重大突發事件期間，負面輿論傳播的特點及規律、應對機制和方法，增強對外傳播綜合能力和影響力。」中國必須要反擊，網路長城之外，更要建立一面灑向全球的天網。一種人類未知的新病毒、一場源自中國武漢的疫情，讓二〇二〇年成為中國大張旗鼓影響世界輿論的轉捩點。

1 參見http://www.cssn.cn/zk/wjyya/202004/t20200424_5118468.shtml

2

建牆擋水——中國與港府如何在香港進行網路監控

二〇一九年六月因為參與反送中遊行被捕，還在念大學的Lawrence（化名）遭關押四十八小時，被釋放後的第一件事，是從網路上「撤退」。他刪除社群媒體上所有貼文、凍結帳號，並通知所有對話群組把他踢除，他說這是手機被警察取走後的標準程序，是為防止警察透過他的人脈網絡，滲透進自己的朋友圈，或甚至用對話紀錄將朋友「定罪」。「（被捕之後）我失去了所有的社會連結，三、四個月不使用社群媒體，」Lawrence稱，在警局裡，香港公民雖能依法拒絕提供手機密碼，但警察常以恐嚇威脅，或強迫臉部、指紋解鎖，甚至用破解軟體等方式，強行進入尚未定罪的民眾手機，收集數據，並摸清每個被捕者所參與的對話群組、訊息來源，「警察就是這樣在Telegram布下監控網的，」Lawrence形容。

直到一年後，他才慢慢開始在網路上浮出，重新走上街頭。現在的他不再用真名上網，手機號碼也是不需登記實名的預付卡，反送中運動一週年後，他還多了一個新身分：網路安全顧問。他將自己的經歷發在Telegram裡傳播，他說這是提供港人「一個保持安全的機會」。

「現在大家都在想辦法保護自己，」時任香港立法會議員、互聯網協會創會主席莫乃光告訴我說，反修例運動開始後，香港民間對於網路自由消失的憂慮逐漸升高，非營利組織、學校、社區、新聞記者，紛紛提出資訊安全培訓的需求，資訊背景的專家學者，也開始提供各種義務課程和互助服務，Lawrence只是熱潮中的一員。香港中文大學新聞傳播學院助理教授徐洛文也說，他的學生，現在連加入私密的對話群組都要考慮再三，「每個人的社交網站頭貼都換成黑的，名字也都是假的，我有時都不知道誰是誰了。」

網路監控改變了香港的民主抗爭模式

反送中一週年前夕，二〇二〇年五月二十一日晚間，中國人民大會將跳過香港立法會、制定港版《國安法》的新聞曝光，一小時內，「VPN」一躍成為香港地區搜尋關鍵字榜首。二十四小時內，香港人下載量最高的App，前十名有七個都是用來藏起自身位置的VPN程式。

如Lawrence般把實名的自己從網路上撤退，從公開的社群平臺、論壇，轉往私密的小群組，甚至非網路的溝通方式成為流行。「過去我們很容易跟陌生人一起合作，搞運動，現在沒辦法了，都必須是認識的，才能一起做事，」一名參與抗爭的學生告訴我們。「就算是在Telegram上，大型的頻道不再是大家討論的地方，大家各自帶去不同的小組討論，然後再把結果帶回來。反正就是做了心理準備，任何大一點的頻道都有警察在監控就對了。」另一名運動者說，他們也為「斷網」做準備，備好廣播電臺或其他不仰賴網路的溝通工具。還有人成立事實查核頻道，有人提供資安建議，有人擔任第三方認證角色，媒合需要「義載」的運動者跟志工司機。

以無大台、去中心化網路通訊而持續至今的香港抗爭，在一年後風景已不同。過去做為人們討論中心的香港匿名論壇「連登討論區」(LIHKG)，也被使用者發現有操作風向、散布假新聞的有心人士介入。在二〇一九年運動一開始，即有大量新使用者註冊，試圖影響平臺風向，讓連登祭出新規，替新使用者設下發文限制。即使如此，有心人仍能以買帳號、網軍推文等方式，在平臺上干擾、帶領政治討論。「(二〇二〇年)五月二十七日的遊行前一晚，就有一些文章在相近的時間出現，說上街無用啊、該放棄了啊的論調，但現在大家變聰明了，連看到蔡英文要放棄香港的假訊息，都懂得去找原文，那則假訊息一、兩個小時就沒人理了。」一名來自香港的大學生說。

牆國與水，兩方在網路上的對戰一路演變，但當中國人大決議制定港版《國安法》

草案一出，態勢幾乎已定，此舉被視作一國兩制的終結，也被認為是香港網路自由消失的號角。「你要怎麼把香港青年變成愛國愛黨的小粉紅？除了教育，就是從關閉自由網路開始。」莫乃光預測。但香港的電信服務和網路服務高度國際化，不像中國只有中國籍的電信服務商，透過過濾以監控網路資訊的網路長城，短期內無法在香港實現。

震懾、強攻與審查

要在沒有城牆的地方控制網路，面對的又是以Be Water為特色的香港群眾運動，反修例運動開始後的一年，港府與中國政府祭出各種威嚇、監控與審查手段，建牆擋水。

首先是震懾戰，最直接的手法是網路起底。不論是反對港府或支持港府的兩方，在過去一年，皆大量對「敵對陣營」起底，透過新聞畫面、直播或街頭的親手拍攝，將香港警察或是抗爭民眾的照片與個資公布，讓當事者甚至家人感到害怕而不能行事。

根據港府的資料，二〇一九年反修例運動開始的四個月，就收到約一千五百件與起底相關、關於隱私侵犯的申訴，其中有四成申訴與警察人員和其家人有關。為保護港警權利，同年十月二十五日，香港律政司及警務處處長向高等法院申請的臨時禁制令中，包括禁止對警員起底，並要求撤下網上所有透露警察及其家人隱私的訊息。直至年底，法庭修訂禁制令，將保護範圍擴展到特別任務的警察。

另一方面，同樣也在兩方對戰中被起底的抗爭民眾，他們的隱私權卻顯然不被港府重視，他們被起底的資料不但不在禁制令範圍，還面臨成為中國政府黑名單的風險——網路上幾個超過十萬人的群組、頻道，要群眾將抗爭者的資料和照片傳上中國國家安全機關舉報平臺（12339.gov.cn），舉報為威脅國家安全的罪犯。更具爭議性的是，這些群組中流傳的起底照片，有些在事後被證明是來自警方所取得的抗爭錄影，或記者拍攝的存證照片等。

震懾的手法，還透過港府申請的禁制令，大規模對所有香港民眾襲來。

二〇二〇年七月一日，香港主權移交第二十三年，港版《國安法》正式生效首日，港警首度舉起紫旗警告遊行群眾。（報導者／陳朗熹）

港府在二〇一九年十月底向高等法院提出的禁制令，包括一項禁止任何人於網上（包括連登及Telegram）發布或轉發任何促進、鼓勵、煽動使用或威脅使用暴力言論的要求。對此，香港互聯網協會透過群眾募資在同年十一月提出覆核審理，希望能擋下形同言論審查的禁制令，但高等法院雖然要求文字調整，卻沒有撤回禁制令。發起司法覆核（司法審查）的香港互聯網協會主席鄭斌彬告訴我，禁制令對網路平臺業者、對話群組管理者的刑責描述模糊，不只影響連登及Telegram，更是對網路服務供應商、論壇管理者和一般民眾造成全面性的心理恐嚇，讓大家時刻戒慎恐懼，擔心因平臺上的言論而招致刑責，他以完全審查的「封網」前兆形容之。

禁制令發布後，民間已出現不少因分享遊行心得而被抓，或開設Telegram頻道而引來警察上門的事情。二〇二〇年五月，區議員岑敖暉也收到警方警告，要他刪去Facebook貼文，否則就是煽動暴力。「它不一定實質上可以提告，但它要你恐懼、自我審查，希望你會自己害怕，自問『我真的要說這個嗎？』」香港網路安全倡議者鄺頌晴說，這如同港版的白色恐怖，讓與示威相關的言論從網路上消失。

一位熟悉香港資訊安全法律的相關人員告訴我們，逮捕民眾除了威嚇效果，關鍵是警方能以蒐證為名，藉機沒收被捕者的手機，「我看到的時候數字是三千（支手機），現在一定更多。」這些被沒收的手機，警方再以第三方技術破解讀取，或發出搜查令，讓他們「有權」搜查手機內容，展開資料蒐集跟滲透。

曾任香港眾志（已解散）祕書長的黃之鋒是其中一例。他於二〇一九年八月底因包圍警察總部被捕，手機被扣留在警方總部，而後警方向法庭申請對警方總部辦公室的搜查令，以此「合法」破解存放在總部內的黃之鋒手機，做為後來向法庭提告的物證。手機的主人黃之鋒，是在法庭上看見被舉證個人訊息才恍然大悟。

禁制令外，港警也向法庭申請搜查令，前往Facebook香港辦公室，要求存取香港眾志成員周庭的Facebook粉絲專頁的追蹤者資料、IP地址及帳戶活動紀錄等。即使因資料由美國公司持有，Facebook以美國法律拒絕港警索取資料，但已成功造成民眾恐慌，紛紛對周庭退讚，日減數千，港警又下一城。

震懾之外，是強攻。「其實我們被當作目標也不是什麼奇怪的事。」還在大學念書的Steven，在Telegram上收過幾次不明連結——關於「黑警」的資料，或其他與香港示威相關的網址——他點過幾次，後來才請資安人員查看，原來是釣魚連結，點下之後會自動安裝病毒，讓寄件者得以遠端監控、讀取、甚至操作Steven的手機。他也說，自己用Zoom遠端上課，用學校信箱登入，但隨即就收到有不明人士試圖登入信箱的通知。

「釣魚郵件一直都有，（附檔）表面上看起來是一份文件，但就是木馬程式，按下去之後就開始安裝了，」由科技界人員組成的倡議組織「前線科技人員」，五年來提供香港民間團體資訊科技相關的訊息與訓練，時常收到媒體、運動分子、議員等的求助，他們告訴我，釣魚郵件的成效，端看使用者是否在網路上透露太多資訊，假設使用者在Telegram上聊天時說了太多關於自己的事，包括住址、職業、興趣、喜好、最近的活動等，就很容易成為有心人設計釣魚郵件的依據，製作出當事人願意點開的內容。通常來說，發出釣魚郵件、植入病毒，是為瞭解目標內部運作、進一步掌握動態，是有目的性的攻擊。

用騙的之外，也有更直接的網路攻擊，例如來自中國的「大炮」DDoS攻擊，二〇一九年不斷地攻向連登。美國AT&T Alien實驗室的安全研究員多曼（Chris Doman）接受《美國之音》（*Voice of America*）採訪時解釋，北京發動「大炮」攻擊，是要徹底擊垮連登，癱瘓民眾分享訊息、協調、組織抗議活動的資訊中心。

阻斷資訊的攻擊也針對意見領袖、分眾媒體、私人群組。二〇二〇年四月，香港中文大學的電臺、學生會、社會科學學會社交媒體帳號接連被駭，多次發現有不明人士試圖登入帳號，大量刪除半年來針對反修例運動的相關報導貼文。在中大校園電臺被駭的事件中，還發現一筆來自中國廣東省桂州鎮的登入紀錄。Telegram頻道也是被攻擊的標的，從頻道管理者被捕，到直接封鎖頻道，都是香港的現在進行式，採訪期間，我所在的一個Telegram頻道，就收到被封鎖的通知。

網路攻擊的成敗關鍵：個人隱私

威嚇、駭入、癱瘓、封鎖之下，人們 Be Water 的精神發揮在更零散的群組，或回到真實的人際關係中。只是，對於開放、去中心化的運動來說，「被滲透」成了面對極權政府時的弱點。「對方知道我們是這樣聯絡的，這就是無大台之下的弱點，」Lawrence 說，支持港府者、建制派或中國網軍，以假的粉絲頁、假的社交帳號出現在各大網路平臺中，佯裝成抗爭者加入討論。Steven 傳給我兩張疑似為共青團成員所在的 Telegram 頻道截圖，裡頭他們討論著如何以激進的方式，引起抗爭者與泛民陣營的分裂，號召群組成員扮演「熱血公民」鼓吹激進的抗爭。「總之擋不住、刪不完，就發假新聞吧，」一名「前線科技人員」的志工如此評論背後的有心人。

無論是什麼樣的手段，圍繞著網路進行的對抗，成功與失敗的關鍵最終都與個人隱私相關。從路上的監視鏡頭、公共 Wi-Fi 到社交帳號的登入資料，這些屬於每個人的數據和隱私，如果被政府掌握，則前述各種攻擊手段，都將大幅提升「效能」。例如，港府衛生單位為防止傾倒垃圾而設的三百支監視鏡頭，若做為警方為抗爭者建檔的影像，從此影像收集便不必再仰賴網路上的起底行動。又例如警方若能取得臉部辨識技術，即時地透過智慧燈柱，辨認街上的行人身分，就能做到實體空間的監控。或是港人在各種網路使用上留下的數據，如果被移轉至中國建檔，未來就不必仰賴民眾上國家平臺舉報。

以上所述，是已經發生，或是港府有能力做到的事。根據莫乃光的問政紀錄，他發現警方在街頭抗爭的日子，會向衛生單位提出影像紀錄的存取要求。而《彭博商業周刊》（*Bloomberg Businessweek*）的報導[2]也發現，香港政府已購買使用澳洲企業iOmniscient臉部辨識功能至少三年，港警藉由操作軟體，可自動掃描影片，將拍攝到的人臉與警方資料庫配對。而港人數據移轉至中國使用，根據香港政府在移交中國管轄前訂下、全亞洲第一部《個人資料（私隱）條例》的三十三條，禁止將香港公民個人資料移至香港以外的地方，除非獲資料當事人書面同意、或該地方與香港有相同的隱私保護；只是三十三條至今沒有啟用，香港人在數據隱私上確保一國兩制的機會，至今仍未實現，《國安法》實行後，數據自主、個人隱私安全就更沒有機會實現了。

「這是把中國的手法套用在香港，並包裝得很漂亮，」鄺頌晴批評，從管理車流、禁倒垃圾到智慧燈柱的實驗等，都是因為港人與政府間失去信任，而港府使用大眾數據的方式又不透明公開，於是引來民眾懷疑。二〇一九年引起軒然大波的智慧燈柱，二〇二〇年在公聽會上宣布，不再安裝視像鏡頭，改以熱偵測為主，但又因熱偵測仍具有監控人身行動功能，在美國已有被禁用紀錄，依然引起民眾不滿。

科技業出身的莫乃光，在擔任立法會議員時是最常向港府要求提出數據使用紀錄的議員。他無奈表示，不管是實體世界還是網上，港府對他的提問，大都忽略或以「沒有紀錄」回覆，「不可能沒有record，香港是有多大？」他氣憤地表示，沒有法律規範政府如何使用數據，更沒有法律要求政府留下紀錄。加上一國兩制下非民主的治理，即使他身為立法會議員，也無法監督政府使用數據的方式；如今數據二字又高度政治化，雖然香港民間從二〇一四年左右便推動政府開放資料，仍處處碰壁。「我們的政府不會想要開放透明來取得信任，他們的老闆不是我們，他們（給人民）的答案是更多控制，以取得中央的信任，」莫乃光嘆道。從數據開始討回人民的權利，在港版《國安法》頒布後，是難上加難，但從數據開始守住人民自由，卻也是他們利用既有法制，必須展開的抵抗。多年來推動個人隱私保護和數據自由的香港中文大學助理教授徐洛文也同意，即使港府加快油門，從放出網路實名制、假新聞法的風聲到確立《國安法》來威脅香港的網路自由，他們也必須以現下仍有的公民權利，來守住每個人的數據自主、保護隱私。

這樣的防守，不只是針對公部門，對私人企業也相同。「你要很小心，你給了多少資料給Twitter、Facebook，你的小細節被政府知道，你會有麻煩的，」鄺頌晴說，一年過去，港人最大的體悟是「民主運動的前提，資訊安全是必須的」，而守住每個人的隱

2 Hong Kong Police Already Have AI Tech That Can Recognize Faces. www.bloomberg.com/news/articles/2019-10-22/hong-kong-police-already-have-ai-tech-that-can-recognize-faces

私和數據，正是守住安全的第一步。畢竟一國兩制若因《國安法》頒布而告終，香港若也適用中國《網路安全法》的原則，政府未來以國安為由，便能取用境內所有使用者在各家私人網路平臺的數據。

根據Google統計至二〇一九年上半，與Facebook統計至二〇一九年下半的公開資料，港府對兩家平臺業者索取使用者數據的申請次數，皆創下歷史新高，面對來自中國政府益發緊抓的手，鄺頌晴認為，牆國與水的對抗因《國安法》的到來進入新的階段，「即使是本來親中的人，他們現在會想，自己不能再用Netflix、Facebook、WhatsApp，是要用微信了?!中國這一步是把這些潛在的情緒都推了出來。」做為反政府、反親中的一方，她對香港維權運動的持續並不悲觀，問她這些方法是否只是徒勞，受訪的香港人沒有時間往這裡思考——他們持續為保有香港的隱私和自由、不失去自救的能力而努力著。

3 全世界的必修課——當中國宣傳機器與小粉紅到我家

在COVID-19疫情與香港反修例運動後，為了要達成習近平的「講好中國故事，傳播好中國聲音」，中國對於資訊的操作，從此以世界為範圍，透過網路向全球華人使用者為主的社群，投射符合中國利益的「事實」，這也讓臺灣與香港面對來自中國資訊操縱的經驗，有了全球性的價值。我採訪了來自美澳臺港的受訪者，以他們的經驗和研究成果，理解中國宣傳機器走向全球的陣型和分工。

首先是香港。受訪的香港人K，從二〇二〇年六月開始全職擔任事實查核員，他每天觀測、記錄中國資訊操縱手法，方法是透過社群平臺分析工具CrowdTangle，觀看不同立場的粉絲頁在說些什麼。他還必須緊盯社群平臺上傳閱熱度最高的訊息，從中尋找含有不實資訊的訊息。

與他訪談的當下，已是二〇二〇年九月，他以分裂的平行世界形容經歷反修例運動、《國安法》頒布後的香港。「黃絲、藍絲非常的分裂，彼此是平行世界，有時候奇怪到不知道他們是網軍，還是他們真心相信那些不實資訊，」K說，支持港警、支持反送中運動的香港民眾，各自擁有自己的資訊圈，做為事實查核者的他，發現事實的認定愈來愈難，人們只相信自身陣營的資訊來源。他分析，兩方陣營都有不實資訊、都有陰謀論，但他從挺港警陣營中，看到許多政府的身影。K舉一個名為Baby Kingdom的親子網站為例，上頭一面倒地支持香港警察，Baby Kingdom還時常檢視官員發言，誓言要「揪出黃絲官員」。但比較其他的網路論壇、線上社群，K發現Baby Kingdom的意見特別一致，「香港的家長不該是都這樣的（指全都一面倒支持香港警察）。」

K還發現，Facebook、Twitter上，愈來愈多來自微信、微博的轉貼內容，或私密群組裡有大量不實資訊定期地被貼上，明顯是人造的假帳號也愈來愈常見：這些帳號沒有太多朋友，常用來罵人、張貼奇怪的資訊。二〇二〇年七月中旬，香港COVID-19每日新增確診病例接連破百，中國官媒將其歸因於兩場街頭抗爭行動和民主派初選的說法，也立刻被藍絲的粉絲專頁轉貼。

「Truth HK」是另一個案例，這個以「香港示威者暴行全紀錄」為名的網站，有眾多數位素材，試圖傳達香港抗爭者破壞社會安全的訊息。其中一支二〇二〇年七月二十一日發布的「平反元朗黑夜」的影片，對於七二一白衣人無差別對民眾暴力行為之描述，正是同年八月二十六日香港警察召開記者會所公布的說法，這場記者會後來被形容為「修改歷史的記者會」，逼得港警隔日出面修正前一天的說詞。現實中港警雖然修正說法，但Truth HK網站上影片依舊繼續向外傳播，並在九月二十日持續更新以英文口述的長片，仍稱警察沒有失職，七二一只是幫派鬥爭、不是針對反修例運動者的暴力威脅等，「影片從論述、提出的證據都跟警察說的一模一樣，很多人都懷疑是政府在網站後面，有計劃、有規模地運作，」K觀察，Truth HK網站甚至提供英文版本影片，以英文口述搭配中文字幕，點名所有不支持警方說法的媒體為亂源，成為K口中的大外宣材料。「它的作用不是要有影響力或是改變他人想法，只是提出另一個說法，讓人們疑惑，你就不知道以後要怎麼判斷了，讓海外華人覺得香港都是暴民。」

K所見到的，是中國官媒和港警透過網站和社群媒體，創造出另類事實（alternative fact），這個現象的背後，是一架來自官、商、民不同背景的角色所組成的宣傳機器，裡面的「成員」至少包括了：國家媒體、政務新媒體、共青團、網民。

中國官商民一體的宣傳模式

臺灣資安機構TeamT5研究員張哲誠，從香港反修例運動開始，觀察香港輿論變化。長期研究跨國資訊操作的他，以起底抗爭運動者的網站「香港解密（HK Leaks）」為例，解釋官方和民間分工、協作的過程。首先，央視新聞的微信公眾號發出訊息，「推薦」民眾分享揪出「港亂」、「港獨分子」的香港解密網站，要眾人把抗爭運動者的面罩摘下。同樣的文字，接下來在共青團、地方公安的社交帳號上出現，最後是「愛國」網民的分享宣傳，並要民眾以電話騷擾網站上被起底的抗爭運動者。

張哲誠解釋，這四種角色的分工，各有不同的目標跟對話群眾。中國官媒或中國官員的發言，是用來定調、表達官方看法的，能吸引大量的網民互動。當這樣的發言張貼在中國境內無法使用的社交網站，如推特、臉書上，則是為了吸引西方媒體注意，甚至讓西方的政治意見領袖、記者協助傳播。張哲誠表示，中國官方知道，西方世界有些特定團體對他們的說法是有興趣的，散布官方認定的事實，至少能在西方世界創造另一種意見。「中國有意識地擺放這些棋，像（外交部發言人）趙立堅在Twitter上的發言，是對西方媒體、國際讀者說的……每個角色有很明確的觀眾客群。」

長期觀察中國資訊操縱的臺灣民主實驗室理事長沈伯洋則以「中央廚房」形容，中國官方為事件定調、提供說法，讓各地相關組織去傳播、進行在地化重製。「中國官方出來說話，對國內很有效，尤其對小粉紅，這樣的聲浪跟替代性（另類）事實，無特定立場的人可能會被影響。」

官方起了頭，共青團、政務新媒體則負責傳播。與官媒不同，共青團成員與民間社團、社群的互動更多，在軍事論壇、微博等不同民間網站，他們會討論港臺議題和國際政治，「不實資訊也比較容易在他們的討論中傳播，」張哲誠表示，共青團成員們有公開的論壇、私密的群組，張貼、討論的內容，常常轉而出現在臺灣的內容農場和不知名的網站上，是鬆散、有機、穿梭於牆內外的資訊傳播者，實質影響力很難定義。

而所謂「政務新媒體」，指的是各級政府部門在社交網站、數位媒體上的帳號，試圖建立「可信賴」的資訊來源。它們與國家媒體有不同功能，除了放大官方訊息、打壓風向外，為了增加與民眾間的信賴與互動，有的「政務新媒體」還會有人物設定，有性別、綽號等。當中央官方發布訊息、頒布政策，政務新媒體就會進行詮釋，或以數位的方式向大眾溝通。

將鏡頭轉向臺灣，來自中國政府的資訊操控要跨越臺灣海峽，所使用的方法與上述的四個角色分工有些許不同。

中國假訊息在臺灣散播的模式

臺灣國防部政治作戰局二〇一九年在立法院的業務報告中指出，中國政府利用假訊息對臺灣展開的心理攻勢頻繁且細膩，透過假訊息、造謠、錯誤訊息等不同手段進行不

＊為保護個資，圖中人臉經後製上馬賽克

第三棒：地方公務機構帳號加入分享行列

玉林市公安局的公眾號，是所謂「政務新媒體」之一，用來推廣政策、與民眾互動，它引用央視的文字，但搭配重置過的圖卡，做為溝通媒介。

第四棒：網民、小粉紅製造各種主題標籤（#hashtag）、以網路行動以擴大聲量

看似網民的社交帳號，以「殺無赦」下標籤，從網站中挑出港媒記者的資料頁面張貼，鼓勵群眾直接用電話騷擾與港府不同調的記者。

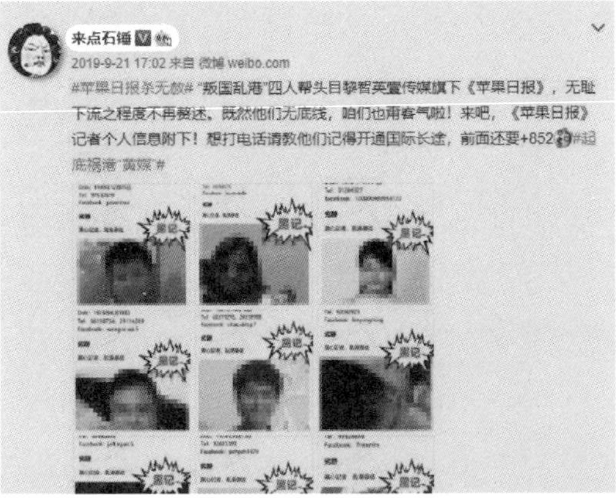

（資料來源：TeamT5）

中國官商民一體的宣傳流程

第一棒：國家媒體帶頭推廣網站

由央視帶頭，介紹「香港解密」網站，並以「惡毒嘴臉」稱呼之，要粉絲們行動、轉發。

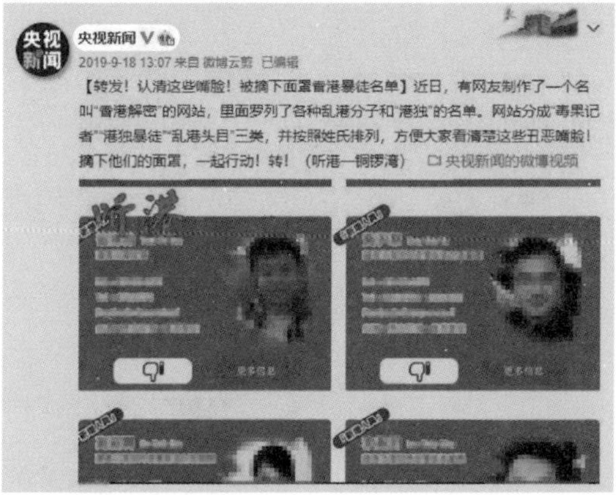

第二棒：共青團各分支分享

共青團中央公眾號，以相同文字，在一小時後轉發央視貼文。

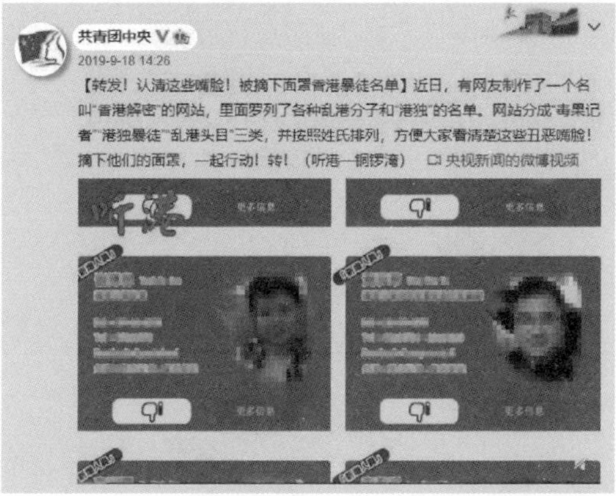

實宣傳，試圖在臺灣民眾心中製造恐懼、分裂官民互信，分化臺灣內部團結。根據國安局和政戰局當時提出的「中國假訊息心戰之因應對策」報告，來自中國的假訊息透過以下四種方式散播。

- 新聞事件—中共加工—回銷臺灣
  針對臺灣國內新聞事件，加上自製的聳動標題，透過中國官媒、網路社群及自媒體發布，而後透過中國網路社群媒體微信公眾號、討論圈轉發，再回銷至臺灣各社群平臺。
- 爭議事件—中共變造—改變認知
  大陸官媒或網路社群媒體以製作文字圖卡等方式，刻意扭曲臺灣國內的熱議事件，並藉由五毛黨、網路水軍，以假帳號翻牆進入臺灣社群論壇發文，改變國人認知。
- 陸媒捏造—掌握通路—擴散臺灣
  中國媒體自行捏造不實訊息，並在中國境內的內容農場或特定網站張貼，由臺灣各社群媒體與公開論壇自行轉傳擴散。

• 陸方指導—同路配合—引領風向

中共直接對在臺陸媒或合作媒體提供特定報導內容及方向，散播分化臺灣民眾向心的爭議訊息，導引其他媒體協力跟風報導。

不論是在國防部的調查報告，還是民間智庫臺灣民主實驗室、IORG（Information Operations Research Group）的報告中，中國在臺灣發動的資訊操縱，「在地協力者」皆是其中的關鍵角色。

沈伯洋說，中國政府把臺灣當作各種線上、線下做法的實驗基地，臺灣在地的中間人做為中共的外包協力者，成為塑造親中思維、散布資訊的有力管道。「不實資訊，（中國政府）各部門都能做，可能有甜頭（指有預算），他們會互相介紹。」臺灣民主實驗室在二〇二〇年九月的報告，觀察從臺灣總統大選至疫情發生初期，臺灣民眾接收到的與中國有關的不實資訊，歸納出外宣模式、小粉紅模式、內容農場模式、在地協力模式四項攻擊方式，具體地看見透過外包，中國政府與民間如何協作，打造境外輿論。

沈伯洋表示，其中最關鍵的，是政治動機與經濟動機都強的兩岸掮客，他們接案，並撥預算將業務外包給在地的行銷公司、網紅，進而發動資訊戰。沈伯洋的調查發現，包括民間協會、臺商、旅行社、政黨，都是兩岸資訊操縱的外包中關鍵的中間人。沈伯洋坦言，這些資訊操縱的痕跡對現階段的民主國家來說，無法可管，而且即便取得交易行為的證據，也難以證明兩岸中間人是否為特定利益所聘用，加上層層外包的斷點，要追蹤國外干預臺灣輿論更是困難。

除了增加追查難度，中共外包這項服務還有一個好處——替中國的宣傳機器「接地氣」。疫情剛發生時，臺灣民主實驗室就發現，同樣的貼文、訊息，在世界各地出現，以不實資訊將不同國家的疫情醜化、製造恐懼，讓海外的中國人認定「祖國」是最安全的，創造海外華人對中國政府的支持。

外包除了由上而下的僱用，也可能透過開放式的平臺，例如內容農場，讓有經濟動機的行為者，能夠賺到這筆全球輿論操控的商機。美國未來數位智能實驗室（Digital Intelligence Lab at Institute for the Future）總監莫楠（Nick Monaco）利用非營利媒體《報導者》在總統大選前調查發現的跨國內容農場網絡，進一步進行觀測調查，二〇二〇年八月正式發布研究結果。他認為在選舉期間，內容農場對不實訊息的散播扮演了關鍵角色。報告觀測的其中一座內容農場網站，網域位於馬來西亞，是一系列以「琪琪／琦琦」為名的新聞網站，經營者為Evan Lee，開放式的平臺，讓個人與組織可以註冊，一起寫文章、創造流量，進行廣告分潤。「像這樣的開放式平臺，創造一個機制讓資訊流動，也讓不同的行為者可以散布他們的意識形態，」莫楠告訴我，平臺上傳遞的訊息大多與中國共產黨相近，不只常見官媒文章，甚至發布時間也與中國官媒同步，在臺、港、新、馬等地影響華語使用者，尤其在臺灣，更成為LINE群組中謠言的來源之一。看似由民間、個人經營，Evan Lee也曾在受訪時告訴我，他沒有特定政治意圖，但即使只有經濟動機，也讓這個內容農場成為中國官方等意識形態傳播者可使用的舞臺，讓訊息流進不同的角落。「像這樣的內容農場，可以接連在不同議題上被武器化，」莫楠說。

沈伯洋用「橋」來形容內容農場，善於吸睛、吸引流量的內容農場經營者，有能力能抓住眼球，或創造出煽動情緒的內容，「它能替中國官方與大眾口味對接，可以讓議題被一般人瞭解……它也能是金流的橋，讓預算流進行銷公司或是個人口袋。」更棘手的是，開放式的平臺如內容農場網站，或是各大社交平臺，也成為中國愛國網民加入中國資訊操作的橋。

IORG則透過社群網站上的貼文進行調查，記錄下中國官媒發布的資訊如何進入臺灣的公共討論，二〇二一年三月發布了「從微博到Facebook」的公開報告，他們透過斷句分析等資料科學方法，比對發現臉書粉絲專頁「文茜的世界周報」的「外國新聞整理」貼文中，將中國官媒發布的資訊混淆成為其他資訊，例如二〇二〇年八月二十四日的貼文，就將「福布斯中文網」微博帳號轉貼中共官媒央視的內容，標注為美國財經雜誌Forbes，在IORG三個月的觀察中，「文茜的世界周報」共出現至少十次「混淆來源」

的行為。除了「文茜的世界周報」，擁有十二萬以上粉絲的匿名粉專「婷婷看世界」，也在三個月內轉貼六十八次中共官媒的貼文。IORG計畫共同主持人游知澔在公開發布報告結果時強調，是否成為中國官方資訊進入臺灣的管道，不一定與在地協力者的個人主觀意願直接相關，但透過數據觀察，在客觀行為上，報告中所記錄的事件，其實協助了中國官方爭議訊息的傳遞。

輿情產業向全球擴散，配合官方講述中國好故事

臺灣和香港只是中國宣傳機器向外走的第一步，隨著COVID-19疫情從武漢蔓延至全球，中國宣傳機器開向世界。《中國社會科學》雜誌在二〇二〇年四月，疫情開始後不久，即以〈著力提升因應外部對華輿論攻擊能力〉一文給出政策方針，文中指出，因為《紐約時報》、《華爾街日報》、《外交政策》雜誌（*Foreign Policy*）等美國媒體，針對病毒起源、疫情蔓延、治理方式等，對中國「詆毀、汙衊、甩鍋」，並與德、英、澳、法等國組起「反華全球輿論網」，中國必須反擊。

「我們不僅要敢於發聲亮劍……還要探索重大突發事件期間，負面輿論傳播的特點及規律、應對機制和方法，增強對外傳播綜合能力和影響力。」文中提出的實質做法，

包括建立跨部門的全球輿論監測網絡，二十四小時內要提出反擊，甚至摧毀消息源頭等，同時向世界陳述中國的正面故事。這篇智庫上的文章，不僅為全球輿論的塑造提出目標，還有具體方法，其中一項是加強與民間的合作。「在官方宣傳之外，扶持壯大非官方的國際化媒體力量，如網路平臺、微信、微博、抖音等社交平臺，並鼓勵動員國民與對華友好的境外專家，在境外為中國發聲，」該文如此寫道。

「這些（向外走的政策）讓中國的輿情引導產業得以持續地壯大，」張哲誠說，從約十年前，中國官媒《人民日報》下屬人民網開始成立大數據公司（人民網輿情監測室），中國輿情分析產業正式興起。「中國政府現在在牆內、牆外都外包，只要國際上有的服務、公司是可以購買的，它花錢就有了，」張哲誠提醒，透過這樣的外包，只要有兩次以上的轉手，就能切斷與官方的連結，在不違反網路平臺規範下以非國家行為者的身分，影響平臺上的輿論。二〇二〇年九月被各國媒體揭露的「振華數據公司」[3]即是一例。這家位於深圳、聲稱自己與中國軍方有關的數據公司，透過線上線下資料收集，建立包括臺灣、印度、澳洲、美國等外國重要人士情報資料庫，擁有二百四十萬筆資料。在振華數據的網站上這麼寫著：「我們的數據資料，能輕易成為『逆轉輿論』的工

3 參見〈解密振華數據1　震撼！獨家曝光完整名單　1480台灣人遭中國監控〉，《蘋果日報》，二〇二〇年九月二十日。https://tw.appledaily.com/politics/20200920/GUTKDLNCGBELJAANZTYMQ7A3GM/

具……只要透過社群網路，我們能輕巧地把所有任務指示轉變成『社會現實』。」

「軍犬輿情」[4]也是這類民間企業之一，專接公安局業務的他們，號稱自己能針對社群貼文判斷情緒，並對有安全顧慮的帳號貼上注記。網站上標榜十六項業務功能的介紹，包括俄、韓、英、西、日文等跨國語言的監測分析之外，特別強調少數族群語言的監測，藏文、維文、蒙文都包含在內。

美國非營利媒體ProPublica在二〇一九年取得一份內部文件，證明中國第二大國營媒體《中國新聞社》（中新社）與民間企業「一網互通」（One Sight）合作。中新社隸屬於中國「中共中央統一戰線工作部」（統戰部），以「服務臺港澳同胞、海外華僑華人和與之有聯繫的外國人」為工作目標。一網互通則自稱為「集多帳號管理、數據監測、一鍵發帖的全球社交媒體一站式管理平臺」，可以在Facebook、Twitter、Instagram、LinkedIn與YouTube等五大平臺上執行網路行銷。一網互通也在二〇二〇年一月底疫情發生後，發布追蹤疫情消息的App，他們強調，這是要「向世界傳遞正確的中國聲音」。

據美國媒體Quartz報導統計，光是中國中央網絡安全和信息化委員會辦公室與外交部兩個單位，在二〇一九年與海外社交平臺相關的標案金額就達一億美元，美國智庫詹姆士敦基金會（Jamestown Foundation）則推估，中國政府二〇二〇年在全國網路審查上的支出至少達六十六億美元，若再加上二〇一三年即有兩百萬人規模的網路審查人力，習近平上臺後，這支用資本、人力、技術打造而成的大型資訊操縱軍隊，在二〇一九年、二〇二〇年正式大規模開向國際。

長期監測全球資訊操縱的牛津網際網路研究所在二〇二〇年的報告中指出，香港的抗議催化了中國對全球社群媒體的操控，該研究所的主任霍華德（Philip Howard）稱，從香港反修例運動起，中國已成為全球資訊操控的超級大國，在不同的網路平臺上展示力量、影響西方選民。

「這不只是關於一場選舉，而是關於全球輿論的形塑，」澳洲戰略政策研究所（ASPI）高級分析師沃利斯（Jake Wallis）告訴我，透過二〇二〇年各國專家的調查，阿根廷、塞爾維亞、義大利、非洲、澳洲、美國等地，都看見中共宣傳機器的運作，「有一個龐大的、敏捷的網絡，跟著中國的外交發言系統在網路上進行資訊操縱，目的是要放大他們（中國官方）的發言。」從二〇一九年八月開始與Twitter合作的沃利斯，曾透過數據收集，首度證實中國政府在社交平臺上有系統地散布不實資訊。人在澳洲的他，眼見澳洲國內因中國政府以各種手段滲透當地，以不實資訊創造社會衝突，包括沃利斯在二〇二〇年六月與Twitter再次合作揭露的與中國政府相關的資訊操縱，他們在Twitter上發現超過十七萬個帳號推廣、放大支持中國的訊息[5]，這個網絡跟著醫療設備、口罩從中國運向

4 參見：http://junquan.com.cn/yuqingxitong/

義大利、塞爾維亞，開始向當地放大中共外交官的發言，描述中國是較好的國際合作夥伴，並推崇中國內部的疫情控管、稱中國政治結構是有效率的治理機制等等。

日本一橋大學法學研究所助理教授市原麻衣子也在「亞洲民主研究網絡」（ADRN）研究計畫中記錄下中國在日本境內的資訊操縱。在日本，中國常架設日文新聞網站，掩飾其與中國官方的關係，為中國說好話、宣揚北京推廣的政治敘事，並在日韓之間挑撥離間。市原麻衣子以線上新聞網站Record China為例，二〇一九年該網站刊出的五一一四篇文章中，有五五·五%來自中國官媒，其他則取自親中的私人媒體。前五大來源為微博、《環球時報》、《觀察者網》、《環球網》和《多維新聞》。同時，Record China也大量報導南韓與日本間的歷史跟外交衝突，與日中關係的正面報導成為對比。市原麻衣子警告，這樣的論述與日本極右派意識形態靠近，長期來說可能傷害日韓合作，降低日本對中國擴張、北韓威脅的關注。

市原麻衣子和臺灣民主實驗室進一步合作調查之後才發現，Record China是由「廈門商中在線科技公司」贊助設立，大股東之一是「泛亞信息技術江蘇公司」，其所有人為中國人民政治協商會議（政協）委員顏健鷗。而政協便屬於中共中央統一戰線工作部，負責在海外收集和拓展影響力。

小粉紅現象為全球民主帶來挑戰

除了在社群網站上進行資訊操縱、假冒外國網站的替代性媒體，中國向外拓展輿論影響力的武器，還有中國製的軟體。不只微信、TikTok、愛奇藝等中國網路服務商在國際市場取得成功，中國政府製造的「事實」、審查過的資訊，也藉此越過長城，試圖在全球落地。「中國國產的網路生態系，除了審查資訊，也是向外發布的工具，」莫楠說，在國家過濾過的資訊環境中，特定世界觀不斷被加強，使用者在此發布內容、集體呼應、向外發聲，創造出中國獨有的「小粉紅文化」，為全球民主社會帶來挑戰。

不實訊息研究機構First Draft在二〇二〇年美國總統大選落幕後，也發表〈我們需要關注不實訊息流竄移民社群的方式，包括華裔社群〉[6]一文，提醒各地的主流媒體要避免報導失衡，或過度把議題簡化為族群對立，否則將進一步將海外華人推離傳統主流媒體，轉向替代性新聞來源或社群平臺，在封閉的「同溫層」裡找尋認同。

愛國網民的養成，可能是這架全球宣傳機器的終極目標，也是讓中國資訊操縱手法

5 Twitter 大戰五毛，移除17萬個中國假帳號〉，科技新報，二〇二〇年六月十二日。https://technews.tw/2020/06/12/twitter-delete-170k-fake-account-from-china/

6 參見：https://firstdraftnews.org/latest/misinfo-chinese-diaspora/

與真實使用者行為難以辨別之處。如同在香港的K，常無法分辨網路訊息來自網軍或是真心相信的一般使用者，疫情帶起的民族主義，同樣也讓臺、美、澳團隊，在分辨人為操縱的網軍和愛國「小粉紅」間出現疑慮。

「我們本來是在觀測中國政府的網路宣傳機器，然後進化成尋找網路資訊操縱的痕跡，現在，我們認定自己在觀測的，是**大規模的社群輿論控制**（social manipulation），」張哲誠說，「那些中國的個人使用者，他同時是資訊操縱的受害者，卻也是資訊操縱的一部分，因為他真心相信了大量的轉發訊息。」他提醒，對民主社會來說，中國政府在全球培養親中社群，若成功，該如何看待這些支持中國政府的民眾，將是一大難題。

在美國的莫楠以免費網軍形容小粉紅，他提醒，這已成為某些青年群體中的次文化，是中國宣傳機器與俄羅斯最大的不同，必須正視。

對澳洲來說，塑造輿論伴隨的小粉紅現象，已成燙手山芋。「在澳洲，六成的海外華人新聞來源來自於微信，澳洲社會也出現擔憂，來自中國的廣告主能決定特定議題是否被報導，」人在澳洲的沃利斯，一邊看見中共資訊操縱進入澳洲，一邊目睹這如何推升出中國人的「愛國情緒」。沃利斯正帶領團隊，試圖分出親中網軍和真實小粉紅間的行為差異，「大規模的親中社群在網路上的霸凌行為，一直是社交平臺想處理的，未來如果能夠證實霸凌造成傷害，平臺就有機會切入了。」

為掌握演算法，中國積極打造世界級網路平臺

要在全球培養更多的親中社群、讓中國製輿論走得更遠，直接的做法是掌握演算法，這是中國積極打造世界級網路社群平臺的主因。沃利斯說：「如果你可以快速、大規模地強化、放大某個訊息，然後你又能掌握某個資訊傳播環境，如TikTok、微信，這樣是有危險性的。」

「資訊戰已經升級成兩國的對戰了……誰掌有（網路平臺）演算法，就能決定什麼訊息被推到使用者面前，可以放大符合自己利益的訊息，」沈伯洋說，當民主社會想方設法制衡平臺的力量、要求網路平臺逐步透明化時，走向世界的中國平臺業者，面臨的卻是中國《網路安全法》、國安法律之下，要求平臺為國服務的指令；中國製平臺在這樣的前提下，成為圈養親中群眾的利器。

二〇二一年春，全球關於新疆人權迫害的論戰中，在全球受到歡迎的中國製網路平臺TikTok就發揮了這樣的作用。在歐美政府正式對中國有關官員就新疆人權壓迫祭出制裁後，中國在全球發動關於新疆再教育營、新疆強迫勞動問題的宣傳戰，以不同語言製作影片，在網路平臺上講述新疆生活的美好，甚至有來自澳洲、以色列的「外國網紅」，在自己的節目宣揚中國政府的官方敘事。根據澳洲戰略政策研究所二〇二一年三

月發布的調查報告，中國官媒除了長期發布關於新疆的各式貼文，在臉書撒下海量的宣傳得到破千萬按讚數之外，在TikTok，則直接將正面形象的影片列為搜尋榜的前三名。二〇二〇年八月時四百多支與新疆相關的影片，只有近六%是批評性質的。

面對這樣的攻勢，民主國家能不能如前美國總統川普所主張，祭出對華為和TikTok的禁用命令，做為擋下中國資訊戰攻勢的一步？「從言論自由的角度、偷個資的角度來看，禁（中國網路應用）可能會有效，但這擋不下不實資訊，」沈伯洋說，除了中國製平臺，各社交平臺、實體世界的滲透，都是不實資訊的傳播管道，他以臺灣社會經驗為例，認為透過立法與公民意識的培養，並以此進一步要求各種與中國來往的組織、企業，以及要求平臺演算法走向透明，是可能的解方。

但對於民主社會來說，如何透過立法要求「透明」，需要完整的社會溝通跟規劃，而法制之外，公民教育的實踐也必須與時俱進。當中國政府和資訊操縱者透過縝密的資訊傳播、大數據收集，客製化培養支持者時，臺灣民主實驗室研究員曾柏瑜認為，民主國家也該反向參考這些資訊操縱者的做法，讓公民教育跟媒體識讀的方式走向客製化。因為資訊戰的背後，「我們真正面臨的挑戰是如何重塑人們對民主的信任？我們該問的是要守住民主，該用什麼方式、對誰說？」

PART 6

NOW @臺灣

平行世界間的資訊攻防戰

二〇一七年末，一則在LINE群組裡流傳的消息，意外在臺灣總統府內點起了火，訊息裡，環保署推動的「減香」政策被傳為「滅香」，民進黨政府因此飽受批評，被稱為「對廟宇和傳統信仰不敬」。這則不實訊息在各地群組進一步延燒對執政當局的不滿，執政高層因此震怒，下令要幕僚們針對假新聞提出應對方案，由上而下地展開政策研究，從法規、行政體系、民間能量開始盤點，試著規劃回應資訊操縱的實際做法。

在權力核心之外，臺灣民眾要對網路上的假新聞真正有感，關鍵點則是二〇一八年。

二〇一八年五月，中華電信推出「499」行動網路吃到飽專案，消費者熱烈響應，這不只讓臺灣的行動網路應用更為普及，也被視作臺灣資訊操縱的轉捩點之一，根據財團法人臺灣網路資訊中心二〇一九年的調查，全臺上網人數已達二〇二〇萬，其中五十五歲以上，對網路使用不熟悉的中高年族群，網路使用率更在一年間增加兩成，從此，網路世界不再只是年輕世代的天下。在臺灣，人人皆上網、隨時觀看影片、滑手機的時代正式展開。對於資訊操縱者來說，通往人心的高速公路也就此完工。

二〇一八年也是九合一大選以及公投之年，煽動性的謠言、影片、圖卡，順著LINE群組、臉書動態、YouTube頻道，一波一波掀起情緒巨浪，讓年底的縣市長選舉、公投，在不同意識形態的支持者與世代之間，出現高強度的對立與撕裂，甚至出現對候選人的死亡威脅。高雄醫學大學精神科教授顏正芳比較公投前二十二個月和公投結束後一週的調查研究發現，公投過程對於同志心理的影響極大，非異性戀族群在公投前後，有自殺意念的比例從一五．四％上升至二四．六％。而在公投後的農曆年節，全臺店家甚至展開串聯，收留無法回家過節的青年。

走過二〇一八，臺灣社會各界重新衡量網路不實資訊、資訊操縱的影響力。做內容農場生意的，不管人位在臺灣或是馬來西亞，持續往LINE群組或臉書社團裡發展，試著從韓流與二〇二〇年總統大選中賺一筆流量分潤；而政治人物也無不增加網路宣傳資源，深怕輸了這場搶眼球的競賽。側翼、外部網軍、行銷公司，則是政治人物們最好的幫手，上門的訂單不斷。不僅如此，體制內的執政者展開聲量部隊的建置，讓行政部門有更大的社會溝通甚至引導輿論的本事，在野的、民間的政治狂熱者，則透過匿名的網路平臺或聯合境外資源，一波波影響臺灣的公眾討論，用網路資訊做為政治攻防的武器。

一座島上的人們，也就這樣活成了N個臺灣，彼此間因資訊操縱的規模化、專業化，相距愈來愈遠，事實不但被聲量淹沒，也愈來愈難在不同社群間建立對公共議題的共同認知。

＊此篇受訪者大多使用化名，原因一，是他們在網路上不使用真名。原因二，許多人的分享與其黨務、政務工作有關，為保護其隱私而化名、匿名。為確保每一位使用化名或匿名受訪者受訪內容的真實性，筆者皆與其他一或二位相關人士確認查證。

此篇紀錄下的故事與對話，受訪的他們，有的為政治利益，有的為經濟利益，但他們都肯定，臺灣的政治文化和成功典範已進入一個新的階段，聲量是政治資本，也是政黨、政權的保命魔戒，為了活下去，他們無法拒絕誘惑。未來，我們將擁有什麼樣的政治人物？民主將以什麼方式運行？

這場聲量競賽中，不論贏家是誰，來自政府內部的公務員對我提出深刻的警告，他們害怕民主制度與公民討論將是輸家。或許，這場戰役中我們最該守護的，是搖搖欲墜的公共討論。

1 LINE群組裡的內容農場和生意人

二〇一九年十一月底，臺北萬華火車站旁，下午時分，四、五十個中老年人坐在社區活動中心，這天，他們不打牌、不唱歌，每個人桌上放著一份「查核假新聞工具教學」，乖乖坐著聽臺上的Ivy簡報，「大家每天起床就是用LINE對不對？」一九八九年次的Ivy問，長者們像小學生一樣整齊回答。Ivy接著問：「那有被騙過的請舉手？」本來的輕鬆突然消失，空氣凝結了一秒，笑聲、「假新聞」的喊聲才噴發出來，幾個長者羞赧地把手舉向空中，Ivy見狀趕緊補上一句，「來，我們幫他們拍拍手！」

從二〇一八年底開始，Ivy與其他三位夥伴創立的非營利組織「假新聞清潔劑」，四處免費宣講，社區大學、宮廟、菜市場幾乎都有他們的足跡，經過以百場計算的活動，慢慢累積起散布在臺灣各地，超過七百名、來自各年齡層的志工；他們是地方假新聞自救小組，在線上，則每天回報LINE群組的可疑訊息。從他們收集來的清單，我看見了一份大部分臺灣人未曾聽聞的食譜。

地瓜葉打牛奶：可治三高、痛風
香菜水：可洗腎、排毒、降血壓
南非葉：可降血壓、治糖尿病、降低膽固醇、保肝、抗癌

這份清單，來自「今天頭條」、「kan-watch」、「beeper.live」等不知名網站，雖然這些網站的使用條款已明文寫著「不負責訊息真實」，但它們的內容，對許多以LINE為主要訊息來源的民眾仍有影響力。當Ivy對著臺下四、五十個長者唸出這份食譜，大家紛紛附和。「我們曾經去竹東（宣講），發現整個村莊都在曬南非葉要泡茶喝，」Ivy說，在南投，他們甚至遇見整個社區發展協會每天一早固定喝地瓜葉牛奶的例子，「情況比我們想像嚴重，我們愈做愈害怕，」假新聞

內容農場中夾雜著大量的不實訊息，然而這些內容時常成為臺灣LINE群組裡面的內容。（圖片來源／kanwatch網站截圖）

清潔劑另一名志工Melody說。

假新聞清潔劑的志工們，在長者面前也扮演數位工具「家教」，替長者們解決上網遇到的大小疑問，卻也因此意外看見長輩LINE群組裡的「災情」。「有的人一打開LINE，從上往下滑是四、五十個內容農場的群組……講課的時候有人來問我們該怎麼封鎖它們，」假新聞清潔劑志工Mark說，夾帶不實資訊、爭議訊息的內容農場，不僅透過單篇連結流傳，一旦你點入網站，有些強迫使用者加入該內容農場的LINE帳號，每天強發訊息。

假新聞清潔劑的志工在北、中、南地區都有，透過跨區域的觀察，他們也發現不實資訊的發送是有組織、有策略的。「我們常常一、兩天內看到同一連結從各地大量回傳，鋪天蓋地的感覺真的很可怕，」Mark說，住在鄉下的獨居老人常向他們詢問LINE上的訊息是真是假，怕自己一不注意就上當。

從二〇一五年就開始查核不實資訊，在LINE上有十八萬使用者的核實團體MyGoPen也感受到LINE群組裡的「攻勢」。專案經理Robin指出，特別在選舉期間，相似的內容常突然大量出現在臺灣各地的群組裡。例如一則「中國飛鐵」時速可達四千公里（為飛機三倍）、中國高鐵出現竹製車廂的訊息，在一天內被回報上百次。幾年來，MyGoPen累積大量不實訊息資料庫，其中至少有六成不實與爭議訊息來自海外網站，細看網站內容，還可看見簡體字、中國用語，或中國官方宣傳訊息。

MyGoPen試著幫使用者避開不實資訊的危害，他們將查核完畢的近千篇查核報告建成資料庫，透過機器人程式，自動化地幫使用者比對查核結果，若使用者傳來的可疑消息屬於已建檔的核實報告之一，機器人程式將直接把結果回傳。但在這樣不斷建檔、比對的過程中，他們也發現有不明人士刻意地在測試MyGoPen資料庫的能耐，每當MyGoPen把新的查核結果建檔完成，另一方會在臺灣的凌晨，佯裝一般使用者，把重新修過的標題、圖片、影音、文章連結，再回報給MyGoPen，測試能否躲過資料庫的自動比對。一旦他們發現新的版本成功躲過辨識，轉傳次數高，幕後經營者還會重製，再傳一波。這種來回從未停過，二〇一八年的大選、二〇一九年的香港反修例運動、二〇二〇年的大選，Robin回想每一波他們與謠言散播者的對抗，嘆了一口氣說：「這是一場無止盡的戰爭。」

在臺灣，無止盡戰爭的主要戰場、謠言擴散的主要平臺，就是社交平臺與通訊軟體LINE。做為臺灣最受歡迎的傳訊軟體，LINE的臺灣使用者超過總人口的九成（二千一百萬人），以通訊錄和真實世界中人脈網絡為根本的LINE群組，對許多中老年使用者來說，就是他們與朋友、同事、親戚每天互動的園地，在其中取得認可與維繫關係，可能正因如此，臺灣人在LINE上特別愛轉傳分享。根據二〇一九年十月LINE官方公布的數據，臺灣使用者間每月使用轉發功能的次數高達一億次，占LINE全球所有使用者每月轉發次數的四成，如此頻繁、有互信關係的訊息交流網，對有心人來說，就是散布特定資訊以及「淘金」的好地方。

在二〇二〇年總統大選前夕，我與同事們在不同專家和團體的協助下，從前述團體在LINE群組中所掌握的不實資訊清單，追溯散播者的數位足跡，其中一條線索，竟意外地帶我到馬來西亞。

馬來西亞的跨國內容農場站主

人在馬來西亞蒲種市（Puchong）的余國威，從二〇一四年便開始了他的「事業」，經過五年的耕耘，他成為手握三十萬粉絲、社團成員，並大量透過內容農場生產內容，在網路上賺取廣告分潤的小創業家。他自己可能都沒料到，自己所發布的內容，竟成為海洋另一端的臺灣人群組分享轉傳的消息。

在個人檔案上自稱「Facebook全球華人聯盟媒體集團主席盟主」的他，擁有內容農場、粉絲頁、線上社團，如「全球華人聯盟媒體集團」、「全球華人臺灣分部」、「全球華人東南亞分部」等；他還按不同子題分眾經營「全球華人軍事聯盟」、「重機車社團」等其他頁面。但無論在哪一個平臺，他吸引的大都是親中的華語使用者，光是他以余國威本名直接管理的粉絲頁，追蹤者以及社團成員總計超過三十萬，透過其他帳號所影響的群眾有多少，則無法查證。我爬梳他臉書上從二〇一四年起的所有公開貼文，看見了他擴張事業的策略。第一，余國威主動邀請各方有力夥伴加入旗下的臉書社團，例如臺灣中華統一促進黨成員張東南，即是他邀請擔任社團管理員的對象。張東南曾在二〇一五年受邀至北京中國共產黨黨校，參加海外及臺港澳統促會中青年骨幹研習班，與余國威擁有類似的政治意識形態，成為彼此轉貼文章的好網友。

第二，余國威在不同粉絲頁、帳號、社團間，有策略地轉傳特定的內容農場連結，他有時直接收買已有相當規模的粉絲專頁，有時靠自己的力量經營。但這樣有規模的操作也讓他成為平臺業者的眼中釘。二〇一九年九到十二月，他在自己的臉書上接連四個月分享了臉書官方發給他的違反社群守則通知，就連他生日那天，余國威也因帳號被停止發言而無法回覆祝賀。「真被FB封到麻痺」，余國威在臉書上寫道。

會一次次地違反平臺業者的規範，甘冒被刪除、凍結帳號的風險，是因為余國威淘金手法的利潤高低，決定於他是否能順利地在社群平臺上把網站連結傳播開來。他從許多臺灣人也在閱讀的kanwatch、beeper.live、奇趣網等內容農場網站上挑選文章，而後分享給旗下的三十萬名粉絲和社團成員、賺取流量帶來的廣告分潤；或是建立自己的內容農場網站，如全球華人風雲聯盟、全球華人臺灣聯盟，在網站上發布文章、散播給網路上的受眾們，賺取更大比例的廣告利潤。

「在馬來西亞，這（經營內容農場）已經變成一個產業了，每天靠做這種（不工作），就做得很不錯了，」馬來西亞獨立數據記者郭史光慶告訴我，馬來西亞境內，有三大內容農場經營業者，他們事業最高峰時，靠著文青文、激勵文就能賺錢，後來社群平臺開始管制，「很多人那時候就低價賣掉（粉絲頁）了。」還沒賣掉的，現在則在各內容農場、不同平臺間持續淘金。

自稱為人低調的余國威，看來淘了不少的金，二〇一九年十月他連兩則貼文，展示要價兩百多萬的BMW523i照片，「該買臺新車了！」他寫道。

內容農場平臺的賺錢模式

在資安公司TeamT5的指導下，我發現原來自己也能成為余國威的「同行」，他所使用的內容農場平臺，就像一般部落格平臺那樣簡單，有心人都能申請帳號一起淘金。經過幾分鐘的申請註冊，附上第三方支付Paypal帳號，我就成了beeper.live、kanwatch.best的第一〇六三六號和五四五二號會員。

beeper.live是以文字為主的內容農場，詳細分成八種分眾，仔細耕耘從女性到動漫的各種讀者族群，八個子網站在臉書上獨立設置粉絲專頁。kanwatch則跟上閱聽人的使用習慣，以影音為主。整個網站如同一個數千人共同經營的部落格，網站有一整套後臺系統，提供包括發稿、金流、個人點數累積等功能。平臺的設計完整，每個會員都能看見平臺上當日最熱門的文章，每篇文章旁邊顯示著瀏覽數還有複製按鈕，讓人能輕易地複製文章。

在平臺上賺錢則有兩種方式，第一，分享平臺上既有的文章，特別是針對新進會員，有的內容農場平臺要求新人先分享一定數量的文章，才能獲得撰寫文章的資格。分享文章後，按連結的點閱次數，每千次能分到二到十元新加坡幣不等。第二種賺錢方式便是撰寫文章了，特別的是，撰寫者有調整「分潤比」的機制，設定幫你分享文章者能分到幾成的廣告分潤，如同直銷上下線的網絡設計，鼓勵文章在網路上流傳。

這門生意的成敗關鍵是流量，這一點，坐擁三十萬臉書粉絲的余國威從二〇一四年創業以來應該表現不俗，余國威創造、張貼相近意識形態的文章，為相同政治傾向的網友們提供閱讀材料，讓人們得以在網路上抒發己志，而網友們便帶給余國威流量和廣告分潤。以臉書社團全球華人聯盟社團為例，兩萬名社團成員是點閱率的來源，也可能是流量淘金模式的下線。在此機制下，余國威不只是政治狂熱者，也是從政治狂熱者套利的資訊商人。

一位長期研究內容農場的資安專家提醒我，余國威可能因為臉書的壓制，觸及率和文章的互動表現不佳，但這不代表他就沒有收入。首先，這些文章連結可能不只是在公開的臉書上，也可以在封閉的LINE群組、微信群裡流傳；第二，如果有第三方主動付錢要求余國威等人製作特定的內容，那獲利便不只有廣告分潤而已了。

這些彼此做為上下線的會員看似自然生長、去中心化地各自努力，但在會員間，其實藏有一個線上的虛擬管理中心。有時，這個管理者會在登錄頁上要求會員變更平臺；或突然更新網站規範，禁止政治文章，把熱門的高流量政治文在後臺貼上違規標籤，警告會員們不得轉貼。是誰在設定規則？誰在指示會員們轉移陣地？跟著平臺上的指示，我走進內容農場在線上的祕密基地，一個有四百八十一人、名為「大榴蓮群」的Telegram群組。

內容農場操作者們的Telegram在討論些什麼

「請問這邊有大大知道哪邊可以買FB帳號麻？」「會員編號#5450問題，點閱數突然停止，朋友點擊網址確認後也不會增加。」「努力做，很快就能買豪宅。」近五百人的群組裡，簡繁體中文交雜，會員的問題從「內容農場」的定義，到假帳號哪裡買、轉帳細節等五花八門；群組間的金錢交易工具相當多元，包括微信、支付寶、Paypal、新加坡銀行等。

群組內每個成員都是內容農場的操作者，他們操作的內容農場系統，包括閃文聯盟、奇趣網、kanwatch、beeper.live。其中，一位名為Evan的使用者是會員們口中的「老闆」，他在群組裡，多次安撫會員們賺不到錢時的焦躁，有時會給出吸引流量的建議，有時將發薪訊息置頂做為鼓勵，還會截圖向會員證明，好的文章，還是能吸引超過三十萬人點閱。若以每千次點閱四新加坡幣計算，一篇成功的文章就能創造約一千兩百塊新幣（新臺幣兩萬七千元）收入。以二〇一九年耶誕節當天上午為例，Evan還扮演耶誕老公公，在群組發出發款通知。但會員們除了感謝，也問臉書的觸及率什麼時候恢復？「FB觸及還沒有恢復，」Evan寫道。（編按：對於「使用者體驗」不好的網站，臉書會進行演算法上的抑制。）群組裡隨後紛紛提出解方。@ink99以自己為例，六萬人的粉絲專頁，在兩天前創造十四萬觸及數，創下最高紀錄，Evan評析稱@ink99為上天眷顧之人，@ink99表示，貼文盡量以正能量的口吻寫，就能避開檢舉；另一位成員Yu2附和，他的貼文觸及也有四萬，主因是臉書推薦了他的連結，其他人還分享了讓帳號輪休、避開垃圾內容等策略。

像自救會，也像老鼠會，更像一起打工的夥伴，我在網路上搜尋群組名「大榴蓮」、閃文聯盟等字眼，發現「月入數萬」、「賺錢之路」等教學影片、部落格文，最早可追溯到二〇一五年。從那時起，便開始有人從網上教民眾如何靠著內容農場發大財，一支YouTube上的大榴蓮網教學影片，留言處可以看到許多人貼上自己的邀請連結，招募下線，也有不少近期留下的留言，指出大榴蓮網已經換到新的網域「今天頭條」。

在「大榴蓮群」群組成員名單，除了余國威的帳號Louis Yee，還有一個臺灣人都熟悉的粉絲頁名稱。我循線聯絡上他，「對啊，（大榴蓮）群組裡面的是我，」電話那頭阿傑（化名）說，他人在高雄。阿傑向我解釋這門生意是怎麼做的，以及「大榴蓮群」與臺灣流傳的不實資訊之間有何關聯。

從臉書在臺灣開始有使用者，阿傑就開始在網路上寫內容農場的文章了。「我之前用兩、三間網站，一間叫作『coco』，coco是臺灣的，然後一間是『歡享網』，歡享網是中國大陸的，然後一間是大榴蓮，大榴蓮算是馬來西亞那邊的。」阿傑解釋，在黃金時代，他一個月最高能賺六萬多塊網站上的廣告分潤，但如今生意愈來愈難做，從二〇一八年選舉後，網軍變成敏感話題，臉書也開始偵查內容農場的網站、降低連結在臉書上的觸及率，加上政府也開始針對假新聞開罰，種種外部因素都讓他的收入大不如前。

但即使如此，善於寫政治文章的他，還是能從不同的時事新聞中加工出煽動情緒的材料，他說關鍵是投其所好。他跟余國威一樣擁有自己的粉絲團，散布他在內容農場平臺上發布的文章，撈進流量後賺取廣告分潤，政治意識形態長期偏藍的貼文吸引了一批死忠的粉絲。他坦承，只要多寫韓國瑜好話、蔡英文壞話，或是誇大泛藍陣營動員造勢的人數，立刻就有效果。「有些人還會經營LINE群組、微信（來散播文章），那都會有幫助啦！」

稱自己是一般上班族，靠政治文章賺點零用錢的阿傑，卻打算拿四、五十萬請中國工程師團隊替他打造「如主流媒體一般正經的網站」。這樣的投資有兩個原因，首先是他看好影音類內容的發展，決定投身建置。第二，是他與大榴蓮系統背後主事者Evan的爭執。「Evan這個老闆比較嚴，就是禁止我們分享一些政治文，我之前分享（政治文）……那一篇四個小時就三、四萬人看，結果就被臉書注意到了啊，就發生一些FB的『大地震』，整個農場文的網域被封掉，我差一點錢拿不回來！網域被封，（群組）裡面一堆人怪我們這些做政治文的害了他們、害了這個網站，然後老闆才會禁止我們發政治文，他把一些罪過就推到我身上，我去千拜託、萬拜託，用撒嬌的方式他才肯（給錢），原本做了四百多塊新幣啦，他只給我三百塊新幣。」

阿傑說，擁有大榴蓮系統內容農場平臺的Evan是位在馬來西亞的中國人，可能因為如此，平臺上罵中國的文章非常少見，而選舉時期政治文章引起的是非，也讓Evan大發雷霆，逼得阿傑轉往中國的內容農場系統vivi01。阿傑說，vivi系統的伺服器架在香港、匯款來自中國、平臺會員使用的是微信群組，「它也是跟大榴蓮一樣的性質，就是農場文的性質。現在農場文很多家啦，比較有名的就是大榴蓮，影音部分就vivi，它是你只要做三十塊美金，隔天就會匯款給你！」雖然做為上下線，但內容農場上的會員們彼此不講忠誠，也不挑國籍，匯錢速度和網站功能是優先考量。

在進行採訪調查的兩個月內，我多次試著聯絡大榴蓮系統內容農場平臺的幕後主人Evan，但得到他的回覆，是等到報導出刊的當晚，我收到他怒氣沖天的訊息。事實上，他是直接在群組裡要我現身。

架起超大內容農場的農場主：絕大多數都是營利而已

透過Telegram與我聯絡的Evan，堅持用訊息溝通，不現聲，也不肯確認他是否真如阿傑所說，是人在馬來西亞的中國人。我和同事只能透過網路分析工具理解他的事業。Evan一人所建的平臺，有如帝國般，架起至少有三百九十九個網站。包括新加坡天氣、求職網、匯率計算、情色內容等網站，另外就是內容農場。用地理位置來分，他「旗下」的網頁從新加坡、臺灣、中國、馬來西亞到香港；用話題來分，則從香港大學生愛看的校園八卦，華人父母愛看的孝親系列，到寵物和馬來西亞、臺灣、香港、中國的政治話題都有。其中與中國相關的話題，大多屬於親中、大中華意識形態，包括一篇在馬來西亞內容農場上，篇名〈嚇傻了！港警竟然在理大搜出這些東西！還好沒發現製成品！〉，裡頭是改寫自香港《文匯報》等親中媒體的文章。

從Evan的臉書上，我們也看見他在網路上收購五萬人以上的粉絲專頁，還曾開發不同國家的新聞閱讀App，種種數位足跡都顯示，他是長期經營各類形式網路內容、賺取網路廣告分潤的生意人。

我們傳訊對話了超過三個小時，他與所有平臺業者一樣，試圖強調自己的「中立性」。他解釋，自己的事業分成自媒體平臺「閃文聯盟」，以及kanwatch、beeper.live、奇趣網三大內容平臺。閃文聯盟是公開向外出租的自媒體，是內容農場之外的服務，跟前述「打群架」分潤的方式不同，閃文聯盟讓人可以獨立成立自有的網站收廣告費，一個月三十美元，就能擁有自己的網站，獨立經營流量與內容，賺取廣告分潤。閃文聯盟還提供客服，每次收費六美元，一般人靠客服指導就能開張。換句話說，任何人都可以透過閃文聯盟的服務，自己經營流量、獨攬廣告費，或者加入kanwatch，和其他會員共同分潤。

他稱自己為平臺，堅守言論自由，不干涉也不負責平臺上的內容。經驗豐富的他，還教我們怎麼看待內容農場的文章，並公布他心中，世界最大的內容農場名字，以下以問答方式，原文呈現我與Evan的對話，我的提問用黑體字呈現。

問：你最近禁止了政治性言論？

答：有一天，阿傑發了一篇政治文章，很多人看，我覺得風險很高，所以禁止，只有一天，阿傑的文章熱度排第二名，當日，我就感覺風險太高，就全部禁止了。當時只發現兩位發政治的，一個是館長，一個是阿傑。當日我就封殺這兩個臺灣政治內容，然後清除全部和蔡英文、韓國瑜、臺灣大選的相關內容。我的平臺裡面對立的言論很多。我不支持任何一方。裡面的人如何使用（我的平臺），觀點如何，有沒有收到民進黨或者國民黨的政治獻金，我不得而知。

政治文章風險很大，我過後也是會全部刪除兩岸三地全部政治文章（不分藍綠）。我的臺灣好朋友在coco01，以前提醒我不要碰政治。我也不以為意，因為政治內容並不多。我這裡的直營平臺全部禁止政治，發政治文章扣雙倍收入……（但）自媒體平臺，是言論自由地方，目前還沒有禁止政治……每個人都有言論自由，民進黨來寫，我也不禁止。（民進黨支持者）也有，只是不多。我這裡沒有被操縱輿論，也沒有收到任何人的錢寫文章。

問：還有誰在做內容農場？

答：農場分兩種，一種只是分享無關緊要的文章，賺錢而已，另外一種達到某種目的，我也不懂什麼目的，做事情肯定有目的和動機的。目前農場我知道華人市場經營的至少六大家，你的（報導）文章只提及我一個，感覺天下農場全是我幹的。臺灣的大粉絲頁，只要不是正規新聞媒體，都是農場。我知道的（臺灣內容農場公司）就有三家很大的，總粉絲超過一個億，當然裡面很多重複粉絲。他們公司是LINE和Facebook同時運營。（名單）不好透露，我怕被報復。

臺灣農場都是公司形式，幾十人在一個大辦公室，你滲透不過去，所以大家知道的信息很少。我只寫代碼，寫平臺程式，不寫信息（不生產文章影音內容），那些大型公司，員工很多的，才親力親為。這種有寫手的才可怕，因為生產內容，寫手寫什麼，老闆說了算。臺灣公司都是本土公司運營，機器人操作大量手機分發；但大批量分發的，應該不是在我的域名下……我都不怎麼會用LINE。

問：你怎麼建議我們看待來自內容農場的資訊？

答：農場就是農場而已，不需要想得太複雜。絕大部分農場，都是營利而已，都不想和政治牽連。那些出現在農場裡面的政治內容，至少有恰好有支持某一方的會員寫的，並不代表站長立場。政治內容很多思想偏激，不能夠客觀地看待事物。只抓到某些和自己思想喜好的內容寫，難免造成瞎子摸象的情況。例如有個人有缺點，也有優點，喜歡他的人會只寫他的優點，討厭他的人只寫他的缺點。單方面看，兩邊其實寫的都對，沒什麼問題，但是寫多了，就有失偏頗。

希望你能公正客觀寫，那個（喝地瓜葉）牛奶（抗）三高文章，YouTube 八十三萬點擊量（指文章內容化作 YouTube 影片獲得八十三萬觀看次數），比我全部網站一天的點擊量都多，我看這篇報導只提到我（這個內容農場），麻煩你把最大農場：YouTube 寫上。

Evan 的說法與阿傑相同，農場不只一座。此篇報導在媒體上出刊後，我的信箱收到一封匿名信，附上三個同域名的連結，對方告訴我，「臺灣最大內容農場是這個，裡面五百多個網站，各個是自己公司的農場網站，流量九〇%是來自臺灣。除了五名技術人員，公司有農場員工九十多人左右，每天就是複製張貼文章，然後分發到LINE和臉書。每天淨利潤兩萬美金左右。裡面沒有政治內容，全是農場文章而已。」

內容農場的影響力為何不斷增強？

做為媒體工作者，我們在社群時代得使出渾身力氣、百般嘗試，才有機會從社群平臺上搶到閱聽人的注意力與點擊，內容農場低成本的生產方式和高利潤的收益，與媒體的求生掙扎成為極強烈的對比。為什麼「不保證真實」的內容農場能有如此大的影響力？政治大學傳播學院副教授鄭宇君以十年為單位，說明內容農場影響力的崛起。

首先，是閱聽人辨識能力的降低，在過去，新聞報導和廣告資訊的差異明顯可辨。但當媒體也以業配文或工具文來生產報導內容，新聞報導與資訊的界線慢慢模糊，人們的辨識能力也會降低。第二，人們透過社群網站、通訊軟體吸收資訊時，常常是以「誰」分享來決定是否點閱，至於是哪家媒體發布、作者是誰，閱聽人反而不在乎。尤其當傳遞訊息的媒介被LINE群組、臉書社團主宰，封閉群組中的人情關係，也可能讓人們因輩分、信任等不客觀因素，直接採信群組中的資訊，這樣的轉變，為大部分是匿名作者的內容農場提供崛起的機會。鄭宇君提醒，對於媒體、意見領袖的告責機制必須建立，否則無法告責、加上資訊與報導不分的資訊傳播環境，「會成為紅色言論可利用的漏洞。」最後則是網路平臺演算法的規則。「Google的演算法強調連結跟點閱率，內容農場都是為了SEO（search engine optimization，演算法）打造的，但新聞是為了事實打造的。」鄭宇君舉例，「當人們用這個弱點去攻擊它（Google），它沒辦法分辨真假。」

如今，內容農場不再只是搶點閱率、賺廣告分潤的生意而已，根據鄭宇君研究，二〇一八年大選中，內容農場的影響力足以超越媒體，對泛藍支持者影響力最高的資訊來源是內容農場「密訊」。同時，內容農場宛如跨境洗錢中賭場所扮演的角色，透過內容農場與類媒體的網站，內容加工、編輯、再造後，能讓他國政府如俄羅斯等，不留痕跡地輸出特定政治思想。根據北大西洋公約組織二〇二一年初對波羅的海、北歐八國的調查，內容農場和偽裝為媒體的網站，已成為俄羅斯資訊戰中資訊清洗的媒介，透過它們，由俄羅斯操作的資訊戰得以隱藏，並被視為非俄羅斯媒體及政府介入的訊息，進入各國民眾的閱聽來源。臺北大學犯罪學研究所助理教授、臺灣民主實驗室執行長沈伯洋在他的研究和媒體受訪中，將內容農場視作境外勢力影響臺灣輿論的「橋」，透過政治與利益動機，鼓動內容農場的生產者，產製親中的內容。二〇二〇年臺灣總統大選前LINE群組中的不實和爭議訊息，許多來自中國、臺灣、馬來西亞的華語內容農場，沈伯洋認為這可能就是中國政府統戰預算發包製作的內容。

即使Evan真如他所稱不干涉內容，但其他農場、其他下線如余國威，能拒絕愈來愈多以政治利益為目標、要求大量製造不實資訊的訂單嗎？內容農場不透明的作者資訊、不保證資訊真實性的網站規範，不只是不實資訊的溫床，也可能成為被特定意識形態和政治利益附身並大量複製的製造鏈。當為政治利益發動的資訊操縱愈來愈多，Evan想做到他聲稱的「避開政治」，是難上加難。

事實查核者的困境與假新聞在各國造成的實質弊害

這筆生意持續擴大，讓事實查核者身處一場無止盡的全球戰爭，且武器不斷進化。MyGoPen專案經理Robin在第一線觀察，內容農場不僅進化成為LINE群組主動吸收讀者、定期發送文章，文字內容還進一步影音化，一則蕨類致癌的不實消息化身為八十萬人觀看的影片，關於香港反修例、臺灣選舉的不實資訊，都以文字、影音雙軌形式在LINE群組中擴散，並大規模往YouTube平臺傳播，事實查核組織只能趕緊試著補強圖片、影音辨識的知識和技術。

對長期在亞洲各國擔任選戰網路策略顧問的AutoPolitic創辦人杜元甫來說，內容農場在選戰中本是各陣營鞏固既有支持者的有效手段，但他提醒，內容農場模式的資訊管道有可能被極權國家利用，若它們以其國力、財力大量生產或影響內容，就能明顯改變網路上不同立場的輿論聲量，並對民主社會帶來挑戰。二〇一九年我和他在新加坡見面時，杜元甫以一西班牙的公司為例，其開發出的人工智慧，能以程式尋找表現最好的文章並自動生產影片，成為快速製造瘋傳內容的最佳工具，公司才剛創立，每年盈餘已高達五、六十萬美元。二〇二一年的臺灣只要在搜尋引擎輸入「群控」等關鍵字，來自兩岸三地更便宜、更多選項的自動化資訊操縱程式就在眼前。有的聲稱一臺電腦可扮演一百個網軍；有的提供自動化程式，能在各社群媒體，大規模操縱大批帳號，並定時定量發送各種內容，甚至還號稱能替買家找出目標帳號、主動加友。自動化的內容發送工具加上自動化的內容產製，內容農場的影響力、利潤規模和在各種平臺上的觸角，恐怕將更為深遠。

放眼世界，跟臺灣人一樣喜歡轉發訊息的印度，主要災情出現在WhatsApp上，健康類不實資訊導致假藥在印度更加盛行，逼得醫生們以志工身分挺身對抗不實資訊；在美國，除了政治，關於疫苗的假新聞已影響疫情與孩童健康；在歐洲，COVID-19的疫苗則與陰謀論掛鉤……這筆打不死的生意、一場無止盡的假新聞之戰，若不趕緊提高民眾的辨識能力，商人們的盈餘，不只是民主

此為只要花錢，即能使用的群控軟體介面截圖。
透過這個工具，一個人就能控制超過百個帳號，以自動化的方式在LINE、臉書上大量、多次地投放各種訊息。（圖片來源：網路截圖）

的赤字，更直接造成人們生命和健康的風險。

當自己營利的手法造成社會破壞性的傷害，這些商人是如何看待自己的事業？本書後面的篇章，會有來自不同規模商人們的說法。但我在本篇的下一章中，將特寫一位臺灣的受僱階級，也是上述平臺的散戶——阿傑。他是政治狂熱者，也是製造真相套利的打工仔，透過他的現身回應，我們得以一窺在臺灣政治板塊中，這些政治狂熱的套利者，在其中扮演什麼樣的棋子、發了什麼財。

2 政治狂熱者，或政治狂熱套利者？——與一位真相製造產業打工者的訪談

白天是電子零件公司業務的阿傑，從阿扁時代、臉書在臺灣流行，就開始做「生意」了，他一手在內容農場平臺上發表政治性文章、賺取廣告收入；另一手，在臉書上成立粉絲專頁抒發己見，吸引關注。阿扁貪汙、馬英九九合一敗選後的下臺與否，到蔡英文、韓國瑜，都是他開罵的目標。

在二〇二〇年總統大選前的調查中，我與阿傑有兩通近兩小時的電話談話。他以政治狂熱者形容自己，還說自己試著澄清一些假新聞，從既有的新聞報導、不實資訊中，替一般閱聽人核實、補足資訊。他說自己跟泛藍的朋友只是「幫忙」的關係。他曾是太陽花時的「白色正義聯盟」、「藍白拖的逆襲」等粉絲專頁幕後團隊的一員，雖然它們都屬泛藍陣營，但阿傑仍自稱無黨無派，還說就是為了要盡「中間選民」的責任，他必須自行創立粉絲團、內容農場、影音網站，完整抒發他對政治時事的看法。

電話上的他，口氣輕鬆、貌似坦白，原來在我之前，NHK的記者也同樣聯絡了他，

回答這些問題時的他顯得游刃有餘，阿傑的回答雖有許多無法求證之處，但他對於網軍生意的介紹、藍綠陣營比較，以及在內容農場的操作上分享仍極有價值。

我們的對話從阿傑的新計畫開始。當時的他，決定從傳統的內容農場分潤制度中自立門戶，創立網站，除了增加自主性、避開分潤制度，最重要的是從文字踏入影音內容，才能跟上時代。擁有多年經驗的他在兩岸比價後，委由中國工程團隊，以臺灣報價的四分之一（約臺幣四、五十萬）打造全新的網站，他說：「就是一整套影音跟文字結合，就是比較政治的、像那種主流媒體的電子報方式。比較正式的。」

對話以逐字方式忠實呈現，我的提問以黑體標示，供讀者們思考公評，不代表本書立場。

阿傑（後簡稱答）：我現在的網站是請工程師在幫我寫，我要做有文字的跟影音這兩部分結合在一起，因為你也知道現在粉絲的口味愈來愈重，他（們）比較不會看文字、可能會比較想要去看一些影音的部分。內容（來源）的話，不一定，像我是做一些與新聞相關的，所以我是比較會去看一些電子報，然後抓取一些我需要的內容，然後再添加一些我自己要表達的東西進去，因為我們不是記者、也不是專業的新聞人員，很多新聞方面的東西，來源都是透過一些主流媒體的電子報。

問：現在做新聞網站不是都會賠錢嗎？你幹嘛做？

答：我是做我自己的興趣。我想跑一些政治文，然後去更正這些假消息。現在不是外面有很多選舉的假消息嗎，不一定是攻擊韓國瑜，假如攻擊蔡英文什麼的我都去做（更正），（例如）我看到這則新聞，我懷疑是假的，我會去找資料、去查資料，然後去更正這些假消息。然後我是掛Google的廣告，（加上廣告收入後）一個月大概的開銷都是打平。

問：我有問其他人，他們說這次選舉就是有很多錢可以賺。

答：那是網軍啊。比如說國民黨啊、或民進黨啊、或民眾黨啊，去發包一些那個選舉的案子，叫你去網路搜集一些情報，然後發文去攻擊，他們是賺這些錢。這樣說啦，開一個網站賺不到什麼錢。很多廣告公司，行銷公司，它那個賺的錢，一次都五六百、七八百一個月。比如說我是民進黨的，我有個案子，發包給你。然後叫你去搜集一些韓國瑜不對的事情給我以後用。或是要你去攻擊韓國瑜，說他是一個草包是怎樣怎樣的，然後我一個月給你多少錢。

問：這種錢你賺嗎？

答：我不賺啊，因為這種錢我不喜歡賺。我做網站就是幾乎把我的收入一些打平而已。這個是我業餘啦，我有我自己主要的工作。是下班以後看看新聞、發發一些文章，發發牢騷這樣子而已。

問：所以你的職業不是做這種網軍生意的？

答：第一我並沒有公司，第二我也不是做那種外面所俗稱的網路行銷、網軍，我完全沒有。有人要發包給我，我不要，國民黨也有人跟我接觸、民進黨也有人跟我接觸，我不要。藍的就是想叫我幫他在網路上操作一些東西，不是毀謗啦，就是問我說，網路戰這方面應該要怎麼去操作？怎麼去打？綠的也有。

至於他們的窗口喔？那個是他們自己來找欸，有時候寫email，有時候在FB發訊給我，隔一段時間他的帳號就被刪掉了。假如你願意的話，他就會跟你接觸，跟你約時間、跟你見面啊。（**問：可是你怎麼知道他真的代表民進黨或國民黨？**）我這樣說好了，不管他代表誰，只要有錢賺就好了，你想賺錢有錢賺就好了。（**問：所以我們並不知道錢是不是這兩個政黨來的？**）對，其實不知道。政治人物很怕網軍這兩個字，所以他們不會很光明正大，比如說我是蔡英文，我底下的幕僚直接跟你接觸，不會。他會透過一些外包的一些小公司，或是自己比較信任的、沒有在政治圈混的人去接觸你。

問：那你怎麼知道對方是藍的？

答：因為聽他講說要幫誰、幫誰，就大概知道了。他會說可不可以幫韓國瑜啊，還是幫某某立委啊。（帳號顯示的）是一個像國外來的FB帳號。（問：然後他說他要給你錢？）他不會說給你錢，他會說希望我過去操作，然後他就會跟你約見面，然後看什麼時間點，在哪邊見面，然後大家坐下來談。談的時候他就會跟你談錢的事，你假如在高雄，他會下來高雄找你。就看你人在哪邊，會找你談。（藍綠）都是一樣的模式。（問：這些帳號現在都還在嗎？）都已經不在啦。（問：他們就是要你寫蔡英文跟韓國瑜是不是？）不是，他不是叫你寫，他是叫你去操作網路的風向。應該是行銷公司。他不會直接跟你說，你要去攻擊誰，他就丟某個議題給你，叫你去操作，不一定用粉絲團，你有YouTube也可以。你有PTT也可以，只要你有辦法帶這個風向都可以。

問：那你不就可以接很多案？

答：我不想接啊。我有跟你很強調說我不去賺這些錢。

問：你只是用那個來導流量就對了。導回你的自己那個網站，你的vivi01（架設於中國的內容農場平臺）。

答：對對。但是它並不是那個，我先講好，vivi01並不是中國的政府介入，只是一個私人的，做那種行銷的賺錢而已。

為什麼內容農場中較多親中、泛藍相關的內容

問：大家會認為內容農場上有中國政府的介入，是因為這些內容農場平臺上面都是支持中國的言論？

答：其實並不一定耶。農場文幾乎都是藍的在經營比較多，就像你說，藍軍、就是偏藍的支持者會去經營這一塊。（因為）他要生活啊、要賺錢啊。其實也不只是為了賺錢，我這樣說好了，藍軍第一沒有網軍，它也不會去組什麼網軍部隊來攻擊任何的人。因為，講難聽一點，國民黨全部都老人。就是老古板啦。而且你要想到，國民黨從以前到現在都是軍事體系，他們有階級之分。所以他們上頭的不答應，下頭的都沒辦法動。韓國瑜是怪胎、怪咖。韓國瑜並沒有網軍，他只有五個小兵而已。

問：可是內容農場上面幾乎沒有罵韓國瑜的，或罵中國的。

答：也是有啊。中國的比較少罵。為什麼不會罵中國？因為中國人很少人做（內容農場的生意）。裡面比較大部分會做內容農場，就是只有馬來西亞人跟新加坡人最多。他們去那個微博啊，一些中國的影音網站去抓一些影片。（問：來源很豐富，所以**就是會很容易有中國的東西？**）對，而且還有一點就是，Evan（大榴蓮群平臺幕後老闆）是中國人。vivi01也是中國的，就是看老闆。老闆有時候看你罵中國覺得不

爽，就可以刪文，也會這樣子啊。網站是他們的啊！(問：難怪你要做自己的。)對啊，做自己的，我愛罵誰就罵誰。我最多只是被人家告而已啊。(問：你有被告過？)有啊，有被告過一次。我那次被告是因為沒有查證，就是之前在LINE群裡面有瘋傳一封什麼警察大學的一個教授給蔡英文的一封信。結果那一封信並不是他寫的，我就被(教授)告了。後來判拘役啊，罰錢了事。罰三萬多吧。因為沒有查證。(問：你的來源是什麼？)就LINE啊。(問：你看到然後就貼上去？)對啊。(問：那誰傳給你那個LINE訊息的，你沒有找他索賠？)太多人傳了，根本搞不清楚是誰。

問：那為什麼內容農場上比較少看到泛綠支持者的文章？

答：內容農場為什麼泛綠的不做？泛綠比較有錢，會拿錢給那些粉專嘛。我這樣說好了，內容農場賺不了什麼錢，假如你罵得狠、罵得油，帶一些消息、帶風向什麼的，泛綠那邊就有人會主動跟你接觸，他就給你錢啊。有時候一個月二十萬、三十萬給你，五十萬給你，要不要賺？泛綠他們看得上這個幾百塊美金(指內容農場每個月的廣告收入)嗎？內容農場並不好做，也並不好賺。有些人，像我之前剛開始一投入的時候，辛辛苦苦這樣子賺，一個月才賺一、兩千塊美金。假如我自己的粉專比較活躍，民進黨來找我，一個月給你十萬、二十萬，叫我帶風向，你要選哪一個？泛藍自己本身沒有網軍啊。它並沒有養這些人啊。而且他們也不敢養，所以泛藍的只能靠農場，就像一些比較靜靜的泛藍的人，就會靠一些農場網賺錢啊，賺生活費什麼的。

套利的空間在哪裡？

問：那你那時候最多可以賺多少啊？

答：就兩千多塊美金一個月。但現在沒有了啦，那個時候是剛開始進去做，時時刻刻都在發文，找文章什麼的，才會衝那麼快。（問：所以那時候你都寫什麼？）我從頭到尾都是做政治文。（問：政治文要怎麼寫才會賺多？）就是看你的粉絲啊，綠跟藍都有自己的同溫層，假如偏藍的同溫層就罵蔡英文，然後抓他們一些把柄下去寫，這樣藍的就很喜歡看；你假如是綠的同溫層，你當然就是罵韓國瑜、罵馬英九、罵國民黨啊，就這樣子而已啊……要看你自己去經營的那個粉專、粉絲的口味到底在哪裡？我的粉絲團的口味喔？就是韓國瑜好啊、韓國瑜讚啊，然後遊行都十幾萬人，二十幾萬人啊，然後蔡英文很爛啊怎樣怎樣……就是看粉絲啦，因為有時候罵到韓國瑜，我也是被那些粉絲打。（問：你怎麼會罵韓國瑜啊？）有時候韓國瑜講錯話也是要罵啊。我並沒有泛藍啊，我是中間選民啊。

問：所以選舉期間是不是生意比較好做？

答：不好做。比較好騙流量是沒錯，問題是比較容易出事。第一，網路平臺會抓，第二，你假如罵蔡英文罵得太過火的話，國安局會來調查你。罵韓國瑜就一堆韓粉會來攻擊你，然後就開始檢舉來、檢舉去，你整個粉專就掛了，也不好做。講真的啦，不要做政治文是最好的。（問：那你又愛做政治，我看你都是政治。）因為我對政治比較有感興趣。我不是政黨的人啊，我是一般老百姓。不知道欸，可能怪胎吧？像神經病……像韓國瑜那樣子神經病一樣吧？（問：看起來你很喜歡他。）我不喜歡他啊。我跟你講一句事實，他有很多政見都很天馬行空，真的天馬行空，能不能實現那是一回事，其實對於我來說、我並不喜歡那樣。但是假如說韓國瑜跟蔡英文之間，我講實在話，我會選韓國瑜，因為蔡英文她本身、她已經執政三年了，真的臺灣的經濟是愈來愈差，並沒有愈來愈好，像我在我們公司做，我跑業務的嘛，生意一天比一天難做。（編按：此為阿傑主觀感受，並無實證支持）（問：你做什麼的啊？）電子器材。愈來愈難做啊，之前陳水扁那個時代到馬英九這個時代，還沒接蔡英文那個時代的時候，多好做！我一天至少也有五、六個單。現在跑了一整天，有一兩個單我就阿彌陀佛。假如說大環境的影響，其實多少是有，但是也不會影響得那麼嚴重，而且講實在的，看到蔡英文的那些政見、像她昨天發表的政見，那些數據，其實我不很認同。因為我自己有在外面做生意，所以我自己知道外面的大環境到底是怎樣的。對啊，所以假如是我的話，我可能會給韓國瑜一個機會，讓他去做看看。看他有沒有辦法，天馬行空的政策、有沒有辦法去一一實現。

講難聽一點，蔡英文做得好，我上次投蔡英文，我再一次投蔡英文，這次做不好，我就去投別人，投韓國瑜，韓國瑜再做不好，我下一次就不投他、不讓他連任，這就是我的想法，並沒有支持誰。**（問：你上一次投蔡英文喔？）**對啊，我上一次投蔡英文。市長我是投韓國瑜是沒錯。但是我市議員投誰你知不知道？黃捷！所以你看，你說我有政治傾向嗎？沒有啊。**（問：那黃捷跟韓國瑜在互尬的時候你要支持誰？）**看誰講得有理啊。其實我這樣說好了，其實在市議會也好，或者他們在外面互尬，我並不會單看一個人的言論。我會去看兩個人的言論以後，然後去看事實到底是怎樣。我對政治很狂熱，我對政治人物並不狂熱。

這真的就一個興趣，也沒賺錢。**（問：太奇怪了啦！不賺錢做這個事，還要被罵。）**很多人都是這樣子喔。像你看啊，我這樣說、比較坦白的一個，你有沒有看過「藍白拖的逆襲」？你知道這個粉專嗎？當初這個粉專是我跟另一個小編一起做的，很早我就退出來了。現在的管理員比較激進，很深藍的激進派，搞到現在都不工作、也沒飯吃，什麼都沒有，就這樣做（粉絲頁）。政治狂熱。**（問：那你怎麼會退出？）**

因為我想說交給他們處理啊，因為有一些理念啊不合，我就退出。因為我比較想把藍白拖帶到比較屬於偏一點點藍，但是是中間。然後他們偏要把整個粉專整個帶到泛藍、比較深藍，我就不要了。（**問：是因為他們有拿錢？**）沒有拿錢、沒有拿錢，我告訴你很多瘋子啊，政治圈很多瘋子啊。

問：你建議一般人怎麼看待內容農場？

答：農場文這種東西它的素質很不平均，它就是很多人、很多國家的人，有高學歷的也好、低學歷的也好，或者像我一般人也好，去加入他們（指內容農場平臺），去寫一些文章，去做一些賺錢的事情。但是他們有些資料來源都是來於微博、或者一些FB、或者一些LINE群、或者PTT上面的文，再去轉貼過去而已。內容農場就是用轉貼的，很少人在靠自己的實力下去寫東西，他也沒去求證、沒去查證，所以造成很多的假新聞、假消息在農場散布。

像很多、你看農場文很多，偶爾就會出現什麼某某明星得癌症死掉，劉德華又得了癌症死掉……那個就是從LINE群或者什麼東西去傳，有些人為了賺錢，因為他點閱率愈高，賺的錢愈多。所以他就會去摘一些這些（流量）比較會爆的文、讓別人去看，但是他並不知道這些都是假的。也許他知道，但是他也是故意，就是這樣子。

3 政府小編的進化與側翼的進擊

做為一名在行政院中央部會上班的公務員，F的生活，與一般人對公務員的刻板印象不太相同。不論上下班，只要一滑開手機，就是F做功課的時間：查看PTT熱門文章、找最新的網路用語、掌握每日的網路熱門關鍵字；如果人在辦公室，握有輿情分析系統權限的F，還得長期追蹤社群媒體上各議題、關鍵字的熱度寫報告，從數據裡，他要看見、預測哪些社會議題會成為熱門話題，並從中定位出不同平臺、媒體上的意見領袖。

這些日常的累積和對網路世界脈動的掌握，都是為了找「哏」，為了寫出有感的貼文，快速應對來自群組的要求。自從二〇一九年蘇貞昌擔任院長，主管行政院社群溝通的「小編」開始拉群，群裡有來自黨、府、院和各部會的相關人士，若長官認定有需要，F就必須快速拿出辦法，寫出好笑或搶眼的貼文回應輿論，澄清謠言，甚至逆轉風向。

F只是臺灣各級政府中的擔任「小編」的公務員之一，身處中央部會，壓力大、權限也大，還有輿情分析系統可用，除了中央，至少六都地方政府也都踏上了一樣的路，全面性利用社群媒體、通訊軟體，展開「社會溝通」。

社會溝通其實是國民黨執政時期、太陽花運動後對於如F般的新媒體工作人員的定位，政黨輪替後，經歷二〇一八、二〇二〇年兩次大選，小編公務員們更重要的定位是「打假」。面對網路上的謠言和不實資訊，臺灣政府經歷二〇一七年「滅香」事件、二〇一八年底公投與大選，在先後擔任行政院長的賴清德、蘇貞昌強力要求下，各部會從被動式地成立「行政院網站澄清專區」，一路練兵，到二〇一九年起已能在最快一小時內的速度，主動在社群網站、LINE群組中澄清不實資訊。

資訊操控：一場找不到衡量成敗標準的戰役

「有人講它是無煙硝的戰爭，一點都沒有錯。」二〇一九年四月的訪問中，行政院政務委員羅秉成這麼對我說，他以「資訊操縱」的層級形容這場戰役，「因為訊息不一定涉及真假，但那些意圖操控、運用假帳號及提高聲量的做法，其實影響更劇烈……它傷害的是我們的認知……（這場仗）我們沒有失敗的餘地。」他形容資訊操縱是比毒品更難的社會議題，而且成功和失敗，都還沒有找到衡量的標準。「（假訊息相關政策）是個沒有成功可能、但也沒有失敗餘地的政策。假訊息像是一種認知型的新興毒品，毒品攻擊的是你的身體，而你如果被假訊息攻擊久了，可能你的認知也因此受到影響，你的心理結構、你的行為態樣都會受影響……容我這樣講，我認為它可能比反毒還難。反毒你可以有一些指標去控制，我可以講出一個所以然來，但是你認為我們用多少策略下去、能夠抑制多少的假訊息？產生多大的成效？這點很難回答。」

羅秉成指出，臺灣面對資訊操縱有個獨特的困境：難以辨別、難以證實的境外干預。「我一直被問一個問題：『政府怎麼證明有來自境外勢力的假訊息？』我說我能證明，但不能拿出證據給你看……這部分也是政府資訊操縱的攻防。因為它是資訊戰的一部分，像國防一樣，是無煙硝的戰爭。」

一個新興的社會問題，沒有具體的衡量指標、沒有終點，同時面臨一個當時難以證實、難以公開講述的境外勢力可能造成的國安威脅，民進黨政府推出的「識假、破假、抑假、懲假」四種回應手段中，官方資訊、澄清的聲量能有多大，也成為當時回應資訊操縱、不實資訊的關鍵做法之一。

公部門的網路聲量不斷增高

經歷二〇二〇年總統大選、COVID-19疫情後，公部門在社群上的聲量交出亮眼的成績，也成為假新聞在臺灣留下最令人意外的影響——一支前所未見的執政黨聲量部隊。

根據「OpView社群口碑資料庫」二〇二〇年的調查，臺灣臉書前五百大頻道中，政府組織頻道占比從二〇一九年的一%躍升至四%，對公部門粉絲頁貼文的回應數量，從一百六十一萬飆升到四百三十萬，公部門的聲量在一年間大增。報告認為，主要原因除了COVID-19疫情讓衛福部、疾管署的粉專互動顯著提升外，如北區國稅局或海巡署署長室等公部門粉專，用抽獎或時事趣味和民眾溝通政策，也是引起網友熱情迴響的關鍵。

國內與四大主要政黨合作、從二〇二〇年七月便開始推出公部門聲量排行榜的社群數據分析公司QSearch有同樣觀察，他們認為，即使疫情結束後、熱度消退，因為粉絲數已經被墊高，公部門在社群上的影響力仍會比疫情前更大。

長期觀察趨勢的他們也看到，聲量衝高的核心關鍵，除了社會關注，來自政府內部長官的要求，更是推動公部門小編不斷創新、努力的關鍵。「政治氛圍變了，各公部門都會要求，過去臉書只是偷菜、種菜的地方，政治人物不會在意，現在（網路上）第一線接收到的訊息會被決策核心看見，臉書就是討論政策的場域了。」QSearch創辦人周世恩告訴我，臺灣政黨、政治人物不只投入資源，想從社群網站讀出民意，他們也想透過回應社群網站上的風向、創造風向，累積自己的新型態政治資本。根據QSearch的資料庫，二〇一九年底，臺灣前一百大個人型粉絲頁有四分之一是政治人物，二〇一七年的數據則只有三位，從中看得見政治領域大舉投入聲量製造的速度跟趨勢。

一位擁有五年經歷的公部門小編向我解釋，二〇一八年底的選戰到一九年間，除了前述的假新聞現象做為推力，還有幾股力道推著執政黨展開以社群網站聲量為目標的「轉型」。首先，是韓國瑜、柯文哲等其他政治對手在網路聲量上的亮眼表現，第二，是其他政治性組織在網路上以議題為單位、成功動員的反政府浪潮，第三，是社群平臺業者如臉書的積極接觸、主動向公務機關介紹未來將開發的功能，第四，是整體廣告市場的典範轉移，這幾個因素推著一八年底敗選的執政黨政治人物，幾乎陷入焦慮的他們，苦思如何在聲量大賽逆轉勝。

同時，外部環境也在改變，二〇一九年一月開始，習近平對臺發言表達強硬態度，香港反修例運動也從一九年中開始一路惡化，讓具有「臺灣意識」的網民在社群平臺上集結。在內有焦慮、外有威脅的情況下，執政黨的黨政體系，在這兩年之間快速建立起聲量操作為主的「社會溝通」，並在社群平臺上吸引了一大群「臺派」靠攏，共造聲浪。

從與假新聞的對抗，到社群網站上的造浪，站在第一線的公務員小編都是關鍵人物，在與幾位與民進黨黨務、選務、政務相關人士訪談後，我看見在「壓制不實資訊」和「抵抗境外勢力」兩支核心大旗下集結而成的聲量部隊，但在這場聲量競賽背後，民主的運作、公民討論的空間，正受到威脅。

公務員小編的功能轉變

國民黨時期就是部會新媒體小組成員的F，從當時校長兼撞鐘、寫文兼做圖，貼文按讚只有個位數的年代，一路看著公部門的網路聲量突破新高，小組成員從兩人到八人，他說，公務員小編的地位和功能的轉變，發生在二〇一六年，民進黨的勝選為他的工作帶來徹底的改變。

F說，比起國民黨時期，長官開放式地讓F選定議題、被動地回應網路上的輿論炮火、對貼文只要求不要有事實錯誤，民進黨政府的要求更多，要他轉守為攻，「民進黨的幕僚比較懂（網路），首長也比較配合（社群操作）……指令比較多：要有哏、不能是中性的、要能勾起共鳴跟好奇心、要符合鄉民語言、要搭時事……」比起國民黨時期因應太陽花運動的被動姿態，民進黨政府在網路上的布局相當積極。

一位曾參與行政院跨部會宣導會議的公務員告訴我，林全擔任行政院長任內，不實資訊、假新聞的「災情」尚未檯面化，行政院對於社會溝通的想像，容許有長期、雙向、階段性地按議題與民間對話的空間，他們被交代的事務按所屬部會而有不同，有的甚至包括意見收集、不同利益關係人的對談、解決方案的討論等。中央一度要求部分部會提出長期的民間溝通策略，召開跨部門的策略會議，現在回頭來看，當時對於社群媒體的想像跟定位，理想性相當高。

二〇一八年賴清德擔任行政院長後，公務員小編的任務進化到新的階段，面對年底的公投和選舉，網路上謠言更多、議題攻防激烈，「來自黨的溝通比以往明確，民進黨不但給題目，也給答案方向，」F說。上頭對社群貼文抓得更緊，長官會逐字逐句地改。另一位同樣從國民黨時期就擔任社會溝通、新媒體工作的公務員小編G回憶：「賴清德上來之後，公部門明確知道自己反應的速度要變快，在事情發生後自己必須有一個想法出來，我覺得這個是好的，不一定是對應假新聞，很多時候是政策立場的說明。」

除了回應速度加快，還有宣傳子彈的增加，一位曾經手媒體採購標案的公務員H從公務部門預算的使用，比較出國民兩黨時期對於網路溝通的操作差異。比起國民黨，民進黨更有策略地要求各部會盤點手上的宣傳資源，為選戰做準備，並且在標案發包時，私下囑咐上頭屬意的評選委員甚至是投標團隊。「單純看網路，動用到的經費、規模、深度，兩個黨執政的差異是很大的，選前一項重要政策的政績宣導，國民黨頂多花幾十萬吧，但民進黨時代，那都是幾百萬起跳的。」H以二〇一八年底的選戰為例，選前，行政院要求各部會拍政績型的影片，在選前不間斷宣傳，甚至提出了三十支影片的目標。以H的部會為例，為了重點政策拍了三支影片，每支製作費一百萬、加上廣告費近千萬，數字驚人。必須一提的是，網路的宣傳預算增加，除了民進黨對網路宣傳的重視，也與整體環境中網路使用的普及，以及社群網路的影響力大增等外部原因相關。

即使如此，二〇一八年底，民進黨在縣市長大選和公投中仍嚐到敗績，網路上的不實資訊和疑似境外勢力以資訊操縱干預選舉，成為敗選後輿論的焦點，也讓執政的民進黨和其支持者集體陷入危機感，加深建置網路作戰部隊的決心。戰敗的執政黨決定轉守為攻，目標從打假變成主宰聲量。

二〇一八年敗選，激起建置聲量部隊決心

轉變的第一步，是回應謠言的再進化。二〇一八年、一九年間，選舉和公投相關的不實資訊滿天飛，在兩任院長的督軍下，逐漸確認「二二二原則」，要求每個部門不僅要在一小時內在社群媒體、通訊軟體上回應相關的不實資訊，回應的方式，要用兩張圖、壓上二十個大字、文字說明需少於兩百字。數位政委唐鳳更以迷因工程稱之，「『迷因工

程』就是把訊息包裝成忍不住想要分享的樣子……（把澄清內容）做成『哏圖』發布澄清，清楚正確且不失幽默。」在一場屏東大學演講中，唐鳳說，要用幽默（humor）對抗謠言（Rumor），以迷因夾帶政務內容增加其傳播力道。

另一個進化，是黨與公務部門的「資訊整合」。站在第一線的公務員小編，正式被編入聲量部隊。「一八年大選之後，行政院拉了各部會小編群組，院長小編是主要操盤手，大家每天回報貼文，他們也會下訂單給各部會小編，」一位曾在群組內的中央部會小編告訴我，選後改組，更強化黨的機要在各部長室擔任黨意橋梁的角色，他們有的參與部會新媒體小組每天的編輯會議，有的替黨部索取網路宣傳的材料。這位小編說，幕僚要求他做圖卡時不要壓上部會的LOGO，黨部的人會進一步轉化來自公部門的資料，做為網路宣傳使用。

另一位公務員則發現自己整理的資料，進一步成為許多網路和媒體上非官方名義發表的言論。這位公務員回憶，部會內具有黨員身分的幕僚會向他索取資料，透過這位幕僚，不僅轉給黨部、友好網紅，也成為匿名寫手在網路論壇、媒體投書甚至人頭帳號在網路上發布的材料。「在這個運作模式下，我就會覺得我是一個作戰部隊，被視為（選舉）作戰部隊的一員，」這位公務員說。

從黨來的幕僚，也擔任尋找「友軍」的角色，不論是網路上的意見領袖或網紅，透過幕僚的牽線，有時與部會首長合拍影片、有時則分享部會的貼文。

二〇一九年總統選舉活動開跑，民進黨政府的網路聲量部隊也不斷整軍，整軍的方向之一是「空軍」和「陸軍」的整合，要讓網路上的聲量傳得更廣、更接地氣。參與過柯文哲選戰、熟稔社群操作的團隊，先是利用蔡英文總統的LINE官方帳號在全臺吸引網路使用者，以直播車的方式每天播出節目、行腳各地吸取社群能量；而後，以蔡英文帳號為領頭，把吸來的社群能量灌入不同黨部、不同地方政治人物的社群帳號；同時也舉辦「社群之夜」等大型造勢派對，吸引青年選民，在實體、虛擬社群間不斷彼此導流、互相圈粉，最終讓民進黨中央和地方的社群聲量在選戰過程中持續攀升。

另外，在整軍過程中，還有不斷擴大的外圍友軍，他們與政府部門無關，也不直屬於黨部，但他們因為擁有網路聲量，成為這支網路部隊極為重要的外部支持。他們是網紅、匿名側翼粉專或是各平臺的社交帳號，透過直接、間接的管道，這些外部角色與團體，透過分享貼文、複製貼文，或是群組內與黨政人士的聯絡交流，在每一波訊息傳播的途徑上，加強訊息傳播的力道，甚至添加情緒、自行詮釋或改造訊息。他們可能是自發的，也可能是被授意行動。

一位熟悉民進黨與側翼粉專、網路意見領袖群組交流的人士告訴我，外圍組織種類多元、溝通管道也多，就他所在的群組，有時像是在協作，來自政府、執政黨的相關人士，會定期在此提供資訊，包括與政策相關的文字訊息和圖卡，接著，群組中的側翼與網紅們就會運用這些資料，各自發文，「有時候（黨政人士）會告訴大家當下要主推的議題。」而當對應的是急迫的議題，記者會上發布的訊息也會在群組裡即時「交流」。

這位人士告訴我，透過群組與擁有網路聲量的各方交流，是許多政治人物都在做的事情，其中有的或許有聘用關係、有的可能是情義相挺，或者擁有同樣的政治目標。他們的組成多元，各自是針對不同族群的粉絲頁、網紅，有的以知識論述的方式，有的以搞笑貼圖，或是用尖酸苛薄的方式發出貼文，將訊息以各自受眾喜愛偏好的口吻、形式傳開，讓過去可能是來自政府的單一政策消息，化作不同身段、風格，在社群平臺上傳播。

據瞭解，各方參與共同的資訊廣傳、集體為執政黨創造聲量的動機不全然相同，他們彼此的關係也可能是浮動的，有的隨著專案結束從聘用改成義務，又或是志願者表現良好而得到專案合作的機會等。客觀來看，這些外圍的粉絲頁、帳號擁有者、網紅，可以是網路上的聲量樁腳，也可能是公關戰裡的外包下游，政治人物、政黨，為了快速地得到目光，有聲量的即是隊友。

公務員與黨部運作的界線逐漸模糊

我和一組成立超過五年的YouTuber團隊求證，他們表示，二〇二〇年總統大選時，的確至少有兩組以上候選人接觸他們，其中一組就是蔡英文團隊，這位YouTuber團隊成員告訴我，許多稍具規模的網紅經紀公司都與政府有所接觸，甚至建立合作關係。而所謂的「接觸」，據瞭解，可能從上節目、邀請轉發公務消息開始，若雙方合作愉快、有共識，才展開合作宣傳或者更進一步的互惠合作，接觸對象不限政治時事類。其他業者則告訴我，有些單一個人的意見領袖，因為有愈來愈多來自政府的需求，甚至因此創業或擴大事業體，為更多政府標案生意鋪路。一位政府幕僚表示，他們的確與各平臺上的意見領袖、圖文作家都聯繫過，這些擁有聲量的意見領袖與網紅們不僅在商言商，還會挑選較為順風、有聲量、討好的議題合作，並依照政治人物的身價以及能帶來的流量，而提出不同的折扣優惠。

從打假出發，聲量部隊一步步整合、進化，公務員小編逐漸發現跟自己同群，使用部會資料的，不只是公務部門的人，還有匿名寫手、側翼粉專、網紅和黨部在中央和地方的LINE群組等。

一位政治網路公關相關產業人士如此分析：檯面上，公部門粉絲頁負責進行政策辯護，政黨和政治人物的粉絲頁則表達堅定的立場，「圖卡、髒火、打手、嘲諷的東西，就交給外圍的側翼粉絲頁、假帳號去做。」外部看來雖然分工井然有序，但就內部運作來看，公務員與民進黨部的運作界線愈趨模糊。從結果看，公務部門的聲量的確成功翻倍成長，尤其有網紅們的加持，政治人物、部會局處的社群貼文，影響力非同日而語。

嚐到了聲量的甜頭，看見聲量的影響力之後，政治的運作起了變化。「這個年代，政治人物有聲量不一定贏，但沒有聲量，一定輸。」一位政治幕僚如此形容。傳統的政治幕僚投入大量時間鑽研政策、琢磨文字，或是經營選民服務、人脈等傳統定義的政治實力，但社群時代誕生新一類型的政治幕僚，他們以聲量為一切的依歸，將現實與數據結合，根據社交平臺上的風向、輿論熱度，來決定貼文形式、頻率、政治議程，政治人物甚至也根據聲量跟風向，來判斷自己該對哪些議題回應、以此排列優先順序。

如今，不分黨派，只要是有資源的政黨跟執政團隊，都想辦法緊盯社群聲量的變化，從中央政府、地方政府、到黨務的日常運作，社群輿情跟聲量的掌握已逐漸普及，他們希望掌握包括各個政策、議題、關鍵字在當下的網路熱度，以及各政黨、政治人物在不同網路平臺上擁有的聲量，據此，政治人物、政黨擬定進一步的網路聲量戰略，透過公關公司、側翼甚至假帳號，在不同平臺上發動一波波攻勢。

投入資料掌握聲量，是為進攻，也為防守。一位與政治領域網路行銷產業熟悉的資深產業人士以二〇二一年二月的藻礁連署公投為例，民進黨在國民黨和其他網紅開始表態前，就透過網路聲量觀測到藻礁議題的熱度正在快速上升，「民進黨跟服務他們的機構，前一個禮拜就全面回防，你會發現，在所有討論藻礁的貼文，都有防守方的圖文被回覆出來。這些人你也不知道哪裡來的，有些可能是（從黨）散布出來的（圖卡）。」這位資深產業人士表示，民進黨已有標準作業流程，做好黨部、公部門、外圍組織在傳播資訊時的分工，決定要強打的議題後，各司其職、快速行動。這位產業人士表示，經過二〇一八、二〇二〇兩次大選，讓傳統上講究地面戰、選票實力的政治賽局有了新變化，有意競選高位的政治人物，都加緊腳步投入資源練兵、培養空戰人才，當網路聲量成為新的標準配備，有能力操作空戰、手握聲量者，身價和地位也因此看漲。

過度追求網路聲量，可能壓縮議題的多元討論空間

短短幾年間，彷彿進入一個新的時代，幾位從國民黨時代就在政府部門扮演社會溝通的公務員，有的在訪談中用「發文機器人」稱呼自己；有的笑說現在的工作輕鬆多了、不用動腦只要完成交辦事項；有的工作重點之一，是研究其他網紅的成功之道；有人搖頭，認為新媒體的溝通已到了盡頭，所謂正反並陳的政策討論不復存在，只剩單方面的

宣傳圖卡跟哏。

站在第一線的他們不只感受到社群的熱度，也感受到背後的不尋常。尤其在總統大選期間，「有些人頭帳號太常出現，你就會覺得怪怪的，稱讚我們、罵我們的都是，不像真人。」F說。另一位前任部會小編，則發現自己的貼文變成反韓勢力的集結場，即使他貼文本身意圖解釋政策的細節。某次國民黨總統大選候選人韓國瑜以高雄市長身分到中央開會，被政院小編剪出打嗑睡的畫面，也讓做為公務員小編的他，開始懷疑自己到底是在當公僕還是在打選戰，「（網路上的輿論）不是自然的事，很多沒有的情緒是被挑起來的。」F坦言，這些對上頭的長官來說卻都是聲量的表現，從數據來看，當時政府部門的貼文還很少破千讚，但在選戰期間，若有反韓跟挺韓兩股勢力交鋒，一篇貼文幾萬個讚、觸及人數十幾萬都有可能。

「我的心情是蠻複雜的，一直不想要在公部門的粉絲頁露出高政治性的東西，因為會吸引更多政治性的受眾、整體（粉絲組成）會變，」這位經歷過三次大選的公務員小編嘆道，「選舉這件事情對經營社群的人來說非常具有誘惑性，是裹著美麗糖衣的藥，所以如果你是追求數字的話，那個給長官看的數字績效，也是很大的。我是有一些掙扎的，但當你去看下面的留言的時候，你會覺得寧可不要，因為你引來的是創造更多互相謾罵的地方而已。」

除了聲量背後的組成令人擔憂，聲量部隊在打假之外，若被用來帶領所謂政策討論時的風向，以社群操作掩蓋政策問題的本質，臺灣，做為《經濟學人》二〇二〇民主指數東亞第一，還能不能繼續保持開放、多元的公民討論空間？

當情緒操縱勝過政策說明

一位曾擔任中央部會小編的公務人員表達了擔憂，他負責的部會幾次成為輿情攻擊的目標，許多都是因為政策內容的誤導或政令的誤傳，部會本來要釋出完整資訊，揭露長期的政策規劃以釋疑，但群裡收到的卻是「不要說那麼多，你不要寫細部說明，就寫一行大字」。這位公務員認為，在政策論述上，公部門發出的訊息愈來愈少鼓勵深度討論政策，轉而走向引起情緒的方向。

公務員小編們的感受與提醒，看在操作網路聲量的業界人士是遠離現實。「你要談政策？社群上沒有人在跟你談政策，拉情緒比較快啦！我做一個圖卡，下面壓什麼不重要，但圖卡上打一個『××黨都是笨蛋嗎？』這樣最快，拉情緒、拉聲量、拉互動，都是。」這位產業人士說，他把這類的圖卡視作網路聲量中的彈藥，要說是為政策辯護也行，但更重要的是要讓支持者心安，覺得自己站得住腳。「我舉個例，今天大家都在幹譙藻礁這件事執政黨做得不對，執政黨如果沒有彈藥來防守，即使是民進黨的支持者，也會懷疑是不是真的執政黨做錯了，因為大家都這樣講啊！但當執政黨發了一個罵國民黨的貼文，尤其是民進黨的支持者，就會輕易相信。大家需要一個心理支持，怕自己支持錯人了！」

以情緒創造社群平臺上的能見度，這樣的做法，在二〇一九年、二〇二〇年選戰期間，的確為執政黨在社群平臺上吸引集結大規模的支持者、「友軍」，但選舉之後，在面對美國總統大選、疫情、公投議題時，在選戰中捲動起的情緒和集結的聲量部隊，卻開始影響臺灣民主社會中公共討論的空間，一旦學者、智庫、非營利組織、媒體，發出與執政者不同的意見，即使背後有科學根據及事實支撐，卻也遭受聲量部隊的輾壓式攻擊，更甚者，側翼粉專、支持者帳號，製造並轉傳錯誤的資訊，只為支持、放大執政者的說法與聲量。

不同的意見被壓在聲浪之下，甚至變成外圍部隊、支持者群起攻擊的目標，這樣的結果，從輿情報告上看起來可能是某陣營社群聲量的勝利，但若從早期政府在二〇一六年試圖達成的透明、參與、更多社會溝通，以建立強健的民主等目標來看，這場從一八、一九年起開始的聲量競逐所達成的，恐怕與當時目標不符。另一方面，過度仰賴聲量也會造成副作用，不受控制的外圍組織極有可能反成為亂源，或因沉默螺旋，逼得社會上不同意見走向極端化、地下化，贏了一個社群平臺的聲量，還有更多的平臺將誕生。

站在政府與社會溝通的第一線，公務員小編們看著因太陽花運動、假新聞，政府內部興起的新媒體溝通術，從一株小芽開始，經歷政黨輪替、三次大選後，一路長大成為如今橫跨黨、院、府和外圍組織、人頭帳戶的聲量聯盟。一位剛離開行政院的前任部會小編回顧二〇一六年至今自身角色的變化，「這樣做是比較有效果，內容才有人要看，但長官會比較強勢，有些同仁不能接受，」他說，有些公務員因爲達不到有哏的標準而被淘汰。另一位更早離開的公務員小編則感嘆自己被時代淘汰，「以前可能是問要怎麼轉譯（政策內容），怎麼把複雜資訊變得更好懂，現在已經直接跳過這個步驟，就是要想哏。」而且，「很難講國民黨如果現在回來（執政），會不會也做一樣的事情。」

對於未來，匿名與我對話的他們，許多人感到悲觀，但他們心裡都還藏著對「社會溝通」的期待，那是他們在每一則貼文之間努力堅守的底線，也是他們願意接受我訪談的關鍵。

站在第一線已六年的小編F認為，民主國家政府如果還對社會溝通抱有願景，應該去思考、發展在社群時代完整呈現資訊的做法，才有可能進一步討論政策與公共議題。他強調，訴說「事實」，是在拚聲量的政治現實下民主國家政府該守住的底線，因為面對境外敵對勢力時最大的資產，正是對民主制度的信任，「行政機關最重要的一件事，不管做什麼東西一定要以事實為基礎，如果做這件事是為了幫某個政策、某個政黨辯護，但你卻扭曲它的事實基礎或去變造一些資料，只講好的那一面，不告訴大家它的代價是什麼，我覺得這樣是不好的……不能因為特定的立場、政黨、顏色或是價值信仰而去造假。」如果這麼做，他警告：「信任基礎的建立就變得很難，只要一個部會曾經被抓到說謊，可能後面的溝通都會抱持懷疑的態度。」

另一位執政黨核心政治人物的小編，則以衝浪形容他的工作。「小編經常需要留意時事的浪潮，跟著熱門話題一起衝上聲量的浪尖。極有自信的操作者，甚至認為自己可以憑空創造出浪潮。但殊不知，衝上（或自以為創造出）言論激化的浪潮後，接著卻是大家都跌下浪頭。衝浪者終究無法真的控制浪潮。」他擔心逐浪、造浪的過程，已破壞民主社會裡公共討論的空間。他認為當務之急是在「內部民主空間」和「外部認知作戰空間」之中，由全體臺灣社會共同劃出一道清楚的線，對外來威脅必須抵抗作戰，但內部的民主空間也必須維護，包容多元意見並彼此對話。

這位小編回到聲量作戰的初衷提出反思，對抗假訊息，不正是為了維護民主社會的公共空間？民主政治中，聲量的盤算絕不能高過於民主的核心價值，因為唯有「臺灣內部民主愈強韌，才能拉出與中國之間的差距」。

與我對話的臺灣政府小編們，提到的抉擇、失望與困境，是社群時代民主國家的共同挑戰。牛津大學網路與社會研究中心從二〇一七年展開調查，追蹤由政府或政黨操縱網路輿論的情況。一七年，有二十八個國家以網路資訊操縱，詆毀對手、影響輿論、壓制異議者；到了二〇二〇年，數字已上升為八十一國，其中有六十二個國家，政府部門利用數位化工具形塑大眾對公共議題的態度。牛津調查團隊的其中一員，莎曼珊・布拉德肖（Samantha Bradshaw）在受訪時表示，他們看到由政府或政黨支持的網路資訊操縱者，已是朝九晚五的網路團隊，他們有正規的辦公室、行動相當有組織，他們領取報酬和享有福利，有時，他們自己甚至就是政府官員。「愈來愈多的政府和政黨都別有用心地利用社群媒體的演算法、自動系統和大數據，大規模地操縱公眾輿論，這對民主制度構成很大威脅。」報告中寫道。

《經濟學人》在相關報導中指出，不僅採取資訊操縱的政府、政黨變多，它們的手法也在變化，人工管理的假帳戶變得更受歡迎，原因是有真人操控的假帳號更不容易被平臺與網友發現，效果與可信度也更好；同時，在社群媒體上有影響力的帳號跟團體，現在也都成為網路宣傳的利器。

必須強調的是，在二〇二〇年的牛津報告中，臺灣還不在八十一個國家之列。

4

聲量競賽中的＃1124PTSD＃側翼＃中國
——與一名參與選務及黨務人士的訪談

根據臺灣民主實驗室的紀錄，COVID-19疫情發生後，臺灣的LINE群組和社群網站上，看見了這些不實資訊：

臉書社團「兩岸三地交流大論壇」，一名帳號為高兆的使用者貼文：

我媽媽是高嘉瑜議員在臺北一中的同學
嘉瑜議員有打電話給我們講
現在武漢肺炎超嚴重！
新北夜市商家在半個月前就有發現超多感染者
跑到臺北市超多的
政府完全追蹤不到

民進黨查收到好多口罩商，黨員都可以領口罩
嘉瑜議員還送了兩盒口罩給我們
嘉瑜議員本人超甜的好好人！！！

另一位使用者Jiang Chengda貼文：

夭壽了，我樓下鄰居罹患流感，送醫兩天掛掉了，醫護都超緊張的，疾管署傳簡訊通知完家屬就把人拉去臺中火葬場火化了，媽媽連小孩最後一面都見不到，也太可憐了吧。我們覺得是武漢肺炎啦，但是疾管署一直否認，我們做為他的鄰居真的好擔心，誰來幫幫阮臺灣人？蔡總統人民求求您，不要在家陪貓貓玩了

一份偽造的行政院公文，上頭寫著二〇二〇年二月二十八日起，每一名健保卡持有者都能在醫院領到十片免費

高兆 ▶ 兩岸三地交流大論壇
1小時・

我媽媽是高嘉瑜議員在台北一中的同學
嘉瑜議員有打電話給我們講
現在武漢肺炎超嚴重！
新北夜市商家在半個月前就有發現超多感染者
跑到台北市超多的
政府完全追蹤不到
民進黨查收到好多口罩商，黨員都可以領口罩
嘉瑜議員還送了兩盒口罩給我們
嘉瑜議員本人超甜的好好人！！！

Jiang Chengda
夭壽了，我樓下鄰居罹患流感，送醫兩天掛掉了，醫護都超緊張的，疾管署傳簡訊通知完家屬就把人拉去台中火葬場火化了，媽媽連小孩最後一面都見不到，也太可憐了吧。我們覺得是武漢肺炎啦，但是疾管署官員一直否認，我們作為他的鄰居真的好擔心，誰來幫幫阮台灣人?蔡總統人民求求您，不要在家陪貓貓玩了

的醫療用口罩。

在中國社群平臺上，還有一張發文日期為二月二十九日的偽造的桃園市政府公文，聲稱桃園即將封城。

不管是來自臺灣民主實驗室的研究，或國安局在二〇一九年發布的報告（參見本書文章5·3），都點出來自中國官方或相關網路組織，試圖在臺灣的資訊環境中發起資

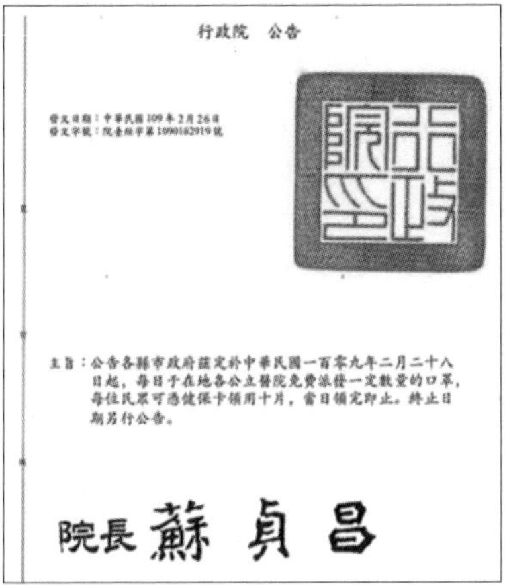

行政院　公告

發文日期：中華民國109年2月26日
發文字號：院臺綜字第1090162919號

主旨：公告各縣市政府議定於中華民國一百零九年二月二十八日起，每日于在地各公立醫院免費派發一定數量的口罩，每位民眾可憑健保卡領用十片，當日領完即止。終止日期另行公告。

院長蘇貞昌

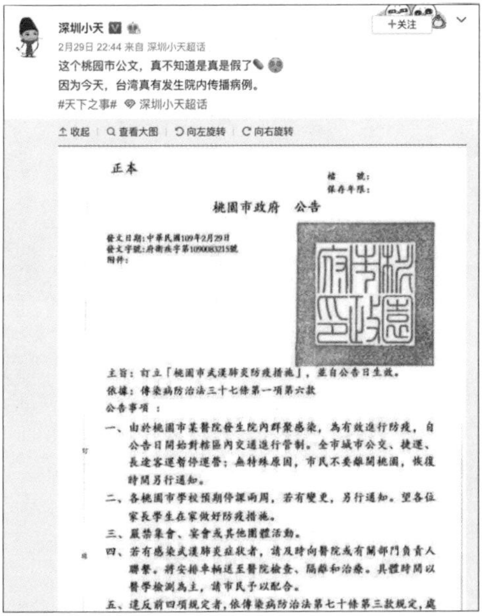

正本

檔　號：
保存年限：

桃園市政府　公告

發文日期：中華民國109年2月29日
發文字號：府衛疾字第1090083215號
附件：

主旨：訂立「桃園市武漢肺炎防疫措施」，並自公告日生效。
依據：傳染病防治法三十七條第一項第六款
公告事項：
一、由於桃園市某醫院發生院內群聚感染，為有效進行防疫，自公告日開始對轄區內交通進行管制。全市城市公交、捷運、長途客運暫停運營；無特殊原因，市民不要離開桃園，恢復時間另行通知。
二、各桃園市學校預期停課兩周，若有變更，另行通知。望各位家長學生在家做好防疫措施。
三、嚴禁集會、宴會或其他團體活動。
四、若有感染武漢肺炎症狀者，請及時向醫院或有關部門負責人聯繫。將安排車輛送至醫院檢查、隔離和治療。具體時間以醫學檢測為主，請市民予以配合。
五、違反前四項規定者，依傳染病防治法第七十條第三款規定，處

訊操縱；同時，內容農場、社群網站或經濟利益驅動的行為者，也因語言、文化、意識形態的關係，刻意或不經意在臺灣的網路上散布與中國相關的不實資訊。

另外，根據網路安全公司 Recorded Future 二〇二〇年的調查報告，中國省級政府常態性透過臉書招募支持統一、親中的臺灣網紅（influencer），目的是要訓練一批明確政治傾向的臺灣網紅。Recorded Future 表示，這種貼文常由在地的臺灣人代表中國政府張貼，貼文上寫明月薪在七百三十美金到一千四百六十美金間。二〇二一年開始，中國政府更直接籌辦網紅、電商直播主培訓活動，積極扶植臺籍「網路工作者」，希望培養網路意見領袖去影響甚至主導臺灣網路輿論場域。例如，浙江杭州市臺協自二〇年八月展開的「千名臺青主播培養」計畫，兩年內要提供五個月、共二十四堂課的線上課程給千位臺青，教授短影音、秀場直播、網紅打造、直播帶貨等課程，福建省與廈門市臺聯同一時間也聯合推出「海峽兩岸青年網紅主播大賽」，搭配「青年網紅主播達人研習營」，試圖吸引臺青參與。

一次一次，透過國際調查報告、臺灣民間單位和國安機構發表的文件，臺灣民眾對於中國資訊操縱、網紅串聯的意識愈來愈高。對許多人來說，這代表國安等級的威脅無孔不入。二〇一八年底的選舉結果、香港反修例運動引發的港版《國安法》、一系列大規模人權倒退等，都不斷加強臺灣部分群眾的亡國感，民進黨在二〇二〇的選戰中，吸納了這股情緒，並使之成為網路上的助力。

阿宏（化名）曾是民進黨政府裡的幕僚，也參與了二〇二〇年選戰，身處在不同群組中的他，第一線看見議題的形塑、網路的溝通，以及網紅、側翼粉絲專頁和黨如何在群組裡合縱連橫。阿宏的想法，代表了一部分的政治工作者、支持者、網路使用者從二〇一八年選舉至今的心路歷程，透過他的告白，我們能看見面對資訊操縱的疑慮，以及他們對自身行為的詮釋。

以下是我與阿宏的對話，以逐字忠實呈現，供讀者們思考公評，不代表本書立場。我的提問用黑體標示。

問：從政務系統進入選舉團隊而後離開，你對於公務員小編與黨共同工作後引發的黨政不分疑慮，有什麼看法？

答：界線模糊是不得已的必然。我就是因為在黨待過，所以會知道，如果你黨政分離的話，黨的政策會無法被公務員理解，或是第一線的公務員根本就不是這樣看待（政策）的。那就會出現很多問題，接下來黨就會覺得政府的人都不聽話、公務員都抵制我。而且如果你要用黨的人力來做這麼多事情的話，它的人也是不夠的，它的人力能夠負荷大大小小的事情都自己做圖卡嗎？很難嘛。

而且回應政策爭議的時候，用行政部門去回應是最實際的（人力、握有的資訊），但也因為這樣，會有許多限制。公務員做事的習性，他們做出來的東西就會很難讓人理解，看不懂、抓不到重點。例如萊豬的問題，民眾要的是安心，可是政府內部的公務員，很多都是跟科學相關的，他們會講安全、容許量，但民眾要的是安心，一直講安全也沒用。但你讓政治人物去講那個東西有時會歪掉（指不夠專業），公務人員回答會很精確，但很難講到心裡。所以回應的過程中，你需要有人去把他（公務員）帶好，圖卡的風向要是能講到人家心裡面但是又兼顧專業的，只要有部長室的機要、幕僚，就有可能。接不上的部會就是會（從社群上）消失。

政治環境中很難有「非選舉」的時刻

問：許多公務員小編覺得自己偏向單方面的宣傳較多，少了雙向、長期的「社會溝通」？

答：打選戰的時候，很少有溝通的空間啦，因為人是可以駭（hack）的，就是你用各種利用人們思考偏誤的手段，讓他覺得你是比較好的選擇，用這些漏洞讓人覺得「我可以投給他」，其實是比我要說服他還來得更簡單更有效，那我為什麼還要花那麼多時間溝通？尤其當我選戰的時程愈來愈近的時候，我真的還有那個資源去一個一個溝通？這不是代表說溝通不好，溝通很棒，只是當有些時候資源不足的時候，或者是當別人都在駭人的時候，你不跟著下去駭，你就是等著輸掉嘛，對吧？圖卡就是駭人的選項之一啊。像我去打選戰的時候就想開了，他媽的中國也在駭人，你不跟著駭你就輸了嘛。贏了這一次你才有機會溝通嘛，那你不贏下來，你還有機會溝通嗎？

問：你怎麼有這個覺悟啊？

答：1124啊，大家都是因為1124（笑）。

問：可是現在的政治環境中難道有「非選戰」的時刻嗎？

答：現在好難喔，中國也是在打選戰啊。很多側翼都是這樣想的，他們以為自己在說服人，但當然他們不一定有能力去做深的政策辯論，或是認為政策辯論不如鼓動情緒，就會做一些圖卡，酸人，戳破。但大家會在網路上這樣做，這後面有兩塊原因，一個是1124的PTSD，一個是演算法。這是很根本的問題，要在演算法的框架之下跟對手做這樣的競爭，所以側翼當然就會長成側翼的樣子，（問：什麼意思？）因為人性啊，人喜歡激烈的批判，喜歡一錘定音的東西，他喜歡你看完後，從此不用再想這個問題了，我有這個答案，從此我就抱著這個答案到我死都不要改變，最輕鬆！人喜歡這樣啊。你如果有側翼給他們這個答案，給他們一個酸人的快感，那人們就會隨著這個側翼而圍繞起來嘛，那你就可以把你的同溫層建構起來，同溫層才有能力去打贏選戰。

但側翼的失控就會是他的副作用，因為不是每個側翼都會熟悉那些議題、那些人，再加上很多側翼也可能是草根性的、自發性的民進黨支持者，那在這樣的狀況之下，當然就很容易（打的力道跟目標）失準。他們對NGO又不瞭解，打起來就很容易失控、罵你左膠啦什麼的……你看後來川普選舉的過程，就整個歪掉，拉不住啊，他們都是很有主見的人才會去當側翼啊，不然你以為他們聽話喔，聽話的人當什麼側翼？另一種側翼失控，就是帶領的支持者失控，這個失控最後會反噬政治人物、政黨。最好的例子就是在藻礁爭議之後，行政院推出外推方案，引發許多民進黨支持者的不滿，最後（執政陣營的政治人物）還要花時間把他們帶回來。

問：粉絲專頁這麼多，我們怎麼定義側翼？

答：你不知道他是誰，但是你看得出來他的發文有他的政治立場，（粉絲專頁）「我用胸部思考」、「只是堵藍」這種。但反過來說，這樣的分工又是需要的，在以前的選戰呢，沒有側翼，但大家都喜歡激烈的言語，大家都喜歡在臺上「撕報紙」，發表一些激烈言論，但是誰要去撕報紙？就是政治人物下面的人要去撕報紙，撕完之後政治人物再出來說，喔喔喔那太激烈的，為我的同仁道歉，要分兩個，政治人物身上就不會髒嘛。大家都會需要一點展演，那些展演如果是不OK，那就是要讓小弟或其他人去做，但是小弟還是會連到政治人物啊，或是小弟以後還是會往上爬嘛，這個時候，到了現在，大家又期待健康乾淨的選舉，你政治人物要健康、又不能潑髒水，那另外一邊又在潑髒水，那誰要來潑髒水？那只好讓側翼去潑髒水囉。

臉書的存在讓側翼可以出現，每個人都可以成立粉專，或是在PTT放話，再用網軍炒作，就躲在匿名性的背後去潑髒水，中國也是利用這個嘛，在匿名性的背後，中國的東西也在潑髒水啊，你潑我也潑，不去應對那些髒水，你就在髒水中淹死了。（其實）不用找人來潑，那些側翼都很願意潑啊，他們其實很多都沒有錢賺。他們為什麼願意這樣做，因為PTSD。尤其是你旁邊是中國，又看到香港在抓人，你的PTSD就會（促使你）這樣。

黨跟他們可能會合作啦，因為其實側翼做久了他們也會去問正確的資訊在哪裡，他們也不想一天到晚都說謊，他們也想取得正確資訊，來幫忙辯護政策，他們有聲量，然後政府這邊也會需要有人幫忙講話，如果兩邊認識彼此，一拍即合，就可能會合作。

問：他們應該蠻容易找到彼此的？

答：對啊，就私訊粉專，就可以了。

問：所以側翼的作用是什麼？真的有辦法影響輿論？

答：應該說這個年代你得靠側翼，不然你就跟川普一樣，一直發推發到被封鎖，你看他自己發，他就是把髒水都攬在自己身上就黑掉了。

問：側翼好當嗎？

答：你要看是當哪種側翼，無腦的還是有腦的，無腦側翼就很好當啊，什麼事情就都挑弱點。側翼彼此客群不一樣，有的寫的落落長，有的是情緒潑糞型的，你經營的過程中人的本色就會變成粉絲團的樣貌，就會吸引到那樣的人。

抵抗中國因素，資訊操控實難避免

問：你呢？在參與選戰之後，你對如此操作聲量、宣傳政策的方式，與過去有什麼不同的想法？

答：實際參與過，看著工作的運作，就會認為這個是必然。而且其實大家想要對抗的東西其實是來自中國，它有很多細胞滲透在臺灣的各處，不斷地在傳遞謠言，所以側翼才會認為，我們必須要挺身出去對抗這些東西，然後才能守護我們的民主，守護我們的下一代，所以你說他們（側翼）是壞人嗎？也不是啊。正是覺得自己是正義的一方，才會理直氣壯地潑糞。

問：但所謂假新聞的亂象，正是因為大家都覺得自己是正義的一方，是在分享真正的真相。

答：所以我覺得短時間都會是這樣（問：互相自認為正義的一方然後互相潑糞？）對，除非我們有資源，有文化的底蘊，才有機會溝通，（這資源）包含時間，如果我們有一兩年的時間，內內外外都溝通，把關節打通，但如果時間不夠的話，還是去路邊揮手拜票吧。

問：但時間的概念是比較出來的吧？資訊操縱的選項存在，其他的做法相較下都是漫長的。

答：大家就是會選快的那種。坦白說，最健康的應該是，用溝通的方式讓政治人物的想法上有辦法去改變跟調整，我們有用政策溝通的方式，把（人民）憂慮從中提取出來，讓政治人物在做決策的時候，可以有參考的依據，而不是只靠自己的感覺在做決定。現在其實很多時候他們做決策都是在靠感覺，再加上都是在打地鼠（指一波波公共議題的公眾討論），這個打完還會有下一個，就不會有時間去做長期的政策溝通，幕僚就被拖著走。

問：有人提倡規範政治人物用不透明的方式去做政治的資訊操作，讓一些違反社群規範的政治宣傳方式不再是選項。

答：那怎麼先避免中國有這些選項呢？其實側翼粉專最怕的是它被曝光，但是中國在做這些事情的時候，其實也是怕自己被曝光，所以你應該至少要有代理人法去把這些人（此處指境外勢力的代理人）抓起來，如果沒有的話，就會變成這個國家的政治人物無法為自己說話，然後一大堆小市民，講話不受監督，或不用公開，但他們背後如果是中國，那這樣的狀況反而更可怕。

問：有人會認為，理想上來說，民主社會本來就有多元的聲音，夠公開、夠透明、夠包容，自然而然會達到一個平衡，且對話跟討論後會有共識。

答：中國錢這麼多，有些人發文有錢，其他人沒有，啊你怎麼說這兩種會達到一個平衡？短時間內如果沒有代理人法，那你只能頭洗下去跟它（中國）一起玩了。我其實也覺得今天如果是個很理想的狀況，把那條線畫出來是一件很重要的事情，但是民主給了大家自由空間，然後極權來利用這個空間滲進來，那請問，這該怎麼辦？你如果沒有辦法防堵這一塊、把它抓出來，然後你今天去把政府的牙齒先拔掉了，那你接下來只會更慘。

5 在我們和真實之間

記者的工作，是透過採訪、調查、研究，想方設法靠近真實，以報導讓自身所見傳達給閱聽人。在真相製造的時代，我們的工作變得愈來愈挑戰。以幾次撰寫與新疆人權壓迫有關的報導為例，我面對的，是假冒新疆地區民眾的社交帳號對報導的批評；當我尋找資料，會看到號稱來自新疆地區居民拍攝的生活「真實樣貌」，之後卻發現那是中國政府的製播內容；或是在查證各方說法時，會發現自稱去過新疆採訪的其他國家記者，寫出的報導與受訪者告訴我的完全不同，原來，那是由中國政府出資招待的記者團，甚至由中國政府出資假扮的「外國媒體」刊登；但最難的一關，還是面對臺灣閱聽人得到的回饋，當我以第一手資料、採訪，多方查證後刊出報導，我的報導卻必須面對閱聽人心中的不同「濾鏡」，他們針對我所屬的媒體、我過去寫的文章、社群網路上其他分享者的政治傾向，以判斷報導的真假。要跨越這些障礙重新把事實報導出來，是記者的挑戰，也是我們必須不斷進化的原因。進化的方式之一，是與國際學習，彼此交換在各地看見的新的造假、操縱資訊的方式跟工具。我在二〇一九年春天獲得獎助金，到倫敦參與大西洋委員會所舉辦的三天工作坊，與國際智庫、事實查核單位、調查媒體、學者，和一些國家的國防相關官員，一起研習國家安全、商業、傳播環境等視角對假新聞的最新研究，也像小學生一樣，一起做課堂上的分組練習，學習怎麼用最新的工具打假辨真。

跟我一起上課的有新加坡的國防官員、BBC調查記者、來自東歐的事實查核組織。我們要做的功課，首先是一張載著飛彈的卡車照片，我們必須透過車牌、車型、飛彈的外型，以及周遭植被、地形、陰影的長度等線索，來證明這臺車的位置，以及其載運的飛彈，是否為導致馬來西亞航空MH17班機於烏克蘭墜毀的元凶。講師打開各種數位應用網站，告訴我們如何運用線上資源破案。功課二，是一個推特帳號發的爭議資訊連結，我們必須查出這是否是個假帳號，是否是有心人的大規模資訊操縱。講師點開了爭議資訊所附的連結，貼文的日期、帳號的大頭照、帳號的聯絡方式、所附連結的網址，都是線索。把照片、文字、聯絡方式，簡單地放上網路上的搜尋引擎，就能看見背後散布同一資訊的網絡，原來，這是同個陰謀論，用不同語言、不同帳號，由同一人在同地理位置、同一時間張貼在社群網站上。功課三是最難的，講師播出了人工智慧複製的影像跟聲音。如果沒有仔細看，實在無法辨認，眼前這段栩栩如生的影片，竟是盜用當事人聲音和面孔所做成的。捏造者是如何取得你的聲音、外表的樣貌來捏造出另一個你呢？答案是當事人留在網路上的各類公開資訊，而如果你是如歐巴馬、川普等公眾人物，要捏造你的聲音外型就更容易了。

除了打假辨真之外，另一方面的學習，是與站在第一線的事實查核者、媒體素養工作者交流。以下的章節，我想記錄從二〇一六年到二一年，這群站在第一線的工作者，看見了哪些障礙擋在臺灣民眾與真實之間，他們如何號召人們在乎真實，即使多次被貼標籤，他們仍在資訊漩渦中努力搭一座橋，讓渴求事實的人們有路。

Cofacts：在封閉群組裡「開窗」

採訪與假新聞相關議題的這幾年，我從泰國、印尼、巴西、美國的受訪者口中，都聽到來自臺灣的名字：Cofacts。這個臺灣的團隊，由工程師Johnson與夥伴比鄰共同創辦，加上其他協力者的努力，從二〇一六年至今，建立起一個每年四百萬人次造訪的網站，和一座查核了五萬多件謠言通報的「事實查核資料庫」。這座資料庫由志工協力查核完成，前端則透過開發LINE上的機器人程式，提供給所有使用者查詢或者通報謠言。一般人可以在LINE上加入Cofacts為聯絡人，遇到爭議訊息，就轉傳給Cofacts，它會比對線上的資料庫後，回報查核過後的結果。特別的是，回報的可能不只一個答案，更可能是幾項參考資料跟核實的報告，使用者可以再從中以真實或有幫助的程度幫這幾項參考資料跟核實報告打分數，進而也成為協作的一分子。萬一回傳的爭議訊息，資料庫中仍未建檔或未完成核實，系統也會及時通知志工，在核實完成或是資料庫補齊之後，通知通報謠言的使用者。

許多人對於他們的機制，最大的疑問是對於他們「一切開放」的核心原則。他們核實團隊是開放的、志工性質的、鬆散的，幾乎每次必有人提出核實結果可信度的問題；另一個是整個資料庫（通報來的謠言、核實的成果）的開放性，任何人都能查閱，整個程式也都是開源的，免費授權任何人使用。

不論是比鄰還是Johnson，每次他們都以「我們相信協作的力量」來回應質疑。他們認為不由固定的事實查核者來判定所有謠言的真假，

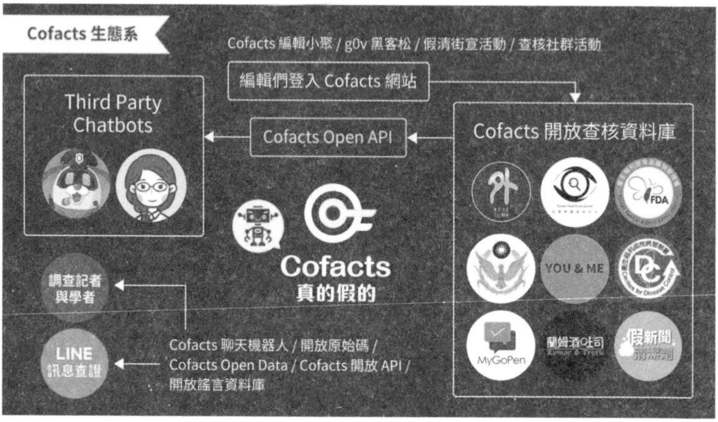

相信協作與集體智慧的力量，Cofacts透過資料庫共享、免費授權程式碼等方式，一步步構築起生態系，協助數以萬計公民也因此有機會參與並利用事實查核工具。（圖片提供／Cofacts）

而是透過公開開放報名、訓練成員後共同進行查核，為使用者提供各種參考資料與說法，再由使用者自行進行評分排序，這種集合了集體的智慧，並去掉由上而下的權威機制，不會因主事者的價值觀或認知，而影響事實查核的結果。第二，將資料庫共享，能讓集體智慧的成果被更多人使用，第三，將程式碼免費授權，能讓更多人理解Cofacts的平臺機制，吸引更多工程師志願加入團隊，同時也因為全透明、無營利，提高Cofasts的可信度。

從二○二一年三月回頭看，他們所堅持的開放，的確有了成果。Cofacts的開放原始碼，與美國、加拿大、法國、突尼西亞、泰國、南非、韓國、馬來西亞、印尼、日本等在地團隊使用，在LINE或臉書平臺上建立起他們自己的謠言通報跟查實機制。而Cofacts的資料庫，也因開放其他團體串接使用，成為趨勢科技防詐達人、美玉姨等比對謠言的參考。沒有人想得到，當時一個工程師的想像，五年後，概念被多個國家參考，成為協助數以萬計的人核實謠言的應用。

「我沒有什麼政治影響力，但我知道我可以做什麼事情，那我就去試試看，」Johnson認為，過去，臺灣討論公共議題，人民的立場往往隨著各自支持的政黨走，「我想我們不用回到過去那種小圈圈裡面各自取暖、排擠的情況，我們這個世代其實沒有那些情緒，為什麼不可以試試看呢？」Johnson說，試著讓公共討論回到就事論事，試著提供公民接觸議題的新型態管道，這是Cofacts的出發點。人們透過成為Cofacts的查核志工，理解不實資訊的各種分類，也懂得如何判別資訊並抓出爭議點。透過Cofacts的回報機制，人們則懂得對不實資訊保持警覺，並相信自己可以主動對抗謠言。經由Cofacts全開放的串接，不同組織、公私部門，在平等、透明、共同參與的方式下，齊力回應社會上可能的爭議跟不實資訊，如同Johnson所說，除了核實，或許還能讓價值觀、觀點相互交流，或至少看見彼此的多元意見。這是一個以核實為名，招喚出來的公民社群，或如比鄰所說，這就是一場運動，一場屬於網路世代從臺灣發芽走向國際的新公民運動。

二〇一八年公投後世代間的對話練習

因為主持《報導者》Podcast的關係，我們向聽眾們徵求關於假新聞相關的問題，二十四小時內收到近兩百位聽眾的提問，幾乎全都集中在家庭中無法溝通之上。有人說，他好意提醒長輩轉傳的是假新聞，卻被攻擊又不是念臺大的，有的則因輩分較輕而被下令閉嘴。許多聽眾家裡已無法對話，或多次攻擊彼此的資訊來源，在家人、同事、情侶間真正面對的問題，是如何在認知有差異下進行討論，如何可以不用犧牲是非對錯，依然保持著親情與友情。

二〇一九、二〇年，幾個團體在街頭與雲端上對此展開練習，「行動山棧花」（後稱山棧花）是其中一個。

「我沒有要賣你筆，也不是要你個資，只是想要跟你說說話！」這是山棧花總召，二十五歲的許同學（匿名）在街上的開場白，從二〇一九年六月開始，他與五十幾個夥伴，二到四人一組，不定期地上街與陌生人「聊天」，最長聊上一個小時。

每次上街聊的話題不同。例如，中國宣布禁止中國電影參加臺灣金馬獎那天，他們到西門町電影街和年輕人對話；遇上邦交國斷交、美國軍售等新聞，他們會製作簡單的繪卡，把新聞資訊帶上街頭，聽人們怎麼說。「其實路人比大家想像中的友善、愛聊天，大家走在路上都會把黑暗面收起來，」還是大學生的山棧花成員張同學（匿名）微笑說，社群上陌生人對政治議題的激辯，在街聊過程並沒有出現。山棧花上街的理由，與二〇一八年九合一選舉結果有關。選舉和公投結果公布後，他們發現自己與網路同溫層外的臺灣民眾有如兩個世界，彼此不理解，也無法對話。「每個人（心中）都有一個想像中的韓粉，也有一個想像中的青年，」張同學比喻，選舉中的一方稱青年不賺錢、不拚經濟、不念書，只懂抗爭；另一方，可能寫了好幾篇分析韓粉的文章，卻沒真正與韓國瑜支持者深談過。「我發現花兩個小時出來（跟陌生人）講話，比在電腦前發廢文給同溫層看好很多，」許同學說。二〇一八年選後到二〇年大選前的臺灣，在封閉的LINE群組、臉書私人社團裡，極端內容以圖文並茂的方式傳散，不論是網友或候選人刺激出的極化氣氛，都讓他們更感到對話的必要。「不對話，社會就一定會分裂吧。」許同學說。

四個月街聊的經驗，他們歸納出與陌生人對話的幾個雷區：**對中高年齡層要避開「政治」二字、對年輕人要強調民生、態度要柔性溫和等**，而對自身，他們也發現必須調整溝通的心態，對話的目標不是說服對方，而是資訊互換，知道同溫層外的想法，擺脫被資訊操控奪走獨立思考的可能，即使雙方有不同的看法，對話永遠是為了下一次互動做準備，才能保持長遠關係。

我與在《報導者》的同事柯皓翔，進一步採訪學者們，理解山棧花同學們在街聊所發現的現象。

在臺灣，討論政治為何這麼難

談論政治在臺灣一直是個挑戰，這與政治的極化有關。根據淡江大學公共行政學系系主任蕭怡靖對歷次總統選舉年的分析「臺灣選舉與民主化調查（ＴＥＤＳ）」，臺灣較明顯的政治極化，來自民眾對藍綠兩黨的認同情緒差異。極化在第一次政黨輪替後漸升溫，二〇〇四年、〇八年攀上高峰；二〇一二年、一六年雖仍呈現藍綠對立，不過極化現象相對趨緩，二〇一九年以來香港反修例運動、亡國感、候選人的討論聲量等，都可能是推升極化的因素。選前三個月，香港藝人何韻詩被潑漆、立委參選人林昶佐收到生命威脅等事件，都證明極化程度的確更高了。政治大學選舉研究中心主任蔡佳泓也指出，許多臺灣民眾至今還是傾向從兩大黨的論述中，找到他們認同的依據，做為判斷事情的標準，相較之下，對錯只是其次，大部分只是從兩邊的論述裡，強化、補充自己信念。

藍綠的分野，加上封閉群組的使用，更強化了認知簡化與習慣性貼標籤所造成的對立和矛盾。政治大學新聞學系副教授鄭宇君表示，過去十年，臺灣社群媒體（包含社交網絡服務及通訊軟體）的普及率從七成成長至九成，後期增加的兩成，除了自然增加的年輕人外，更多是中老年使用者；在中老年群體裡，許多人仰賴親友圈組成的封閉式群組做為資訊管道，相信熟人更勝於媒體，讓他們較容易成為不實資訊的受害者。加上近年出現新的數位落差，有些人習慣於用LINE和臉書交換訊息，不知道可以選擇其他促進公共討論的新平臺，「當他沒有自己去找出一個新的媒體，他就可能會停留在比較小的、資訊封閉的社群媒體當中，」鄭宇君說。

停留在封閉式群組裡談論政治，會有什麼結果？人們手中一個個的群組，其實正反映了社會的轉變。臺灣大學心理學系教授李怡青指出，現代社會強調個人主義、走向分眾化，更多組織是根據特定興趣、意識形態所組成，在同質性高的群體中，人們為了彰顯自己的認同，會競逐式地強化對某人、某事、某黨的支持，最終造就了極化現象。「主張較極端的人反而發聲特別大，」鄭宇君補充，一旦封閉式群組裡出現表態文化，不論是同學、同事、家人、校友等，為了維護群體和諧，會傾向表達對彼此的贊同。她認為，在封閉式群組裡，「情緒動員其實是比較明顯，理性溝通現在是比較低的。」

當這樣的群組文化帶到家庭群組裡時，常常成為家庭關係的地雷。我採訪幾個青年團體，發現他們開始練習對話的主因，大都與家人有關。

在家庭群組裡談政治，第一個炸彈是輩分與倫理。山棧花的張同學就表示，在路上與陌生人對話，遠比與家人對話簡單得多，在陌生人面前，他是一個別人家的孩子，回到家裡，他連讓長輩願意傾聽都是挑戰。對此，李怡青提醒：「對話的兩方，如果不是在同樣的權力地位上對話，其實往往不是所謂公平的資訊交換、或是觀點學習，它是去強調比較弱勢的一方『你要不要聽話？』」

第二個地雷，是跨世代的政治認同差異。老一輩的政治認同圍繞著政黨，但年輕一輩則不同。根據政大傳播學院講座教授張卿卿的研究，「議題非盲從者」如今已占臺灣六到七成，他們對政黨主張並非照單全收，年輕選民大多屬於這一類。

只是雖然年輕人沒有較固著的政黨認同，二〇一八年大選之後，臺灣社群網路上的政治宣傳與側翼文化，是否造成年輕人在同溫層裡也走向極端化、被激起情緒或被不實資訊與偏誤影響了認知，加深與親友溝通公共議題的衝突，是值得觀察的隱憂。

衝突中尋找交集

積極抗衡封閉式群組和同溫層帶來的副作用，年輕世代不只進入實體世界練習對話，也有人在網路上試圖跟上一代修補關係，也和同儕與下一代練習找出理想的溝通方式。軟體工程師Chichi（匿名）在LINE上成立「你今天關心長輩了嗎」帳號、設計師怡君則在臉書上開啟「家庭診聊事」社團，都是代表性的例子。「光是看到別人家的事，就能反省自己了，」Chichi說，「我看很多同溫層說話的方式，就是把人推開……你也不會那樣跟朋友說話吧？」與Chichi一起經營社團的怡君觀察，在不同家庭的故事中，他們發現一些普遍性的現象，幾乎是幾個固定的模組不停上演，談論政治，對許多長輩來說遠不只是討論政策。許多長輩的個人認同與政黨綁在一起，也有長輩不知如何面對世界的變化，每個人不同的成長經驗，遇上全新的數位溝通工具，讓政治相關對話充滿考驗。

怡君的經驗是，在對話前必須要有「信任存款」，這樣的存款來自於日常的關心與彼此瞭解，以日常話題建立信任和安全的對話環境。他們建議，在存款足夠之前，可能先避開如政治、選舉、不實資訊等會大量扣款的題目，慢慢從可以加分的對話開始，才有可能心平氣和就意見不同的話題展開對話。

他們也提醒，衝突和意見不一致的情況其實在所難免，從網友們累積的經驗中，他們也給了幾個實用的建議。首先，不要害怕意見不一致或衝突，當遇上了，不要陷入「拚輸贏」的困局，可以先以田野調查的心態，理解對方的認知、態度、立場從何而來，從中找到可能有交集的地方，進而建立對話基礎。第二，衝突即將發生，或對話進入緊張時，逃避雖可恥但有效，可以用上廁所、切水果、接電話等方式離開現場，讓雙方情緒平緩，再繼續溝通，如此可避免陷入意氣之爭。第三，保留自己犯錯的可能，千萬不要自以為是，或因為資訊較充足而傲慢，否則即使自己是正確的，也會成為一個無人想對話的人。

「我發現，過去我們都是『沒有意識』地在溝通，」怡君說。其實，即使是面對熟悉的家人，對話都是必須學習、用心經營的，不實資訊、政治話題所挑戰的，其實正是我們彼此對話的能力跟意識。他們說，是二〇一八年底的選舉讓他們有這樣的醒悟，而與更多陌生的網友一起展開練習、互相分享心得，從與最親密的人溝通開始補修這堂課，「我們才有抵抗（資訊操縱者）分化的能力，」Chichi說。

臺灣事實查核中心：在槍林彈雨中，尋找在乎事實的人

社群網路時代，人人都能製造真相、買聲量，做為事實查核者，不只是要與謠言背後的那些黑手比速度、比辨識技術，還得跟各個發動聲量攻勢的行為者競逐，把「真實」傳遞給群眾，位於臺灣的臺灣事實查核中心（後稱ＴＦＣ）也不例外。

二〇一九年八月開始加入，曾當過記者的ＴＦＣ總編審陳慧敏，帶著從兩人逐漸擴張至九人的團隊，每天盯著社群網站收集爭議訊息，從中挑出符合公共價值者優先核實，光是COVID-19疫情開始的第一年，他們就發布超過兩百則與疫情相關的查核報告，雖然已通過國際認證，成為國際事實查核聯盟（ＩＦＣＮ；International Fact-Checking Network）的一員，陳慧敏仍認為，他們還在摸索的路上。

二〇二〇年的臺灣總統大選，是他們遇到的第一個難關，也是讓他們確立可信度的關鍵一戰。這場選舉是臺灣至今最大規模的數位選戰，謠言數量龐大太多且多元，不只考驗核實者的速度，也考驗創意。

例如選前開始的選務不公傳言，一則傳言說選票上會加蠟，讓二號候選人無法被圈選。為此，ＴＦＣ從臺灣選務機制開始研究，找到真實印製選票的地方政府，而後找到印製選票的印刷廠、印刷專家，從選票印製的技術、紙張加蠟的方法，對比選票製作和運輸的監督機制，才真正確認以加蠟方式舞弊的說法為假。陳慧敏強調，即使是選務相關的謠言，因為中選會就是被懷疑的對象，所以無法採取他們的說法，「我們不是幫中選會闢謠，我們是幫公眾闢謠，所以不是中選會說什麼我們就埋單。」

又或者是選前一天才出現的新謠言，凸顯了在地核實者的重要與國際平臺的治理漏洞。二〇二〇年一月，總統大選選前之夜，出現一則與COVID-19疫情有關的謠言，就在陳慧敏和另一位查核記者劉芮菁下班前，一則訊息稱有大量武漢臺商可能帶著不知名病毒返臺投票，提醒眾人戴口罩，「這個訊息中間突然壓了一句話，說臺灣已經有（COVID-19）案例了，再跟你講說那個圈選筆很毒、每個人都有拿，回來一定要洗手。」TFC當晚即刻發布查核報告，並提報給社群平臺。對陳慧敏而言，一則臺灣出現不知名肺炎病例的不實資訊，在曾受SARS傷害的臺灣，足以對投票率造成嚴重影響，但社群平臺在當時，還不知道在地球這一端，這場疫情的嚴重性，只視其為一則善意提醒。但按照陳慧敏的認知，這則訊息企圖以不實資訊促使民眾不出門投票，是可能足以壓制公民行為的惡意資訊。

陳慧敏眼看著查核過的謠言仍不停在社群網站上出現，直到半夜兩、三點仍無法入睡，即使她透過平臺給予的機制一則一則通報，也像一場打不完的打地鼠，「我睡不著，因為我覺得萬一我去睡覺，然後睡醒後滿地都是這個（謠言），該怎麼辦？」她只好寫信給位於美國的社群平臺業者主管，將文化差異造成的認知落差解釋給對方聽，隔天終獲回應，協助將這則不實訊息在最短時間內有效地降低觸及率。

投票日當天，投票完成，新的一波謠言卻又撲上來了，這次讓陳慧敏看見了謠言背後可能存在的資訊操縱網絡。那一晚，網友傳來一則「喊二號（編按：另一位總統候選人韓國瑜的號碼），畫記卻畫蔡英文」的影片要TFC查核，網上流傳的這支影片稱當選人蔡英文的得票數為造假，影片便是投開票所拍下的證據。影片裡，一位女聲開票喊二號，但搭配的卻是影中人替蔡英文的得票數多增一筆的畫面，訊息裡稱這場選舉有大量的選舉舞弊。陳慧敏在查核這則影片時，以毛骨悚然形容她的心情。她和查核團隊開票日都在辦公室待命加班，查核記者葉俊甫和劉芮菁很快就發現，這是刻意拍攝出來的內容，捏造者必須在投票日當天，在開票現場以直式螢幕挑選畫面拍攝，讓觀眾只看得到劃設總統候選人計票的投開票所區域，卻忽略了喊二號的聲音，其實畫記的是立委選舉的開票，若是總統選舉的票數統計，現場是直接喊人名的。以經過剪接的音軌搭配有限的畫面，創造出票開二號卻畫記蔡英文的錯覺。陳慧敏回憶，類似這樣子的影片，不僅代表了捏造者事先已計劃好以此攻擊臺灣民主的可信度，也的確派人到了現場。更驚人的是，當開票完成、候選人承認敗選的當晚，四、五則影片式謠言同時在網上有組織地傳開，一座資訊操縱的網絡藏身其後。

這些有系統的操作，不僅傷害對民主機制的信任，也在人心埋下陰謀論的種子，徹底地擊垮執政者的正當性。陳慧敏說，事實查核者的工作，是搶先在陰謀論於人心中生根穩固前，以事實爭取對話的可能。

但陳慧敏發現，要完成這個目標，臺灣的事實查核者面臨了如下三個層面的挑戰。

首先是謠言背後有系統的資訊操縱網絡。陳慧敏舉例，有的謠言，同時會有香港版、臺灣版在兩地流傳。選務不公的謠言也有專屬網絡在傳遞，甚至在TFC向社群平臺舉報不實資訊的過程中，透過每天比對，發現舉報的不同訊息後面是同一個人。原來，每當他們調整舉報的方法，學會新的技巧發現不實資訊或辨認來源後，隔天，不實資訊在社群平臺上的散播路徑跟方法，就會隨之變化。「你會知道你是跟同一個人對打，所以他今天又比昨天進步了。」TFC因此開始尋求其他協助，包括國際智庫、資安團隊、科技公司等，利用不同的資源跟知識圍堵不實資訊背後的網絡。

第二個挑戰，是資訊操縱者背後的中國因素。臺灣人民面對來自中國的資訊操縱威脅，近兩年關於香港、疫情、選舉等關鍵事件，都看得出網路上合縱連橫的資訊操作，支持著中國官方的論述和主張，發布時間點則與中國官方媒體和國內情況連動。例如當中國國內疫情嚴重時，臺灣觀測到支持中國觀點的謠言就少了許多；反之，隨著武漢等地疫情取得控制，則疫情源自美國、日本、義大利等不同的謠言，或臺灣選舉舞弊，就開始一波波的傳遞。

第三個挑戰，是如何與臺灣媒體生態對話，錯誤的資訊透過媒體、政治人物而被放大後，TFC有時必須舉報更正，有時媒體報導採用的非第一手消息內容出錯，TFC核實過程則替媒體補做功課，採訪新聞當事人，以第一手受訪內容澄清媒體誤用的消息。近年來，美國政治環境極化，出現大量刊登另類事實、陰謀論的網路媒體，卻有臺灣媒體使用它們的報導內容做為編譯來源，TFC也必須提出查核報告。

「其實（查核者）是要去切斷假新聞的生態鏈，這是職能之一，只是臺灣很特殊，我們會對應到中國的資訊戰，所以我就會需要比其他國家查核組織更高的資訊戰的sense。另外一環，是我們有個使命，是在跟媒體的生態圈對話。所以我的查核裡面會查核新聞，然後我去提報媒體的錯誤，要求媒體落實查核和錯誤更正。它是一個過程。TFC的工作並不是打壓媒體，不是二元對立，而是希望媒體也學會查核。」陳慧敏道出她的心聲。TFC在查核外愈做愈多，他們會與國際串聯，試圖在關鍵時刻查證跨國的不實資訊傳播、補足臺灣媒體未竟之處；舉辦給媒體的查核工作坊，讓各家媒體學到國際間的最新技術；他們也做數位媒體識讀，給民眾的查核工作坊等等。所做的這些事情，一方面是要建立起TFC的品牌，讓人們知道他們是不針對黨派、平衡多元選題的查核團體；一方面也是為了建立社群，讓更多人擁有查核技能。他們最新的方法是舉辦線上查核遊戲，養成一群一起破關、練習查核的民間社群，包括廚師、食物外送員、學生，每個五六日晚上在線上一起解題。

事實查核終歸是場社會運動

陳慧敏說，事實查核最終其實是場社會運動，讓更多人懂得如何尋找真實，或是建立標準，幫助媒體、政治人物，在一些外力的干擾之下，仍在乎真實。陳慧敏認為這場社會運動是從二〇一八年開始的，當時的臺灣瞬間清醒，理解不實資訊的殺傷力，但臺灣還在起步階段，需要更大規模的實作與跨領域的研究，目前所知的都還只是冰山一角。

為了讓核實的技能傳授與更多人，主動的跨界、跨國的串連，TFC和其他查核與媒體識讀組織如Cofacts、MyGoPen、臺灣媒體觀察基金會、假新聞清潔劑等，逐漸從社會運動中，發展出一套來自民間的對應不實資訊的機制，「我會覺得這個機制比警方執法更好，它是公民社會的展現。警方能做的就是通通抓起來，但他永遠抓不完。」如何讓這個民間的陣線擴張，則是最具挑戰的部分，讓闢謠的結果，真的能促進溝通，讓更多的人們重新在乎並相信真實的意義，「闢謠並不是要否定任何一個人，闢謠只是要促進溝通。那這個東西我們怎麼談得很清楚？怎麼更有同理心的口氣和語調來談，我覺得很重要。」她笑稱或許網路上吸引力強的謠言是最值得學習的對象，怎麼讓受眾感受這訊息是他需要的、是他必須在乎的？聽見人們對真實資訊的渴望，用他們期待的方式傳達給他，這正是二〇一八年後，臺灣街頭上出現的另一場社會運動，持續創造與尋找的答案。

如何避開謠言的傷害？

追蹤專門闢謠的Facebook粉專

如Mygopen、假新聞清潔劑Fakenews、TFC臺灣事實查核中心。

透過RSS、Flipboard訂閱，增加多元閱聽管道，綜合各社群風向

Facebook等社群網站透過演算法，讓你只看得到自己喜歡的內容、同溫層愈來愈厚。透過訂閱制，就能奪回選擇內容的可能，此外，接觸同溫層外的文章，能讓自己不容易被蒙蔽。

管理自己的Facebook，刪除內容農場粉絲頁

使用聳動標題、賺取點閱的內容農場，常常缺乏查證，是時候把這些追蹤的粉專刪除了！不追蹤就是抵制不實資訊的最佳利器。

選擇可信賴的媒體，培養媒體素養

看電視時，選擇不同臺輪流替換；看網路媒體時，參酌各家消息再做判斷，多元化自己的媒體選擇，能打開視野，讓媒體素養更上層樓。

（資料整理：劉致昕、陳貞樺、洪琴宣）

一分鐘清單，檢查資訊真偽

確認連結是否偽造

許多散播不實資訊的網站，都會故意仿冒知名新聞來源的網址。點開網站時，先看看網址的結尾處，如果看到「.co」結尾的網站，很可能就是某個「.com」網站的仿冒版。

檢查來源是否為你熟悉的組織或平臺

確定文章來源是具有公信力的網站或媒體，而非來路不明的內容農場。把網站名丟上Google搜尋、或者點開Facebook連結右下角的「關於」區塊，都是簡易的確認方式。

注意文章格式是否不尋常

如果發現網站充滿錯字或奇怪的排版，就要小心，是否是公信力不足網站或不實資訊網站。

檢查圖片有沒有可能是假造

許多不實資訊網站會使用舊照片、或竄改過的照片扭曲真相，或盜用其他真實照片放在文章中誤導讀者。你可以將照片丟上Google以圖搜圖，確認原始出處；或是下載下來，確認圖片紀錄檔（EXIF）中的日期、情報，防止上當受騙。

注意文章日期是否正確

注意文章中的日期、年代、時間序是否符合邏輯，是否有事件年代遭到竄改。

確認作者背景是否不明

作者是誰？是否為相關領域具有公信力的學者，或能代表發言的人？也應檢查他的資料來源是否清楚，如果都是匿名、或是沒有註明，就要小心很可能是不實資訊。

查看有沒有其他相似的報導

如果沒有其他任何有公信力的媒體報導同一件事，請抱持懷疑態度進行查證，不然很可能是不實資訊。

（資料整理：劉致昕、陳貞樺、洪琴宣）

【特別附錄】

那些真相製造商人們

1

時代金礦：祖克柏與臉書的使用者互動率

二〇一八年美國期中選舉前，面對各界的壓力，臉書創辦人祖克柏發表了三千多字長文和兩張圖，想對外宣示臉書面對資訊操控和不實資訊，是有投入心力和改革決心的。他寫道，「我們的研究指出，不論我們把這條線畫在哪裡，愈靠近這條線的內容，人們與它互動的程度愈高。雖然使用者總是告訴我們他們討厭這類內容。」

祖克柏發表的研究結果，是長期以來人們就知道的。圖一（見頁三九九）說的是，愈爭議、愈接近臉書平臺社群守則紅線的內容（包括新聞、照片、影片、文字貼文等形式），主題可能包括仇恨言論、謾罵、爭議訊息、情色暗示等，使用者愈愛分享、按讚，而互動愈多的內容，在臉書的演算法中，更容易被推播、出現在每個人的動態牆上。

祖克柏以「根本的動機問題」來形容。他認為，解方不是那條線該畫在哪裡，因為不論怎麼畫，都會有擦邊球的爭議內容，關鍵是臉書是否能阻止這類內容在平臺上瘋傳？背後的真正問題有二，首先是臉書是否能快速偵測到有問題的內容，第二，當偵測到具有高互動性卻可能「有毒」的訊息，臉書的平臺機制，是否能一反常態地調低這則貼文的觸擊率？這兩點若是做不到，追求聲量的政客、追求點閱率的內容農場、追求廣告收入和績效的網路行銷人員，就會繼續製造這類內容，透過臉書演算機制讓訊息遠播、賺取流量。

圖二（見左頁下圖）是祖克柏想要達到的目標，他稱臉書正在尋求可能的做法，利用人工智慧偵測到這些內容並調降它的曝光，這代表了臉書平臺必須進行連串修正，包括動態牆、推薦社團、推薦粉絲頁在內所有的推薦機制，讓問題內容得到的曝光成為圖二的曲線，從根本破壞人們製造問題內容的動機。

只是，祖克柏提到的利用人工智慧審查跟偵測內容，要做到快速辨認出不實與爭議資訊，機器學習必須能跟上各國議題更迭的速度。但臉書全球使用者眾，要人工智慧快速跟上從緬甸羅興亞人屠殺到香港反修例運動等最新新聞議題，幾乎是不可能的任務。再者，即使偵測到問題內容使其下架，但每則問題內容只要在用字、圖片上稍做變化，就能躲過自動偵測，重新出現在平臺上。

除了技術上的挑戰，同樣棘手的還有政治上的挑戰。在二〇一八年期中選舉前的八月底，當時美國總統川普和部分共和黨政治人物，對臉書、Google等網路平臺提出抗議，稱矽谷菁英們打壓保守派聲音，各種資訊管控、政策都是要消滅川普和其支持者，

圖一：未受干擾的使用者互動模式

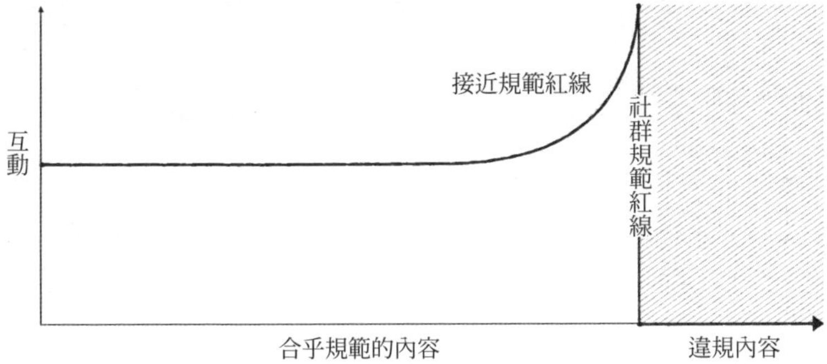

圖二：為抑制擦邊球內容而調整之後

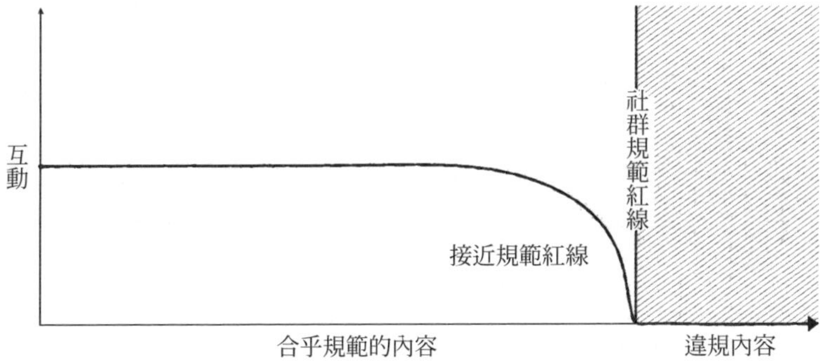

資料來源：馬克·祖克柏臉書公開貼文

人工智慧也會有偏誤。這樣的說法持續至今，不只造成政治壓力，也打中了祖克柏最在意的部分，他承受不起失去保守派使用者的風險，臉書若要持續做為最大的社交平臺、擁有最多廣告收入，就必須讓各種意識形態支持者都能信賴。於是在川普的指控後，臉書內部投入更大資源強調其演算法沒有偏見，並確保在刪除假帳號、偵測散布不實資訊的粉絲專頁時，兼具「公平性」。儘管所謂的公平性定義並不清楚，但祖克柏只能以此回應川普對「打壓保守陣營」的指控。

二〇二〇年美國總統大選，人們檢視臉書在二〇一八年做出的承諾，祖克柏是否解決不實資訊這項他口中足以影響臉書長期營運的問題？臉書是否不惜冒著使用者與平臺互動降低的風險，真的調整了推薦機制，改變爭議訊息製造者的「根本的動機問題」？

一項針對二〇二〇年美國大選中臉書與使用者互動數的研究，給出悲觀的答案。這項美國紐約大學團隊進行的調查，分析了自二〇二〇年八月開始，在大選前後六個月內，來自二千九百七十三個新聞資訊來源透過臉書專頁發布的約八百六十萬則貼文。分析後發現，來自政治意識形態被歸類極右派的新聞類粉絲專頁（包括媒體、替代性媒體、政治資訊來源），仍是各政治光譜的粉絲頁中互動數最高的。若進一步比較極右派粉絲頁間的互動，含有不實資訊的極右派資訊來源得到的互動數，遠高於不含不實資訊的極右派粉絲頁，差距高達六五％。

二〇二一年三月底，美國國會召開的聽證會上，祖克柏再次被問到了兩年前自己所提出的問題：「臉書上愈具爭議的內容是否仍得到更高的互動」。他躲避了議員的直接提問，用一慣的說法回覆他兩年前宣稱要解決的問題，說他們正在持續、系統性地投入資源，打擊人們不樂於見到的不實資訊。

對許多人來說，祖克柏的表現雖然令人失望，但並不意外。《麻省理工科技評論》在二〇二一年三月的一篇調查報導中，透過專訪臉書核心人工智慧團隊，爬梳他們如何透過廣告配對技術獲利，同樣的邏輯也延伸至動態牆上的內容呈現，讓使用者對自己喜愛的內容上癮，對臉書上癮。而臉書的營運也因此對這種勾住使用者、用相對應內容換取互動的盈利模式成癮。「當你的生意建立在最大化的互動，

臉書追求使用者互動最大化的邏輯，容易造成使用者在政治與社會議題上極端對立。（Anthony Quintano／Wikimedia Commons）

你對事實大概沒什麼興趣，也不會對有害內容、分裂、陰謀論等言論有什麼興趣研究，事實上，那些可能是你（生意）的朋友。」與臉書合作多項研究計畫的加州大學柏克萊分校教授法里德（Hany Farid）受訪時說。他的說法並非空談。祖克柏在二〇一八年九月發表的內容，其實，從二〇一六年就不斷出現在臉書內部的研究中，多項研究計畫的結果都指出，推薦機制必須改善。以使用者成長、提高使用者互動為最高目標的臉書，可能因此成為不實資訊、極端化內容的溫床，對社會的極端化造成直接影響。

例如，二〇一六年，臉書內部的研究員莫妮卡・李（Monica Lee），發現臉書不只成為大量極端組織的棲地，臉書向使用者推薦的「你感興趣的社團」、「探索」等機制，也協助這些極端組織被更多使用者看見、進而茁壯。二〇一七年，臉書首席產品長考克斯（Chris Cox）的研究也發現，追求使用者互動最大化造成使用者在社會與政治議題上極端對立，但是，若以降低極化為優先目標而調整平臺的運作，可能造成使用者互動下降。自二〇〇五年就擔任首席產品長的考克斯在二〇一八年中提出了幾個可能的修正，例如調整推薦機制演算法，讓推薦內容更多元、讓使用者加入更多元的團體等等，但研究團隊也認知到這些修正可能無助於臉書平臺的「成長」。最終，透過二〇二一年三月《麻省理工科技評論》發表的追蹤報導證實，當時大部分提案並沒有得到任何進一步的發展與資源，研究團隊也解散了。

一位匿名受訪的前任臉書人工智慧研究員，向《麻省理工科技評論》表示，二〇一八年加入臉書的他，持續進行考克斯未完成的研究，進一步確認追求使用者互動最大化的演算法機制，會增加政治極化。這名匿名受訪者表示，臉書數據得以清楚追蹤使用者對各議題立場的異同程度、使用者喜歡與哪些內容互動、造成他們的立場最終有什麼樣的變化，他們見證了臉書的演算法機制，如何一次又一次餵養使用者更加極端化的內容，「使用者在這種機制下，使用時間愈長，他們就變得更加極化，而這些變化在研究中都是可量測的。」他們的研究甚至發現，與憂鬱內容互動的使用者，可能輕易就進入迴圈，不斷消費負面內容，進而有傷害心理健康的風險。《麻省理工科技評論》的這篇文章更指出，臉書內部對員工的績效衡量、薪資分配，與他們的專案是否成功直接相關，而當「成功」代表高互動、新增使用數時，員工們自然就會放下領導層所不鼓勵的方向，以「由上而下」的指令為優先。

四年來面對各方的指責跟質疑，祖克柏除了在二〇一八年公開發表他的改革想法，也透過公開投書表態，歡迎立法者在對科技有足夠理解下，對平臺業者的資訊管控提出「最佳方案」(best practice)，臉書將樂於追隨，只是祖克柏認為，一旦平臺業者做到立法者對於最佳方案的規範，將不必再為平臺上的內容負責。

祖克柏的說法，再次把球丟回立法者的身上。這種做法，對同樣會靠著臉書平臺做生意的前劍橋分析業務總監布蘭特妮．凱瑟（Brittany Kaiser）來說，對改變現況無益。二〇一九年末，她在我們的越洋專訪中這麼說：「臉書仍是對民主最大的威脅，」凱瑟說，「你可以試著立出最好的法律，但如果你沒有足夠先進的科技去執行它們（偵測不實資訊、資訊操作等），問題不會解決。需要改變的是臉書做生意的方式，而不只是法律。」她認為，臉書必須公開他們收集、使用和販賣數據的方式，同時必須禁止對使用者投放含有不實資訊的廣告。她認為，臉書提出的政治廣告透明化做法，無助於停止社群平臺對民主造成的傷害，已占據全球廣告重要市場的臉書，必須投入足夠的資源，擔起責任，用人工智慧及足夠人力，確保自己不會對社會造成傷害。「是時候停下來思考，在沒有足夠進步的技術跟良善規範前，臉書必須停下政治廣告，這是不是比人們被騙、選民害怕投票、不同族群開始憎恨彼此要好上一些？」她強調，禁止政治廣告並非長久之計，長遠來說，商業模式中該補的破洞，還是必須有人負責，「我們總不能讓政治透過不透明的數據與社群平臺系統來操控我們吧？」

被視為爭議性人物的凱瑟，在當時以吹哨者之姿，揭露劍橋分析如何不正義地使用臉書使用者資料，做為政治行銷的工具，並在二〇一六年美國總統大選中，透過精準投放等手段影響人們的認知。但同時，也有人認為她的說法過於誇大，劍橋分析並不是大數據的魔法師，對於選民投票意向的影響有多大，尚需進一步驗證。但與凱瑟的專訪，的確讓我們看見社群媒體時代，以追求互動為終極目標、靠著廣告獲利的社群平臺，如何成為追求政治聲量的政治人物愛用的服務商，如何成為他們野心的寄託。

凱瑟回憶二〇一六年的選舉現場，「那些科技公司都在場，Facebook、Twitter、Google，每天都跟選戰團隊展示怎麼使用他們的工具，他們稱自己為『進駐者（embeds）』，雖然付他們薪資的是Facebook、Twitter、Google，但他們每天都在幫川普陣營工作。」在二〇一六年的川普選戰中，Twitter以「免費勞工」之名，在競選團隊辦公室內提供服務，販賣新的廣告工具如對話式廣告等，確保川普的Twitter貼文熱度超過希拉蕊。臉書則稱自己是「客戶服務＋」，向競選辦公室提供新的服務，包括聚集、創造和訂製受眾、投放只有特定受眾才能在動態消息上看到的隱藏廣告（dark ads）。Google則取名為叫作「顧問能量」，每天向川普團隊出售獨家廣告空間，如YouTube的首頁廣告。投票日當天，大量關鍵字搜尋賣給川普團隊，有效控制第一印象，用來吸引大批支持者，例如搜尋川普、伊拉克、戰爭，第一個搜尋結果會是「希拉蕊投票支持伊拉克戰爭，但川普反對」，如果使用者輸入「希拉蕊」、「貿易」兩個詞，第一個搜尋結果是「lying-crookedhillary.com」，意為說謊的希拉蕊。

「這種服務當然只有大戶才會有，服務名稱叫『白手套』，」凱瑟說，只有砸下一億美元數位廣告預算的川普陣營，才能享有此服務。以廣告為盈利主要方式的網路平臺，它們收集的數據、提供的廣告投放工具和包括臉書粉絲頁、推特帳號等門檻極低的內容發表工具，像幾大支柱，搭起了一整個生態系，臉書、Google、推特、Youtube等就是生態系中最大的幾個商人，其他還有大小不一的商人，寄生生產鏈的上下游，有人生產內容，有人為了創造高互動而製造爭議和不實資訊；有人負責投放，有人負責分析平臺收集的數據並找到投放目標；還有人透過收集而來的數據，判斷討論的熱度、聲量大小，找到意見領袖，接著以顧問之姿，讓有心在平臺上掌握聲量的金主，知道錢怎麼花、如何搭著社群平臺去搶奪使用者的注意力。祖克柏捨不得斬斷的使用者互動，就是這群商人們分食的金礦來源，他們寄生在臉書、Google廣告、YouTube、推特等平臺上，跟著平臺政策的變更，重新調整賺錢的方式，他們非常有把握地告訴我，只要平臺業者以廣告為主的商業模式不變，他們的生意將源遠流長。

2

北馬其頓的網軍教練：賽爾科斯基

「我知道這可能不是最道德的職業，但這真的改變了我的人生，」二〇一九年，卓加亞諾斯基（Filip Trajanoski）在電話那端告訴我，當時他二十五歲，有房、有車，第二次創業也開始六個月了，是做Instagram上的行銷服務。改變他人生的，是他創立的個人網站，過去四年為他帶來至少二十五萬美元收入，「我是比較差的，光是我認識的人，就有三個人賺了至少百萬（美元）。」卓加亞諾斯基來自北馬其頓共和國中部小城韋萊斯（Veles），讓他快速致富的，正是二〇一六年美國總統大選期間，眾多操作不實資訊的境外網站之一。當時，北馬其頓至少有上千人在做這筆生意，為準川普支持者建立政治性的內容農場、經營粉絲專頁，大賺廣告錢。

來自這裡的假新聞包括：

- 教宗震驚全球，支持川普擔任總統！

- ISIS領袖要美國穆斯林投給希拉蕊！
- 希拉蕊：「我樂見像川普一樣的人參選總統，他是誠實而且無法賄賂的。」

卓加亞諾斯基說賺這筆錢的關鍵是找到「教練」。二〇一四年，他把從美國打工度假賺來的積蓄投入一堂五百美元（約新臺幣一萬五千元）的行銷課，換來三個月網路課程和一個架好的網站，致富之路就此展開。「接著我就負責每天寫文章，廣告費就進來了。其實也不是真的寫啦，就是複製貼上而已，」卓加亞諾斯基笑說，他從《紐時》、《衛報》（*The Guardian*）的熱門排行榜上挑文章，改標題、「調整」內容後，直接收割流量。

他的教練是同樣來自北馬其頓的「網軍教練」賽爾科斯基（Mirko Ceselkoski），名片和網站上寫著「不小心幫助川普當選的人」（The Man Who Accidentally Helped Donald Trump Win US Elections），賽爾科斯基近年陸續登上BBC、CNN、半島電視臺，是這波網軍外銷淘金潮裡受惠最多的人。「壞名聲也是名聲，是好事吧！」賽爾科斯基面對假新聞帶給他的「名聲」，在視訊訪問中聳肩一笑。

「我都教我學生，要讓網站能賺很多錢，就要寫讓美國人有興趣的東西，因為美國市場的網路廣告收入是最高的，流量也最值錢。」在他的網站上，他以教授般的站姿，介紹分為四大模組的網路行銷課程。細看課程描述，會發現他用了許多浮誇的字眼，包括「獨家密技」、「你從沒見過」等，藉以招攬學生。他聲稱全球已有一萬一千人拜師於他，光是北馬其頓，就至少有兩千個學生。「很多企業的行銷部門來上，」他補充。

早在美國迎接總統大選、政治變成一門生意之前，賽爾科斯基就在當地開課，小有名聲。他帶著失業青年們，在社交網站、部落格、廣告平臺間，摸索出淘金模式。一開始他們什麼都寫，從健康議題、名人八卦、減肥祕訣、跑車資訊、ＮＢＡ、人生勵志故事等等，其中，最有名氣的是有「健康兄弟」之稱的維爾科夫斯基兄弟檔（Aleksandar and Borce Velkovski）；在他們的網站上，有滿滿的保養、運動、飲食建議，像是「床單下放肥皂，能預防半夜抽筋」，或是「增加紅血球數量，喝甜菜糖漿」等內容農場文。這些文章為網站帶來每個月兩百萬個獨立拜訪人次，連健康兄弟經營的粉絲專頁也有兩百萬粉絲。而隨著各國選舉季的到來，賽爾科斯基看到學生開始嘗試關於美國政治的內容，「他們發現，網友的互動（engagement rate）超級高，簡直瘋了，特別是選前的一年……一樣的手法，卻能創造十倍的互動。」「尤其是川普的群眾，更願意轉貼、分享、按讚、留言，」賽爾科斯基補充。

川普像是北馬其頓人新發現的金礦，沒事做的青年，只要有手機，都想挖礦。「創造一些對某些政治人物很討喜的文章，把這些內容投放到想要聽到這些東西的人面前，（做到的話），就是你的成功方程式，」賽爾科斯基像是在講課一樣地對我說。二〇一六年總統大選後，韋萊斯也獲得了「全球假新聞之都」的名號，網軍教練賽爾科斯基大發機會財，如今他宣稱有來自四大洲、九個國家的生意，他也把生意與韋萊斯的網軍們分享，一同搶別國商業、政治網路行銷的生意。

賽爾科斯基的生意，對全球的重要性不僅是一個小鎮的發財記。我在二〇一九年三月與他對談，當時，國際調查組織已經發現，快速崛起的北馬其頓網軍工廠，與美國本土右翼媒體人高德曼（Ben Goldman）、韋德（Paris Wade）跨國合擊，在二〇一六年的總統大選中，合作至少六個月，他們彼此交換內容、合作刊登、互相導流。高德曼、韋德兩人在大選後，被《華盛頓郵報》點名直指為假新聞商人，他們在選舉中操作讀者的恐懼與憤怒，狠賺選舉財。後者，還代表共和黨參選二〇一八年內華達州眾議院議員選舉落選。一個被稱為「韋萊斯模式」（Veles Model）的假新聞內容製造鏈因此現形。遠在北馬其頓的內容農場創業家，就像代工廠一樣，負責內容的大量複製、生產及快速投放，而在美國境內的政治人物、媒體，則像品牌商，負責下單、品管，靠著代工廠大量生產的內容，在美國市場上創造個人品牌、也為特定意識形態放大聲量。

在與賽爾科斯基的採訪過程中，我們聯絡了三次，他就和許多中小企業老闆一樣，工作認真，回信極快，腦袋清楚，知道如何利用媒體為他爭取國際曝光。書架上滿滿的商業管理和資訊工程書籍，賽爾科斯基是白手起家的創業者，拉著親人跟學生們一起工作，採訪時他強調，希望這個家族事業能持續下去。他所面臨的跨國競爭相當激烈，菲律賓、巴基斯坦、印度、喬治亞、克羅埃西亞、科索沃、阿爾巴尼亞等國，都有團隊開始製造內容餵養英國、美國、澳洲等英文市場讀者，從流量中淘金。以科索沃為例，在一天工資約新臺幣三百元的科索沃，手握十幾個粉絲專頁的管理者，一天收入可達新臺幣兩萬四千元，即使經過平臺業者的大力取締，也還能保持每天新臺幣四千元的收入，遠勝一般工資。

從二〇〇〇年就開始經營網路廣告生意的賽爾科斯基告訴我，這筆生意只會愈來愈大。「社交網站，是最好的投放工具，」他說，這筆內容生意，包括生產、投放、社群操作等環節，即使社交網站的遊戲規則變了，只要抓準生意核心，找到對的人，給他們看他們要的東西，還是能創造收入。收入來源可以是平臺分潤的廣告費，也可以是品牌商、政黨的網路行銷預算，或提供更完整、跨平臺的行銷顧問服務。我告訴賽爾科斯基，臺灣讀者對於中國干預臺灣選舉感到憂心，「這對中國來說，他們的資源足夠，同樣說中文，（尋找在地夥伴）不難，」他指出，跨國合作將讓這塊大餅持續擴大，因為除了品牌商，愈來愈多由政治利益驅動的買家出現在市場上，試圖影響的還不只是國內的政治，他們的訂單是愈來愈多了。

有趣的是，採訪中他自詡為網路行銷專家，不願被貼上假新聞工廠的標籤，因為他認為他們只是順著人們的興趣製造訊息，並不完全是假新聞。而即使是假新聞，這也不是什麼新的問題了，只是人們要做好心理準備就好。正如他的生意將不斷變形、在不同平臺上持續，假新聞也不可能會消失。他給了我幾個面對假新聞的建議。

- **真相永遠不是非黑即白的**

「你必須要對一切保持懷疑，對一切小心，你（必須）知道，真相永遠不是非黑即白的（the truth is always in the middle），閱讀各種新聞，然後由自己判斷真正發生的事情事實是什麼。」

- **確保資訊來源的多元化**

「我去各大新聞網站，每天兩次，只看標題，好讓自己知道今天發生什麼事，並確保訊息來源的多元性，每天大概就花十分鐘吧。其他時間我就專心做我的生意，陪我的小孩跟老婆。」

- **多讀書**

「多讀不同領域專家寫的知識，像數位行銷的專家就寫了很多好書啊。給自己多一點時間，聚焦在你真正喜愛的事物，讓自己更厲害。」「我們都忘記看書了。有很多網站提供書籍的摘錄。現代人其實不太懂得珍惜我們所擁有的豐富資訊，各種知識都在那裡，其實只要建立起吸收資訊的管道，就能讓自己沉浸在喜歡的知識裡頭了，持續這樣，五年、十年下來，你就能成為那個領域中最優秀的人。那是現代人才有的機會，十年、二十年前人們是沒有這個機會的。全球化之下，你是可以接觸到全世界的。」

3 販售聲量魔戒：劍橋分析與布蘭特妮‧凱瑟

本章要介紹的真相製造商人，也跟川普有關，她是劍橋分析前業務總監布蘭特妮‧凱瑟（Brittany Kaiser）。

「最近過得很忙、很興奮，發生太多事情了！」接受專訪的前一晚，以凱瑟為主角之一的紀錄片《個資風暴》（*The Great Hack*），入圍奧斯卡最佳紀錄片決選的十五部片名單，再進一關，就可能取得最終入圍資格。三十二歲的凱瑟，在二〇一三年加入劍橋分析，一腳踏入風暴圈中。她稱，在川普當選總統後一個月，當臺上的同事一步步分享將川普推上總統大座的過程，做為「業務發展總監」的她，才發現自己兜售的是究竟什麼樣的生意。她的自傳以《操弄：劍橋分析事件大揭祕》（*Targeted*）為名，說的是民主國家中的選民，被找到、被瞄準、被改變的過程。

用當初招募凱瑟入門、劍橋分析創辦人尼克斯（Alexander Nix）的話來形容，劍橋分析是一家「讓人們行為改變的經銷商」。尼克斯認為，他們業務的關鍵在刺激和改變受眾的行為，例如電影院要賣可樂，關鍵不是廣告拍得多好、播多少次，而是電影院夠不夠熱。把溫度調高，消費者自然期待可樂。劍橋分析稱他們自己把同樣的經營哲學放入全球至少六十八個國家政治中，讓民眾夠熱、夠怒、夠害怕，於是他們就會按著客戶的意思，抗爭、投票或不再發聲。至於所謂的「變熱」，劍橋分析說，他們先收集使用者的數據，不管是買的、偷的、或是用小程式跟平臺用戶交換之後，把選民分類，瞭解選民在意的議題和個性，接著用平臺的廣告服務，把不實與爭議內容投放在選民眼前，讓選民「變熱」。他們稱，二〇一六年的美國總統大選，劍橋分析所服務的川普陣營，就花了一億美金、創造了兩億多次的觀看，讓選民「熱起來」。

二〇一八年時，凱瑟跟隨劍橋分析創辦人之一懷利（Christopher Wylie）的腳步，前後成為劍橋分析醜聞的吹哨者，揭開全球數十億社群網站用戶「不願面對的真相」；當時臉書與第三方分享用戶資料後，至少八千七百萬用戶的個人隱私，成為選戰中被操縱的材料。劍橋分析的簡報，以及凱瑟的書中，描述他們主要仰賴心理統計變數（psychographics）瞭解要操控的對象，然後再以微目標定位技術（microtargeting），在建立資料庫、找出個體行為動機後，據此製作相對應的訊息，對特定人群持續投放、持續微調訊息，直到達成「目標」。這種投放，在商業領域的應用極為普遍，但是在政治領域中，是否真的能改變人們的投票意向，一直沒有足夠的科學證據證實。劍橋分析的故事以及凱瑟的分享中，有價值的部分，是這些投放出去的訊息如何被產製，社交平臺的投放技術能有多精準，這些是社交時代最重要的警語。

凱瑟給出的例子之一，是在有超過四十四萬名搖擺選民的喬治亞州。對其中十萬名非裔選民，川普陣營推出一支名為「希拉蕊談凶惡野獸」（Hillary Superpredators）的影片，影片中使用一九九六年她以第一夫人身分演講時的畫面，那是二十年前希拉蕊替丈夫競選時發表的評論，當時的她，仍抱持對年輕黑人的普遍迷思：「這些小孩不只是街頭幫派，他們根本就是凶惡的野獸。他們根本沒有良心，也沒有同情心。當然，我們可以討論他們怎麼會變成這樣，但首先我們得先馴服這些野獸才行。」雖然事後她已為這些言論道歉，但劍橋分析團隊像是挖到寶似的，持續用這段言論投向非裔選民，讓他們就算如果不支持川普，也不願成為希拉蕊的支持者。

另一個例子是針對傳統女性。劍橋分析發現，很多中間偏左的女性選民，其實傾向保守派，對她們來說，傳統價值比「反川普」更重要。於是川普陣營推出一支「她連自己家都管不好」（Can't Run Her Own House）的影片，影片中說話的是蜜雪兒．歐巴馬（Michelle Obama），那是她二〇〇七年、歐巴馬首次競選總統時，在初選中與希拉蕊爭逐寶座時的競選演講之一。在原文中，蜜雪兒談到歐巴馬即使忙於選戰，依然重視家庭和女兒的活動，「如果你連自己家都管不好，你一定也管不好白宮。」這段話毫不意外地成為最好的材料，被斷章取義後，變成暗指希拉蕊管不好白宮的惡意指控，也成為劍橋分析試圖影響支持傳統家庭價值的女性選民，讓她們不投給希拉蕊的工具。

「這大概是煽動暴力之外，用數據做出的最齷齪的事，」凱瑟說，過去，利用恐嚇、威脅、謠言等手法，讓民眾不能按自我意志投票，是人權不彰或極權國家才會見到的事，如今，利用心理統計跟精準投放，民主選舉中竟能不著痕跡地壓制選民的投票意向。「現在的政府，已經不需要派軍警到街上阻止抗議了，只要花錢，就可以用人民手中的小螢幕來改變大眾的心意。」

以長期的人權運動者自稱的凱瑟，

社交平臺的投放訊息如何產製，投放技術有多精準，
是凱瑟對於社交時代最重要的警語。（SPORTSFILE／Wikimedia Commons）

說自己過於天真，才加入了這場破壞使用者隱私、破壞民主的生意，除了揭露文件外，凱瑟也投入數位素養、政府立法遊說的工作，讓數據使用重回正軌，拾起她加入劍橋分析時天真的夢：「我依然相信數據能做好事。如果數據的收集跟使用，一切合法、透明……你想一想，政治廣告如果發揮在氣候變遷、提高投票率等公共議題，那該有多好？」

凱瑟在劍橋分析中所經歷的，以及她對於劍橋分析內部經營的描述和個人動機的聲明，他人無法進一步求證。但這些的確喚起了人們對於政治廣告、社交數據的重視。如何適切評價劍橋分析事件，或可參考喬治華盛頓大學媒體與公共事務學系副教授卡普夫（David Karpf）在社會科學研究會（Social Science Research Council）發表的文章。他建議，把劍橋分析等政治網路行銷服務和社交網站平臺，視為數位政治宣傳的魔法師，是不切實際的，透過數據觀測，選戰中的數位戰法每次都在進化。真正重要的提問，或許是在這當中，民主真正面臨的問題是否被清楚看見；同時，新的選戰遊戲規則，是否也重新定義了政治模型，這將如何影響民主的運作與公共決策？如果真如凱瑟所說，氣候變遷等她心中「正確的」議題，能透過不透明的社交宣傳，夾雜不實資訊煽動情緒，改變民眾的傾向跟認知，這樣宣傳工具就無罪了嗎？而這正是下一章要討論的主題。

4 出口臺灣民主戰法：杜元甫

坐在新加坡市中心的咖啡店裡，周圍都是穿著套裝的上班族，一身透氣運動服飾的杜元甫顯得特別放鬆，他搖一搖手裡的冷飲說，「我是唯一輸出臺灣政治當產業的。」在新加坡創立AutoPolitic的杜元甫，也是臺灣大數據分析公司QSearch的共同創辦人，後者普遍被視為柯文哲在二〇一四年獨立參選成功的網路作戰功臣之一，是國際知名的臺灣數據分析公司，為企業提供分析社交聲量、行銷建議。

選擇在新加坡註冊公司的杜元甫，稱二〇一六年到一九年間參與了亞洲五十場選舉，拿下三十九場勝利。我與他在二〇一九年底於新加坡進行專訪，他如同醫生般，向我解釋不實資訊背後所呈現的民主真正問題。可以想像，他在面對各國客戶時，從社交數據中指出病徵的模樣。

他在東南亞以英文名Roger Do行走江湖，從菲律賓的電視節目、馬來西亞的媒體到新加坡李光耀公共政策學院，都有他的名字。「讓我們瞭解眼前的這場未來之戰，社交機器人如何透過量身打造的假新聞，製造『民意』攻擊民主？」是他二〇一九年底在李光耀公共政策學院演講的題目；在馬來西亞媒體《馬來郵報》(*MalayMail*)上，他稱AutoPolitic至少與馬來西亞四個政黨、上百位候選人合作；在菲律賓，AutoPolitic替唯一登記在案的政治顧問遊說公司PubLicus，每個月產出社交媒體情報報告，將每個候選人的社交媒體力量，依照受歡迎程度、分享熱度、曝光、社交能力進行排名。

在AutoPolitic的網站上，杜元甫如此介紹自己：AutoPolitic的起源，來自共同創辦人參與臺灣的占領立法院。占領的原因，是因為當時的執政黨，在沒有審查之下就通過與中國的自由貿易協議。在選前迎合選民、選後無視民意的表現，讓我們意識到，既有的、根深柢固的政黨，是對民主的威脅。靠著編碼、計算社交媒體上人們所表達的，我們發展了一套大數據分析平臺，成功幫助一位獨立候選人，擊敗副總統的兒子，贏得臺灣首都市長。

除此之外，AutoPolitic網站還載明，曾為十五個臺灣立委候選人提供服務，有十一個成功當選。

如今在各國販售社交數據觀測服務的杜元甫，在加州大學柏克萊分校修讀的其實是哲學，碩士時轉念商管，畢業後創立以自己為名的行銷公司，展開管理顧問職業。二〇一一年回到臺灣在資策會短暫工作一年，二〇一四年參與創立QSearch公司，隔年成立

AutoPolitic，將觸角伸進海外。在數據與人性間，杜元甫以商人之姿遊走，他說，人文學科最大的價值就是理解其他人想什麼，而數據讓這件事情變成可能。

他告訴我，在美國，不包括廣告，光是選舉顧問市場每年產值就高達二十六億美元，各種消費資料、選民資料、數位足跡相加後的數據分析，創造出許多可能性；在他眼中，亞洲民主國家缺少的是消費資料、選民名冊和技術，但網路普及加上選舉不斷，政治人物盯著美國的玩法，在選戰中進行社交數據分析的需求，將會愈來愈大。臺灣很有機會將數據經驗外銷。他以中醫來介紹自己的服務，社交數據就像把脈的工具：「我們是中醫藥方，但客戶要西方手術啊。」杜元甫笑稱，他的「療程」第一步是候選人分析，從選區劃分開始分析戰場，挑最有效的口號政策、尋找意見領袖合作，同時監測數據，看客戶與競爭對手的比較。他每個月收費兩千美元起跳，定時產生數據觀測報告、提出選戰策略建議、檢視成果、微調策略；週期可

杜元甫認為，社交數據觀測服務這門生意，可以視為測試民主的病毒，找出系統的弱點在哪裡。（圖片提供／杜元甫）

以長達二年，也可以以日計算。兩年療程，是他認為最理想的時間長度，讓候選人根據社交網路上的數據，「長成」選民期待的樣子。為了證實他的說法跟地位，我向馬來西亞、菲律賓的當地學者和熟悉當地政治的記者求證AutoPolitic的影響力，他們皆表示價碼、人脈，是杜元甫面對的最大障礙，強調家族、利益結構的東南亞民主政治，外人要打入確實會是考驗。但他們也點出，AutoPolitic的服務，的確已經成為當地政治的新服務，對出得起錢的政黨或政治人物來說，以數據戰為基底來打選戰，已成重要布局，逐漸改變當地選戰的戰法。

杜元甫以菲律賓的選舉為例。「假如我們知道哪一些頻道（指意見領袖）會影響民意，我們找出對我們有幫助的，定時給他們一些小資料，可以讓他們一直、一直驅動（民意），然後我們也看著反對的人，他們的話題（熱度）可能不動，不動的話，我們就繼續打他們，打的範圍愈縮愈小，甚至直接人身攻擊都可以。」「而且有些反對方可以收買，有些人在別的地區，你給他施加壓力，他會感受得到。」為對己方有利的話題、意見領袖添加柴火，對反對自己的人，則抑制話題熱度、粉碎發聲者的可信度，一邊拉高、另一邊則壓低，數據扮演科學性的測量工具，杜元甫讓客戶在如海般的社交平臺上，看見聲量大小與來源、策略的成與敗。我告訴杜元甫，這與凱瑟告訴我的手法相同，其中可能包括捏造過後的爭議訊息的傳播。

杜元甫敏銳地回覆我，他只做顧問，策略由客戶自己執行。「我們不做making，只有提出策略建議，」杜元甫說，像是內容農場這些「手段」，由客戶自行選擇與執行，「他們（客戶）自己知道（怎麼做）。」

雖然自己不下場執行，杜元甫還是緊盯從數據出發的各種選戰手段，從馬來西亞、菲律賓的選戰中，他發現一種新的「保單效應」。「如果你在一國有八十億美元的公共建設開發案，你去買保險要花多少錢？八十億美元的五%（約四億美元）。你要是養一個（網軍）小隊幫助候選人、保證他選贏，你知道需要多少錢？」他以兩年、五十人計算，答案是一百萬美元。由澳洲、美國、菲律賓學者共著的《菲律賓二〇一九大選不實資訊報告》，也看見相同現象。報告裡的一位政治公關證實，來自中國的資金，僱用數家菲律賓政治公關公司，替特定市長候選人打網戰，「這些（指來自中國的）資金贊助者，是在為了他們自己的商業利益跟開發案，投資他們的盟友，」報告如此寫道。

帶著臺灣經驗來到東南亞創業，杜元甫似乎相當清楚界線在哪裡，採訪中他再三強調，自己只提供數據分析報告，不碰操作。對於不實資訊加上數據分析、精準投放的危險，他不否認這不僅改變國內甚至國際政治的遊戲規則，對民主來說更是危機。「社交媒體的危險，是當時間很短的時候，政治宣傳沒辦法被查證、被挑戰，不像傳統媒體一樣，人們需要時間去查證。只要時間夠長，事實會浮現，但人們在不在乎，是另外一回事了，」他說。

他說自己做的這一行是「病毒」，在測試民主的抗毒能力，逼民主社會長出「抗體」。「我們覺得我們是在測驗民主系統的弱點在那裡，我們是病毒……要是我們的民主不夠有狼性，我們很容易被非民主系統給執政，例如（中國）大陸；（但）假如我們的民主狼性夠強，是（中國）大陸怕我們。」他舉例，最基本的是在轉貼訊息時，有沒有認知到自己對民主的責任，以勇氣跟智慧努力「求真」。但綜觀全球，「病毒」的角色已讓民主快速走向敗壞，因為選舉和社會分裂的現況，社交數據的新運用已相當程度破壞民主自由。杜元甫說，他們做的事只是在加快危機，讓人看見社交網路為民主帶來的危險，「因為你慢慢這樣子（指無感），會被那種願意統戰你的人控制一輩子……因為臺灣沒有什麼大的 crisis，就是溫水煮青蛙。Never waste a good crisis!（不要浪費這場危機！）」

只是，在抗體出現前，病毒還是會被當作病毒看待吧。他回答，「最高的榮幸，就是改變世界同時被人誤解，我不需要人家瞭解我，達到我想要做的事情就好了。」走過科學、人文、商管三領域，最終以商人自居的杜元甫，如此為自己的事業下注解。

後記　我們該怎麼辦？

每次與假新聞相關的演講結束，一定會被問的問題是：「該怎麼辦？」

把這本書看到最後的你，或許，也有強烈的動機想「解決」或「擺脫」不實資訊造成的問題。壞消息是，我們可能沒辦法真的完全做到。我們能做的，除了學如何自保，還有從不實資訊這張「試紙」的顯影中，辨認出背後真正的問題。

我想以一次教會裡的演講為例。一位白髮長輩在問答時間舉手承認，他轉傳了許多健康資訊，來源正是演講所介紹的內容農場。長輩嘆道，他不想浪費醫療資源、不想大小事都去醫院掛號。我們可以看見長輩對內容農場的不理解，容易不辨真假就大量轉發等缺失，但往下傾聽，會發現長輩所面臨的問題，可能是可仰賴的健康類媒體與受眾找不到彼此，斷鏈後被不實資訊趁虛而入所致。演講後，我幫這位長輩找到幾個可信賴的健康類媒體的網路帳號，至今，我仍記得他感謝的表情。

還有其他例子，例如「我跟我姑姑說她傳的是假新聞，但她說我是晚輩，年輕人不懂。」這可能反映出家庭群組內的溝通困難、世代價值觀的差異，還有網路素養。「電視上播的新聞就是錯的，但我家人深信不疑，我要轉臺也沒辦法，該怎麼辦？」這觸及了媒體缺乏獨立與自律、不負責的政治人物發言、不夠多元的資訊管道等不同問題。當然，背後可能也都與政治取向相關。

然而，要能真正討論「該怎麼辦？」我們必須學習擺脫情緒的干擾，這干擾可能來自網路言論的刺激、可能是內在焦慮的影響，也可能是家庭關係長久以來的衝突。我們要接受並給予自己及他人犯錯的空間，知道資訊操縱跟造假的技術每天都在進化，每個人都有脆弱和判斷失準的時刻，有了這樣的認知，或許，我們就有機會看見不實資訊背後，個人、人際和這個社會真正遇上的挑戰。衷心希望，關於假新聞的討論，除了誰對誰錯、有何居心等等，更多是關於如何補起社會中的裂縫。

對我來說，我從假新聞這張試紙讀出來的答案，帶我走上一條過去從未想過的路。我開始製作《報導者》的podcast節目，試著以聲音完成記者的工作。我之所以投入「新工作」，是這本書的受訪者們教我的事，包括擺脫社群平臺演算法，尋求建立與閱聽人的新連結；開放編輯臺，讓閱聽人參與選題討論、在關鍵議題徵求提問，讓他們相信媒體存在的公共價值，也讓編輯臺的報導為更多元的群眾發聲等，這些，都是假新聞議題「教」我的。

假新聞讓我看見媒體轉型的挑戰跟必要，而我試著想像「該怎麼辦」（如同正在讀這本書的你一樣）。假新聞也像是「另類的嚮導」，帶我理解不同社會裡的裂痕與脆弱。過去五年，籠罩在「真相製造」下的各種故事，像是鏡子，讓我反思做為媒體工作者，以及做為一名社群使用者，我是以什麼樣的角色存在、我想成為一個什麼樣的人，我的情緒、認知如何被操控。希望這本書講到的故事，也能給予你一點幫助，讓你能更理解自己一些。

謝謝你的閱讀而且讀到了最後。感謝這些現場與故事。感謝春山出版、哈利、崇凱、芩雯，給予這本書的協助與支持。

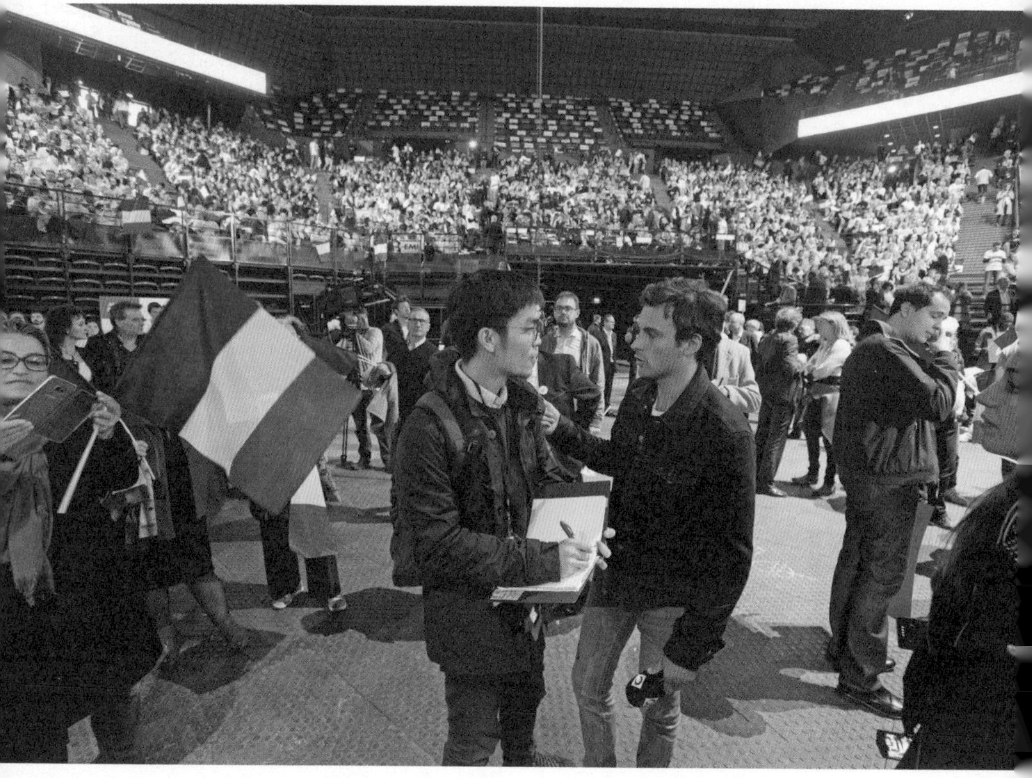

（商業周刊／陳宗怡）

春山之聲 028

真相製造

從聖戰士媽媽、極權政府、網軍教練、境外勢力、打假部隊、內容農場主人到政府小編

作　　者　劉致昕
總 編 輯　莊瑞琳
責任編輯　夏君佩
行銷企畫　甘彩蓉
封面設計　陳永忻
內文排版　黃暐鵬

出　　版　春山出版有限公司
　　　　　地址：11670臺北市文山區羅斯福路六段297號10樓
　　　　　電話：(02)2931-8171　傳真：(02)8663-8233

總 經 銷　時報文化出版企業股份有限公司
　　　　　電話：(02)23066842
　　　　　地址：桃園市龜山區萬壽路2段351號

製　　版　瑞豐電腦製版印刷股份有限公司
初版一刷　2021年6月
初版八刷　2021年11月29日

定　　價　480元
有著作權　侵害必究（若有缺頁或破損，請寄回更換）

Email　SpringHillPublishing@gmail.com
Facebook　www.facebook.com/springhillpublishing/

國家圖書館預行編目資料

真相製造：從聖戰士媽媽、極權政府、網軍教練、境外勢力、打假部隊、內容農場主人到政府小編／劉致昕作.
－初版.－臺北市：春山出版有限公司，2021.06
　面；　公分.－(春山之聲；28)
ISBN 978-986-06597-8-8(平裝)
1.資訊社會 2.媒體 3.資訊傳播
541.415　　110008890

填寫本書線上回函

All Voices from the Island

島嶼湧現的聲音